유니티 셰이더와 이펙트 제작 3/e

유니티 셰이더와 이펙트 제작 3/e

셰이더와 포스트 프로세싱 효과 생성을 위한
70가지 레시피

존 도란 · 앨런 주코니 지음   구진수 옮김

i!i
에이콘

에이콘출판의 기틀을 마련하신 故 정완재 선생님 (1935-2004)

│ 지은이 소개 │

존 도란 John P. Doran

워싱턴주 레드몬드시에 사는 열정적이며 노련한 테크니컬 게임 디자이너이자 소프트웨어 엔지니어, 작가다. 지난 10년 동안 게임 디자이너에서 리드 UI 프로그래머까지 게임 제작 전반에 걸쳐 다양한 역할을 맡았다. 또한 싱가포르, 한국, 미국에서 게임 개발을 가르쳤다. 현재까지 게임 개발과 관련된 10권 이상의 책을 저술했다.

이 책을 저술하는 동안 지원을 아끼지 않은 아내 히엔과 가족에게 감사의 말을 전한다.

앨런 주코니 Alan Zucconi

열정적인 개발자이자 저자, 강사로 활동하고 있으며 Develop's 30 under 30 사이트의 일원이다. 지난 10년 동안 전문성을 높이 쌓아왔으며, 창조성과 교육이 접목되는 부문에서 일했다. 2015년부터 다른 개발자와 머신 러닝 애호가를 위한 학습 튜토리얼 시리즈를 게시했다.

| 기술 감수자 소개 |

앤드루 할린카 Andrew Hlynka

온타리오주 윈저시 출신의 소프트웨어 엔지니어이자 게임 개발자다. 윈저 대학교에서 2015년 컴퓨터 과학 석사 학위를 취득했으며 멀티미디어, 인터랙티브 디스플레이, 게임, 모바일 앱, 하이브리드 시뮬레이션 시스템과 관련된 소프트웨어 프로젝트를 다루는 산업에서 5년 이상 일했다. 인디 개발자로 게임을 위한 혁신적인 애니메이션 기술을 꾸준히 연구하고 있으며, 더스트 스크래치 게임즈Dust Scratch Games에 근무하면서 자신의 프로젝트를 진행하고 있다.

윈저 대학교 학생으로서 연구하고 있을 때 지원해주시고 격려해주셨을 뿐 아니라, 약 10년 전에 유니티 3D 게임 엔진을 소개해주시고 게임 개발에 대한 워크플로가 변하도록 도와주신 교수님들께 감사드린다.

마이클 마일즈^{Michael Miles}

항공 우주 산업 분야에서 일하는 제조 엔지니어며, 유니티 게임 개발자이자 C#, 자바스크립트, 파이썬 개발자다. 유니티 3D와 블렌더를 알게 되면서 몸담은 회사가 생산하는 항공기의 조립을 위한 인터랙티브 트레이닝과 생산 준비 교육 도구를 만들기 시작했다.

컴퓨터 앞에 있지 않을 때는 가족이나 친구와 함께 게임을 하거나 판타지와 이론 물리를 아우르는 다양한 책에 빠져든다.

언제나 함께해주셨을 뿐 아니라 당시에는 못마땅하게 여기셨으면서도 결국 내가 하는 모든 결정을 지지해주신 부모님께 감사드린다.

| 옮긴이 소개 |

구진수(paser2@gmail.com)

게임과 앱, 프로그래밍에 관심이 있어 이것저것 번역하면서 새로운 것을 배워가고 있다.
좀 더 좋은 자료를 더 좋은 번역으로 제공하고 싶은 마음에서 늘 최선을 다한다.

자신을 검색했을 때 인터넷 서점 한 페이지가 작업한 책들로 꽉 찰 때까지 열심히 번역하는 것이 목표다.

| 옮긴이의 말 |

저 역시 공부하는 입장이라 이 책의 번역 작업을 맡기 전까지는 셰이더에 대해 그다지 자세히 몰랐습니다. 그래서 이 책을 번역하면서 재미있게 많이 배울 수 있었습니다. 실제로 내적 등이 사용되는 곳에서는 '이것을 위해 공부했구나!' 하는 어떤 감격스러움까지 느껴질 정도였습니다.

게임 개발 입문자에게는 이 책을 꼭 한번 읽어볼 것을 권하고 싶습니다. 내용도 알차고 배울 것도 많지만, 지금까지 배워온 수학을 실제로 어떤 식으로 쓰는지를 알게 되는 과정이 특히 흥미롭습니다.

물론 입문자가 아닌 다른 분들, 특히 최신 유니티의 셰이더와 효과 제작에 대한 기본 지식을 얻으려는 분들에게도 좋습니다.

이 책을 읽고 나서 셰이더를 향한 여정을 성공적으로 마치길 기원합니다.

감사합니다.

| 차례 |

| 들어가며 |

이 책은 유니티 2018에서 셰이더^{shader}와 포스트 프로세싱 효과^{post-processing effect}의 생성에 익숙해지기 위한 가이드다. 먼저 포스트 프로세싱 스택을 살펴보면서 스크립트 작성 없이도 셰이더를 사용해볼 수 있는 것에 영향을 주는 몇 가지 방법을 살펴본다. 그다음에는 가장 기본적인 셰이더를 만들고 셰이더 코드가 구성되는 방식을 배우는 것부터 시작해, 처음부터 셰이더를 만드는 방법을 배운다. 이 기본 지식은 볼륨형 폭발^{volumetric explosion}과 모피 셰이딩^{fur shading} 같은 고급 테크닉을 배우면서 각 장을 더 진행할 수 있는 방법을 제공한다. 드래그 앤 드롭 인터페이스로 셰이더를 생성할 수 있는 방법을 보기 위해 새롭게 추가된 셰이더 그래프 에디터를 둘러볼 것이다. 이번 3판은 특별히 유니티 2018을 위해 작성됐으며, 가능한 한 포토리얼리즘^{photorealism}에 가까워지도록 물리 기반 렌더링과 글로벌 일루미네이션^{global illumination}을 마스터하는 과정을 도울 것이다.

각 장의 끝에서 셰이더의 품질을 높이고 셰이더를 좀 더 효율적으로 작성할 수 있는 새로운 기술을 얻게 될 것이다. 각 장은 초보자부터 전문가까지 특정 스킬을 익힐 수 있도록 구성됐다. 유니티에서 셰이더 작성을 처음 하는 사람은 각 장을 하나씩 진행하며 지식을 쌓을 수 있다. 어느 쪽이든 현대 게임을 게임답게 만들어주는 테크닉을 배우게 될 것이다.

이 책을 읽고 나면 유니티 3D 게임에서 사용할 수 있는 셰이더 세트와 그것을 추가하는 방법, 새로운 효과를 얻는 방법, 성능상의 요구를 해결하는 방법을 얻게 될 것이다. 그럼 시작해보자.

▌ 이 책의 대상 독자

유니티 2018에서 첫 번째 셰이더를 만들고 싶은 개발자나 전문적인 포스트 프로세싱 효과를 추가해 게임을 한 단계 업그레이드하고 싶은 개발자를 위한 책이다. 이 책의 내용을 충분히 활용하려면 유니티에 대한 확실한 이해가 필요하다.

▌ 이 책에서 다루는 내용

1장. 포스트 프로세싱 스택 추가적인 스크립트를 작성하지 않고도 게임의 외형을 조절할 수 있는 포스트 프로세싱 스택을 소개한다.

2장. 첫 번째 셰이더 만들기 유니티의 셰이더 코딩 세계를 소개한다. 기본 셰이더를 만들고, 셰이더를 좀 더 인터랙티브하게 만들기 위해 조절 가능한 속성을 소개하는 방법을 배울 것이다.

3장. 표면 셰이더와 텍스처 매핑 모델을 위한 텍스처와 노멀 맵을 사용하는 방법을 비롯해, 표면 셰이더로 구현할 수 있는 가장 보편적이고 유용한 테크닉을 다룬다.

4장. 라이팅 모델 이해하기 셰이더가 빛의 동작을 모델링하는 방법을 자세히 설명한다. 툰 셰이딩toon shading과 같은 특별한 효과를 시뮬레이트하는 데 사용되는 커스텀 라이팅 모델custom lighting model을 생성하는 방법을 가르친다.

5장. 유니티 5에서의 물리 기반 렌더링 물리 기반 렌더링이 유니티 5Unity 5에서 게임에 실제감을 더하기 위해 사용되는 표준 기술이라는 것을 보여준다. 투명, 반사 표면, 글로벌 일루미네이션을 마스터해 최대한 활용하는 방법을 배운다.

6장. 정점 함수 오브젝트의 지오메트리를 변경하기 위해 셰이더를 사용하는 방법을 설명한다. 정점 모디파이어vertex modifier를 소개하고, 이를 사용해 볼륨형 폭발, 눈 셰이더 등의 여러 효과를 구현한다.

7장. 프래그먼트 셰이더와 그랩 패스 반투명 재질로 만들어진 변형을 에뮬레이트하는 머터리얼을 만들기 위해 그랩 패스grab pass를 사용하는 방법을 설명한다.

8장. 모바일 셰이더 조정 장치를 최대한 활용할 수 있게 셰이더를 최적화하도록 돕는다.

9장. 화면 효과와 유니티 렌더 텍스처 달성하기 힘든 특수한 효과와 비주얼을 생성하는 방법을 보여준다.

10장. 게임플레이와 화면 효과 포스트 프로세싱 효과가 게임플레이gameplay를 보완하는 방법(예를 들어 나이트 비전 효과를 시뮬레이트하는 방법)을 알려준다.

11장. 고급 셰이딩 기법 이 책에서 다루는 가장 고급 테크닉인 모피 셰이딩과 히트맵 렌더링 등을 소개한다.

12장. 셰이더 그래프 유니티에 새로 추가된 셰이더 그래프 에디터를 사용하도록 프로젝트를 설정하는 방법을 설명한다. 간단한 셰이더 그래프를 생성하는 방법, 속성을 노출하는 방법, 빛나는 하이라이트 시스템을 사용하는 코드를 통해 셰이더 그래프와 통신하는 방법을 다룬다.

▌ 이 책을 최대한 활용하는 방법

독자는 유니티로 작업한 경험과 스크립팅 경험(C#이나 자바스크립트면 된다.)이 있어야 한다. 이 책은 유니티 2018.1.0f2 기준으로 저술됐지만 약간의 조정을 통해 엔진의 차후 버전에서도 동작할 것이다.

예제 코드 다운로드

이 책에서 사용된 예제 코드는 http://www.packtpub.com/support를 방문해 이메일을 등록하면 파일을 직접 받을 수 있으며, 이 링크를 통해 원서의 Errata도 확인할 수 있다. 또한 https://github.com/PacktPublishing/Unity-2018-Shaders-and-Effects-Cookbook-Third-Edition에서 다운로드할 수 있으며, 에이콘출판사의 도서정보 페이지인 http://www.acornpub.co.kr/book/unity-shaders-effects-3e에서도 예제 코드를 다운로드할 수 있다.

컬러 이미지 다운로드

이 책에 사용된 스크린샷과 다이어그램의 컬러 이미지를 담은 PDF 파일이 별도로 제공된다. https://www.packtpub.com/sites/default/files/downloads/Unity2018ShadersandEffectsCookbookThirdEdition_ColorImages.pdf와 에이콘출판사의 도서정보 페이지인 http://www.acornpub.co.kr/book/unity-shaders-effects-3e에서 컬러 이미지를 다운로드할 수 있다.

▌ 편집 규약

이 책에서는 독자의 이해를 돕고자 다루는 정보에 따라 글꼴 스타일을 다르게 적용했다. 이러한 스타일의 예와 의미는 다음과 같다.

텍스트 내 코드: 텍스트에서 코드 단어는 다음과 같이 표기한다. "UnpackNormal( )은 이런 컴포넌트를 올바른 범위로 가져온다."

코드 블록은 다음과 같이 표기한다.

```
Properties
{
  _MainTex("Texture", 2D) = "white"
}
```

코드 블록에서 유의해야 할 부분이 있다면 다음과 같이 굵은 글꼴로 표기한다.

```
void surf (Input IN, inout SurfaceOutputStandard o) {
    // 머티리얼의 기본 색상으로 제공되는 색조 사용
    o.Albedo = _MainTint;

    // UnpackNormal 함수를 사용해 노멀 맵 텍스처에서 법선 데이터를 가져온다
    float3 normalMap = UnpackNormal(tex2D(_NormalTex, IN.uv_NormalTex));
    normalMap.x *= _NormalMapIntensity;
    normalMap.y *= _NormalMapIntensity;

    // 새로운 법선을 라이팅 모델에 적용한다
    o.Normal = normalize(normalMap.rgb);
}
```

고딕: 화면상에 표시되는 메뉴나 버튼은 다음과 같이 표기한다. "최종적으로 빛을 구울려면 Window ➤ Lighting ➤ Settings로 가서 Lighting 창을 연다. 거기서 Global Maps 탭을 선택한다."

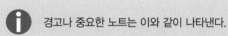 경고나 중요한 노트는 이와 같이 나타낸다.

 팁과 요령은 이와 같이 나타낸다.

▌ 절

이 책에서는 몇 가지 절^section 제목들이 반복적으로 나타난다(준비, 예제 구현, 예제 분석, 부연 설명, 참고 사항).

레시피는 완료하는 방법에 대한 명확한 설명을 제공하기 위해 다음과 같은 절 제목들을

사용했다.

준비

이 절에서는 레시피에서 기대할 수 있는 것을 알려주고 레시피에 필요한 소프트웨어를 설정하는 방법이나 사전 설정을 수행하는 방법을 설명한다.

예제 구현

이 절은 레시피를 수행하는 데 필요한 단계를 포함한다.

예제 분석

이 절은 일반적으로 이전 절에서 발생한 것에 대한 자세한 설명으로 구성된다.

부연 설명

이 절은 레시피에 대한 지식을 넓힐 수 있는 레시피 관련 추가 정보를 담고 있다.

참고 사항

이 절에서는 레시피를 이해하는 데 유용한 정보 링크를 제공한다.

▌ 고객 지원

일반적인 피드백

메시지 제목에 책 제목을 적어서 feedback@packtpub.com으로 이메일을 보내면 된다. 이 책과 관련해 문의 사항이 있다면 questions@packtpub.com으로 이메일을 보내주길 바란다. 한국어판에 관한 질문은 이 책의 옮긴이나 에이콘출판사 편집 팀(editor@acornpub.co.kr)으로 문의할 수 있다.

정오표

내용을 정확하게 전달하기 위해 최선을 다했지만, 실수가 있을 수 있다. 이 책에서 문제점을 발견했다면 출판사로 알려주길 바란다. www.packtpub.com/submit-errata에서 책 제목을 선택하고 Errata Submission Form 링크를 클릭한 후 세부 사항을 입력하면 된다. 한국어판은 에이콘출판사의 도서정보 페이지 http://www.acornpub.co.kr/book/unity-shaders-effects-3e에서 찾아볼 수 있다.

저작권 침해

인터넷에서 어떤 형태로든 팩트출판사 서적의 불법 복제물을 발견하면 해당 주소나 웹사이트의 이름을 알려주길 바란다. 의심되는 불법 복제물의 링크를 copyright@packtpub.com으로 보내주면 된다.

01

포스트 프로세싱 스택

1장에서는 다음 주제를 배울 것이다.

- 포스트 프로세싱 스택Post Processing Stack 설치하기
- 그레인, 비네팅, 필드의 깊이를 사용해 영화 같은 모습 얻기
- 블룸과 안티 앨리어싱을 사용한 실제 세계 모방하기
- 색상 분류로 분위기 설정하기
- 안개를 사용해 공포 게임처럼 보이도록 하기

▌ 소개

자신만의 셰이더shader와 효과effect를 작성해 자신이 원하는 방식으로 보이도록 조정하는 것은 바람직하다. 그리고 그것이 이 책에서 살펴볼 대부분의 주요한 내용이다. 그러나 유니티는 포스트 프로세싱 스택을 사용해 사용자가 가지길 원하는 좀 더 일반적인 효과의 일부를 미리 만들어 제공하고 있기도 하다.

무언가를 만들고 실행하길 원하는 사람에게 포스트 프로세싱 스택은 추가적인 코드 작성 없이 게임의 외형을 조정하는 매우 훌륭한 방법이 될 수 있다. 포스트 프로세싱 스택을 사용하는 것은 셰이더가 할 수 있는 것과 게임 프로젝트를 향상시키는 방법을 보여주기에 유용하다. 씬scene 뒤에서 포스트 프로세싱 스택은 그 자체로 화면에 적용되는 셰이더며 화면 셰이더screen shader로 불린다.

▌ 포스트 프로세싱 스택 설치하기

포스트 프로세싱 스택을 사용하기 전에 먼저 새롭게 도입된 패키지 매니저에서 포스트 프로세싱 스택을 가져와야 한다. 유니티 패키지는 유니티에서 .zip 파일과 유사한 방식으로 사용할 수 있는 다양한 에셋을 포함하는 하나의 파일이다. 이전에 유니티는 에셋 스토어를 사용해 사용자와 파일을 공유했지만, 시간이 지나면서 유니티에서 무료 콘텐츠를 사용자가 쉽게 얻을 수 있도록 패키지 매니저가 추가됐다. 실제로 12장에서 패키지 매니저를 다시 사용할 것이지만, 지금은 포스트 프로세싱 패키지를 사용할 것이다.

준비

이 레시피를 시작하려면 유니티를 실행하고 새 프로젝트를 만들어야 한다. 1장에서는 또한 작업할 환경이 필요하다. 이 책과 함께 제공되는 코드 파일에는 기본 씬과 유니티의 스탠다드 에셋을 만들기 위한 콘텐츠가 포함된다.

프로젝트 브라우저에서 **Asset > Chapter 01 > Scenes** 폴더에 있는 Chapter 1 - Starting Point 씬을 열자. 다 됐다면 게임 탭에서 다음과 같은 것을 볼 수 있다.

이는 포스트 프로세싱 효과가 씬에 그려지는 것을 어떻게 수정할 수 있는지를 쉽게 보여주기 위한 간단한 환경이다.

 사용하는 환경이 어떻게 만들어졌는지가 궁금하다면, 나의 이전 책인 팩트출판사의 『Unity 5.x Game Development Blueprints』[1]를 확인하라.

예제 구현

시작하기:

1. Window > Package Manager로 이동해서(혹은 Ctrl+9를 눌러서) 패키지 매니저를 연다.[2]

---

1 한국어판은 『유니티 5.x 게임 개발의 시작』(에이콘, 2017)이다. - 옮긴이

2 버전에 따라서 단축키 Ctrl+9가 유니티 에셋 스토어와 연결돼 있을 수 있다. 직접 메뉴를 누르자. 또한 버전에 따라 이미 포스트 프로세싱이 설치돼 있을 수 있다. 설치돼 있다면 3번 단계까지는 건너뛰어도 무방하다. - 옮긴이

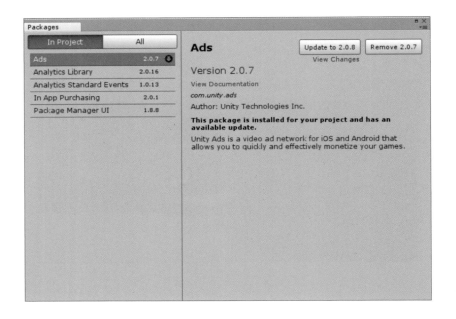

2. 목록에서 All 버튼을 눌러 가능한 모든 패키지의 목록을 출력하도록 하자. 목록이 채워지면 Post-processing 옵션을 선택한다.

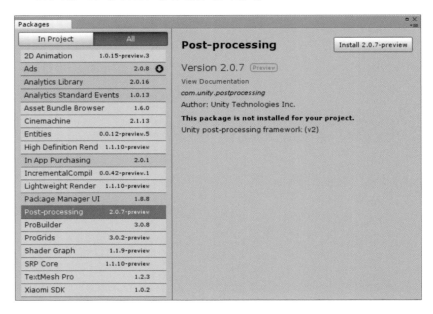

3. 메뉴의 오른쪽 상단에서 Install 2.0.7-preview 버튼을 클릭하자. 콘텐츠의 다운로드가 완료될 때까지 약간 기다려야 할 수도 있다. 다운로드가 완료되면 In Project 선택으로 돌아갔을 때 목록에 Post-processing이 추가된 것을 볼 수 있다.

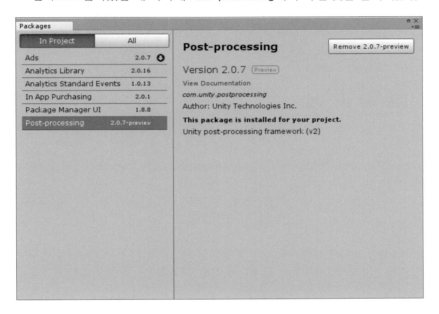

4. 패키지 탭을 닫고 레벨을 보기 위해 씬 창으로 돌아가자. 그다음에는 수정하고 픈 화면이 무엇인지 포스트 프로세싱 스택이 알아야 하므로 Hierarchy 창에서 카메라 컴포넌트가 연결된 오브젝트를 선택해야 한다. 자신만의 프로젝트를 사용 중이라면 기본 유니티 씬에 딸려 오는 MainCamera 오브젝트를 선택할 수도 있지만, 예제 프로젝트에서는 FPSController 오브젝트의 자식child으로 카메라가 있다. 선택하려면 이름 옆의 화살표를 눌러 오브젝트의 자식을 확장한 후에 FirstPersonCharacter 오브젝트를 선택한다.

이 오브젝트는 카메라 컴포넌트를 가지며, 게임이 시작할 때 게임 탭에 보이는 것을 그린다.

 Hierarchy 탭에서 게임 오브젝트를 더블 클릭하면 씬 탭에서 카메라가 오브젝트 위치로 줌 (zoom)된다. 이 방식으로 큰 게임 레벨에서도 매우 쉽게 찾을 수 있다.

5. 오브젝트가 선택돼 있고 카메라 컴포넌트가 연결된 상태로 Component > Rendering > Post-process Layer로 이동해 오브젝트에 포스트 프로세싱 비헤이비어Post-processing Behavior 컴포넌트를 추가해야 한다.

6. 추가했다면 Inspector 탭에서 Post Process Layer (Script) 컴포넌트로 내려가 레이어에서 드롭다운을 PostProcessing으로 변경한다.

7. 이것은 화면에 그리고 싶은 오브젝트를 컴포넌트에게 알려준다. 이것을 설정했을 때 오브젝트를 보이게 하기 위해서는 Layer 속성을 PostProcessing으로 설정해야 한다.

8. 포스트 프로세스 볼륨을 생성하려면, 메뉴로 이동해 GameObject ➤ 3D Object ➤ Post Process Volume을 선택한다. 여기서 Inspector 탭으로 이동해 Layer 속성을 PostProcessing으로 변경한다. 마지막으로 작업을 쉽게 하기 위해 Position을 0, 0, 0으로 설정하고 Post Process Volume 컴포넌트 아래의 Is Global 속성을 체크한다.

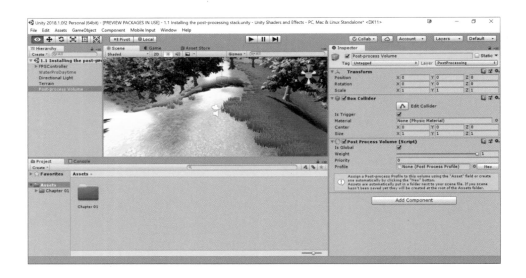

볼륨에는 Profile 속성이 있다. 이 속성은 원하는 화면 수정에 대한 정보를 담고 있다. Is Global을 체크해 오브젝트에서 이 정보가 언제든지 그려져야 한다고 전한다. 체크를 해제하면 이 효과는 볼륨이 배치된 곳에서 일정 거리 떨어져야만 보일 것이다. 게임에 따라 특정 영역에서 게임이 보이는 방법을 크게 수정할 수 있지만, 지금은 시각적 효과 visual effect 를 얻는 것에만 신경 쓸 것이다.

▌ 그레인, 비네팅, 필드의 깊이를 사용해 영화 같은 모습 얻기

이제 포스트 프로세싱 스택을 설치했으니 첫 번째 포스트 프로세싱 볼륨을 만들 수 있다. 새로운 포스트 프로세싱 스택은 글로벌 혹은 특정 영역 내에서 어떻게 그려져야 하는지 설명하는 볼륨을 사용한다.

사람들이 프로젝트에 가장 가지고 싶어 하는 일반적인 외형 중 하나는 영화다. 이것은 〈언차티드 Uncharted〉 시리즈와 〈GTA 5 Grand Theft Auto V〉 같은 타이틀에서 꽤 자주 사용됐다. 창작자가 게임을 기반으로 B급 좀비 영화를 흉내 내려고 하는 〈레프트 4 데드 Left 4 Dead〉 시리즈에서도 꽤나 효과적으로 사용됐다.

준비

시작하기 전에 포스트 프로세싱 스택의 설치가 완료됐는지 확인하자.

예제 구현

1. 프로젝트 창에서 Assets ➤ Chapter 1 폴더 내로 이동한 후에 우클릭하고 Create ➤
   Post Processing Profile을 선택해 새로운 포스트 프로세싱 프로파일을 생성한다.
   생성하면 항목이 선택된 상태며, 이름 변경이 가능하다. 이름을 FilmicProfile
   로 변경하자.

 이름을 올바르게 입력하지 않은 경우, 프로젝트 탭에서 항목을 클릭한 후 다시 클릭해 이름을
TIP 변경할 수 있다.

2. 생성했다면 선택했을 때 Inspector 창이 이제 (이전 이미지에서 볼 수 있는) **Add effect...** 버튼을 포함한다. 이 버튼은 화면에 일반적으로 그려지는 것을 선택할 수 있도록 한다.

3. Hierarchy 탭에서 포스트 프로세스 볼륨 오브젝트를 다시 선택하고 Inspector 탭에서 포스트 프로세스 볼륨 컴포넌트로 간 후 방금 만든 `FilmicProfile`로 Profile 속성을 지정하자.

Profile이 설정됐으면 **Add effect...** 버튼도 여기에 표시된다. 어디서든 버튼을 사용할 수 있으며, 변경점은 파일에 저장될 것이다.

4. 시작하려면 **Add effect...** 버튼을 클릭하고 Unity ❯ Grain 옵션을 선택한다. 기본적으로 체크돼 있는 그레인grain 옵션만 볼 수 있으니 화살표를 클릭해 내용을 확장하자.

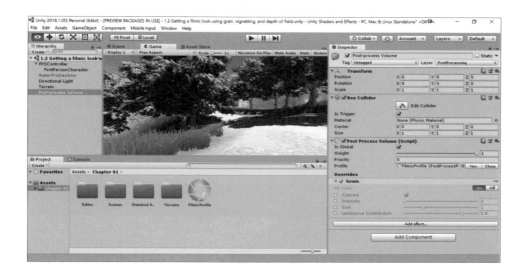

기본적으로 모든 것이 회색으로 표시된다. 무언가에 영향을 주기 위해서는 왼쪽의 체크박스를 클릭해야 한다. 화면의 All 혹은 None 버튼을 눌러 빠르게 전부를 켜거나 끌 수 있다.

5. 이번 경우에는 Intensity 옵션을 체크하고 0.2로 설정하자. 그다음 Size 속성을 체크하고 0.3으로 설정하자. 그 후에 Game 탭으로 전환해 수정한 내용을 확인하자.

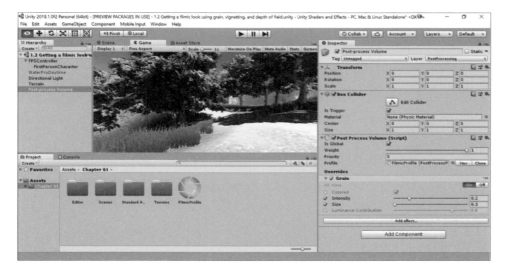

6. 화면이 이전보다 훨씬 더 흐리게 보일 것이다. Intensity를 0.2로 줄이고 Size는 0.3으로 하며, Colored 옵션은 체크를 해제하자.

> **TIP**
>
> 사용자가 일반적으로 유니티에서 작업하는 것과 달리 포스트 프로세싱 프로파일을 제출하는 것이므로 게임을 플레이하는 도중에도 수정할 수 있으며, 게임을 중단해도 값은 여전히 유지된다. 이는 정확한 모양을 얻기 위해 값을 조절할 때 유용할 수 있다.

7. 다음에 조절할 속성은 비네트Vignette 속성이다. 화면 주변의 검은 가장자리에 주목하자. Add effect...를 클릭하고 Unity > Vignette를 선택한다. 속성을 열고 Intensity를 0.5로, Smoothness를 0.35로 변경하자.

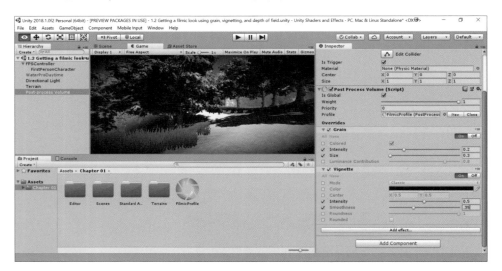

8. Add effect...를 다시 선택하고 이번에는 Unity > Depth of Field를 선택하자. 필드의 깊이Depth of Field 옵션을 확인하자. 변경된 것을 바로 보기는 어려울 수도 있지만, Focus Distance를 6으로, Focal Length를 80으로 변경하면 배경 앞의 풀과 멀리 있는 산이 흐려지는 것을 볼 수 있다.

9. 이제 게임으로 가면 영화 같은 모습을 볼 수 있다.

영화 같은 모습의 최종 결과

이로 인해 시작할 때보다 훨씬 더 영화처럼 보이는 씬을 가지게 됐다.

예제 분석

포스트 프로세싱 볼륨에 효과를 추가할 때마다 화면에 놓이는 것을 오버라이딩한다.

여전히 필름을 사용하는 영화관에 가봤다면 영화가 재생되는 동안 필름에 작은 얼룩이 어떻게 있는지를 깨달았을 것이다. 그레인 효과는 이 필름 얼룩을 시뮬레이트해 영화가 더 많이 재생될수록 더 두드러지는 효과를 일으킨다. 이것은 공포 게임에서 플레이어의 시야를 가리기 위해 종종 사용된다.

 그레인 효과에 대해 더 알고 싶다면 다음 링크를 참고하자.
https://github.com/Unity-Technologies/PostProcessing/wiki/Grain

영화 세계에서 비네팅^{vignetting}은 목표로 하는 샷 타입이나 촬영하려는 종횡비를 위해 잘못된 타입의 렌즈를 사용한 경우에 나오는 의도치 않은 효과가 될 수 있다. 게임 개발에서는 전형적으로 비네팅을 사용해 화면의 중앙에 비해 가장자리를 어둡게 하거나 채도를 떨어뜨려서 화면의 중앙에 플레이어가 집중할 수 있도록 만들거나 드라마틱한 효과를 준다.

 비네트 효과에 대한 더 많은 정보를 원한다면 다음을 확인하자.
https://github.com/Unity-Technologies/PostProcessing/wiki/Vignette

필드의 깊이 설정은 일반적으로 흐릿한 부분과 흐릿하지 않은 부분을 결정한다. 중요한 아이템에 초점을 맞추고 배경의 아이템에는 초점을 맞추지 않는다.

 필드의 깊이 효과에 대한 더 많은 정보는 다음을 확인하자.
https://github.com/Unity-Technologies/PostProcessing/wiki/Depth-of-Field

▌ 블룸과 안티 앨리어싱을 사용한 실제 세계 모방하기

블룸bloom 광학 효과는 가장자리에 빛이 나는 영역이 있는 실세계 카메라의 이미징 효과를 흉내 내어 카메라를 뛰어넘는 것을 목표로 한다. 블룸 효과는 매우 독특하며, 마법적이거나 천국스러운 게임 내의 영역에서 사용된 경우를 봤을 것이다.

준비

시작하기 전에 포스트 프로세싱 스택의 설치가 완료됐는지 확인하자.

예제 구현

1. 프로젝트 창의 Assets 폴더 내에서 우클릭하고 Create ➤ Post Processing Profile을 선택해 새로운 포스트 프로세싱 프로파일을 생성하자. 생성하면 항목이 선택된 상태며 이름 변경이 가능하다. 이름을 BloomProfile로 변경하자.
2. 포스트 프로세스 볼륨 오브젝트를 선택하고 Inspector 창에서 Post Processing Volume 컴포넌트로 이동해 Profile 속성을 방금 생성한 BloomProfile로 설정하자.
3. Game 탭을 선택하고 효과 적용을 위해 다음 단계를 따르자.
4. Add effect... 버튼을 선택하고 Unity ➤ Bloom을 선택하자. 포스트 프로세싱 볼륨 컴포넌트의 Overrides 섹션에 효과가 추가됐다면 화살표를 눌러 속성을 열자. Intensity 속성을 체크하고 3으로 설정하자. 그다음에는 Threshold를 0.75로, Soft Knee를 0.1로, Radius를 3으로 설정하자.

5. 포스트 프로세스 레이어 컴포넌트가 연결된 오브젝트(예제에서는 FPSController ▸ FirstPersonCharacter 오브젝트)를 선택하고 Inspector 탭에서 Post Process Layer 스크립트로 가자. 거기서 Anti-aliasing 속성 드롭다운을 Fast Approximate Antialiasing으로 변경하자.

6. 그다음에 씬을 저장하고 Play 버튼을 눌러 프로젝트를 확인하자.

블룸과 안티 앨리어싱을 사용한 최종 결과

예제 분석

앞서 언급했듯이 블룸은 밝은 곳에 빛남^{glow}을 추가해 밝은 곳을 더 밝게 만든다. 이 방법
에서는 경로가 이전보다 더 밝은 것을 볼 수 있다. 이것은 플레이어가 게임플레이의 다음
섹션으로 가도록 따라가야 하는 경로로 사용할 수 있다.

> 블룸에 대한 자세한 정보는 다음을 확인하자.
> https://github.com/UnityTechnologies/PostProcessing/wiki/Bloom

안티 앨리어싱은 화면에 들쭉날쭉하게 나타나는 선 효과인 앨리어싱의 모양을 줄이려고
시도한다. 이는 일반적으로 플레이어가 게임플레이에 사용하는 디스플레이가 게임을 제
대로 표시하기에 충분한 해상도를 가지지 않기 때문이다. 안티 앨리어싱은 주변의 선과 색
을 결합해 게임이 흐릿하게 보이게 하는 대신 들쭉날쭉한 부분을 없앤다.

▌ 색상 분류로 분위기 설정하기

씬의 분위기를 쉽게 바꾸는 최고의 방법 중 하나는 씬이 사용하는 색상을 변경하는 것이다. 가장 좋은 한 가지 예로서 영화《매트릭스》시리즈를 꼽을 수 있다. 여기서 실세계는 언제나 파랗지만, 매트릭스의 컴퓨터가 생성한 세계는 초록색으로 물들었다. 색상 분류color grading를 사용해 게임에서 이것을 따라 할 수 있다.

준비

시작하기 전에 포스트 프로세싱 스택의 설치가 완료됐는지 확인하자.

예제 구현

1. 프로젝트 창의 Assets 폴더 내에서 우클릭하고 Create ➤ Post Processing Profile을 선택해 새로운 포스트 프로세싱 프로파일을 생성하자. 생성하면 항목이 선택된 상태며 이름 변경이 가능하다. 이름은 ColorProfile로 하자.
2. 포스트 프로세스 볼륨 오브젝트를 선택하고 Inspector 창에서 Post Processing Volume 컴포넌트로 이동해 Profile 속성을 방금 생성한 ColorProfile로 설정하자.
3. 그러고 나서, 아직 선택하지 않았다면 변경한 결과를 보기 위해 Game 탭을 선택하자.
4. Add effect... 버튼을 선택하고 Unity ➤ Color Grading을 선택하자.

5. Mode 속성을 체크하고 Low Definition Range(LDR)로 설정하자. 여기에서 포토샵의 색조^{hue}/채도^{saturation} 메뉴가 작동하는 방식과 비슷하게 화면의 색상을 조절하는 데 사용되는 여러 속성을 볼 수 있다. Temperature 속성을 체크하고 30으로 설정한다. 그다음에는 Hue Shift 속성을 -20으로, Saturation을 15로 설정한다.

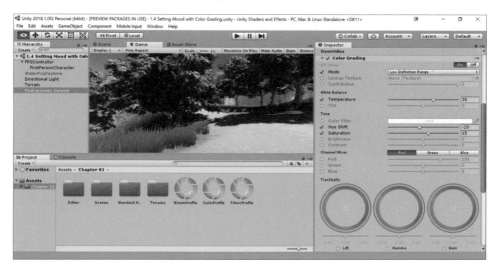

6. 변경을 완료했다면 게임으로 가서 플레이할 때 어떻게 보이는지 확인하자.

색상 분류를 사용한 최종 결과

이전의 강한 초록색 환경이 좀 더 따뜻해 보이고 노랗게 됐다.

색상 분류 효과에 대한 자세한 정보는 다음을 확인하자.
https://github.com/Unity-Technologies/PostProcessing/wiki/Color-Grading

▌ 안개를 사용해 공포 게임처럼 보이도록 하기

포스트 프로세싱 스택의 기능을 가장 잘 활용할 수 있는 게임 종류 중 하나는 공포 장르다. 무서운 물체를 숨기기 위해 필드의 깊이 등을 사용하면 화면을 좀 더 위협적으로 만들뿐만 아니라 올바른 장소에서 게임을 영화처럼 보이게 설정하고 전달하려는 분위기를 제공하는 데 도움이 된다.

준비

시작하기 전에 포스트 프로세싱 스택의 설치가 완료됐는지 확인하자.

예제 구현

1. 프로젝트 창의 Assets 폴더 내에서 우클릭하고 Create ▶ Post Processing Profile을 선택해 새로운 포스트 프로세싱 프로파일을 생성하자. 생성하면 항목이 선택된 상태며 이름 변경이 가능하다. 이름을 HorrorProfile로 변경하자.

2. 포스트 프로세스 볼륨 오브젝트를 선택하고 Inspector 창에서 Post Processing Volume 컴포넌트로 이동해 Profile 속성을 방금 생성한 HorrorProfile로 설정하자.

3. 이전 설정과 달리 안개 설정은 Window ▶ Lighting으로 가면 나오는 Lighting 창에 있다.

4. Other Settings 옵션이 나올 때까지 스크롤을 내리자. 거기서 Fog를 체크하고 스카이박스와 비슷한 색으로 색상을 설정하자. 여기서는 다음 설정을 사용했다.

5. 다음으로 Mode를 Exponential로, Density를 0.03으로 변경한다.

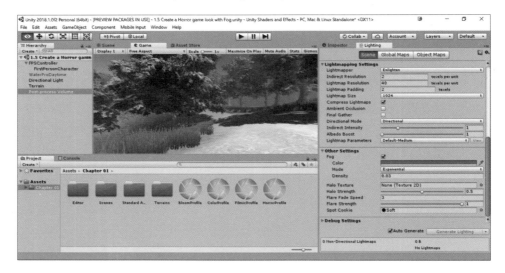

보다시피 이전보다 훨씬 으스스하게 됐지만 변경 가능한 옵션이 더 있다.

6. HorrorProfile을 다시 열고 Inspector 탭으로 이동한다. **Add effect…** 버튼을 누르고 Unity ❯ Ambient Occlusion을 선택한다. **Mode** 옵션을 체크하고 Scalable Ambient Obscurance를 선택한다. 그 후 **Intensity**를 2로, **Radius**를 20으로 변경한다.

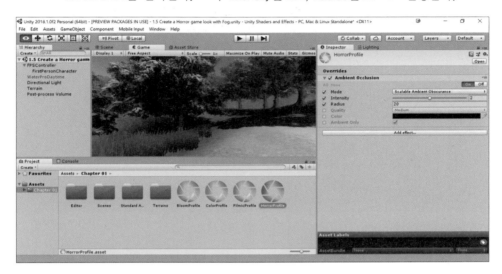

7. 라이트는 씬의 테마에 종종 큰 영향을 미친다. 예제 맵을 사용하고 있다면 Hierachy 탭의 방향성 라이트^{Directional Light}를 선택한 후 Light 컴포넌트 아래의 Inspector 탭에서 **Intensity**를 0.5로 변경하고 **Color**를 좀 더 어둡게 되도록 조절하자(4단계에서 사용한 헥스값 5F7684FF와 같은 값을 사용했다).

8. 게임을 저장하고 시작해서 변경한 효과를 모두 확인하자.

공포스런 모습의 최종 결과

예제 분석

앰비언트 오클루전Ambient Occlusion 옵션은 추가적인 그림자가 있어야 하는 영역을 계산한다. 씬이 나무로 가득 차 있으므로 이 옵션은 이전보다 밑바닥을 훨씬 더 어둡게 만들 것이다.

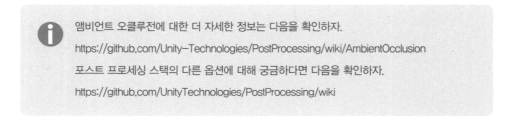

앰비언트 오클루전에 대한 더 자세한 정보는 다음을 확인하자.
https://github.com/Unity-Technologies/PostProcessing/wiki/AmbientOcclusion
포스트 프로세싱 스택의 다른 옵션에 대해 궁금하다면 다음을 확인하자.
https://github.com/UnityTechnologies/PostProcessing/wiki

02

첫 번째 셰이더 만들기

2장에서는 다음 주제를 다룰 것이다.

- 기본 표준 셰이더 만들기
- 셰이더에 속성 추가하기
- 표면 셰이더에서 속성 사용하기

▌ 소개

2장에서는 오늘날의 게임 개발 셰이딩 파이프라인에서 발견되는 좀 더 일반적인 디퓨즈 테크닉을 다룰 것이다. 방향성 라이트가 있는 3D 환경에서 흰색으로 균일하게 칠해진 큐브를 상상해보자. 사용된 색이 각각의 면에서 동일하다고 해도 빛이 오는 방향과 바라보는 방향에 따라 다른 색조를 가진다. 이 추가적인 수준의 실제감은 3D 그래픽에서 셰이더를 사용해 구현한다. 셰이더는 빛이 작동하는 방식을 시뮬레이트하는 데 주로 사용되는 특별한 프로그램이다. 나무 큐브와 금속 큐브는 같은 3D 모델을 공유할 수도 있지만, 각각이 사용하는 셰이더가 서로를 다르게 보이도록 한다.

우선은 유니티에서의 셰이더 코딩에 대해 소개할 것이다. 셰이더에 대한 경험이 거의 없다면, 2장은 셰이더가 무엇인지, 어떻게 작동하고 어떻게 커스터마이징하는지 이해하기 위해 필요할 것이다. 2장을 끝내면 기본 동작을 수행하는 기본 셰이더를 만드는 방법을 알게 될 것이다. 이 지식을 통해 어떤 표면 셰이더도 만들 수 있을 것이다.

▌ 기본 표준 셰이더 만들기

유니티에서 게임 오브젝트를 생성할 때는 컴포넌트의 사용을 통해 추가적인 기능을 연결한다. 실제로 모든 게임 오브젝트는 트랜스폼^{Transform} 컴포넌트를 가져야 한다. 이 컴포넌트는 이미 유니티에 포함된 컴포넌트며, 모노비헤이비어(MonoBehaviour)에서 확장한 스크립트를 작성할 때 우리만의 컴포넌트를 생성한다.

게임의 일부인 오브젝트 모두는 생김새와 동작에 영향을 주는 여러 컴포넌트를 가진다. 스크립트가 오브젝트의 동작이 어떻게 돼야 하는지 결정하며, 렌더러는 화면에서 어떻게 보여야 할지를 정한다. 유니티는 시각화하려는 오브젝트의 타입에 맞춰 여러 렌더러를 제공한다. 모든 3D 모델은 대개 연결된 MeshRenderer 컴포넌트가 있다. 오브젝트는 하나의 렌더러만 가져야 한다. 그러나 렌더러 자체는 여러 머티리얼을 포함할 수 있다. 각 머티리얼은 싱글 셰이더의 래퍼^{wrapper}며 3D 그래픽의 먹이사슬의 최종 단계다. 이 컴포넌트 간의 관계는 다음 다이어그램에서 볼 수 있다.

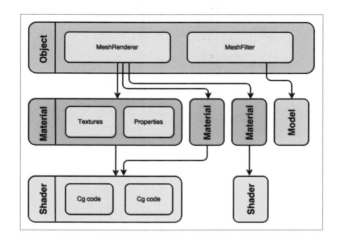

이 컴포넌트 간의 차이를 이해하는 것은 셰이더가 작동하는 방식을 이해하는 데 필수적이다.

준비

이 방식을 시작하려면 유니티를 실행하고 프로젝트를 열어둬야 한다. 앞서 언급했듯이 이 책에는 유니티 프로젝트가 포함돼 있으며, 이를 사용해 각각의 레시피를 따라가기 위한 자신의 커스텀 셰이더를 추가할 수 있다. 이것을 완료하면 실시간 셰이딩이라는 놀라운 세계로 들어갈 준비가 된 것이다.

첫 번째 셰이더로 들어가기 전에 작업을 위해 작은 씬을 생성하자.

1. File > New Scene을 통해 씬을 생성하자.
2. 생성이 끝나면 유니티 에디터에서 GameObject > 3D Objects > Plane을 선택해 바닥으로 사용할 플레인Plane을 생성하자. 그다음으로 Hierarchy 탭의 오브젝트를 선택하고 Inspector 탭으로 이동하자. Transform 컴포넌트를 우클릭하고 Reset Position 옵션을 선택하자.

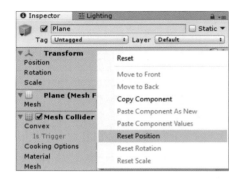

이 옵션은 오브젝트의 위치^{position} 속성을 0, 0, 0으로 재설정할 것이다.

3. 셰이더를 적용했을 때 셰이더가 어떻게 보이는지를 더 쉽게 확인하기 위해 각각
   의 셰이더가 하는 것을 시각화할 수 있도록 몇몇 모양을 추가하자. GameObject
   ▶ 3D Objects ▶ Sphere로 구를 생성하자. 생성했다면 선택하고 Inspector 탭으로
   이동하자. 그다음에는 위치를 0, 1, 0으로 변경해 월드의 중심(0, 0, 0)과 방금 만
   든 플레인 위로 가게 한다.

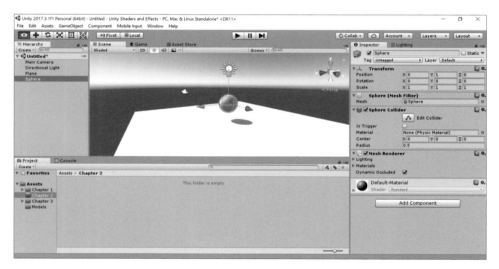

4. 구체를 추가로 두 개 더 만들고 각각 좌표 -2, 1, 0과 2, 1, 0에 배치한다.

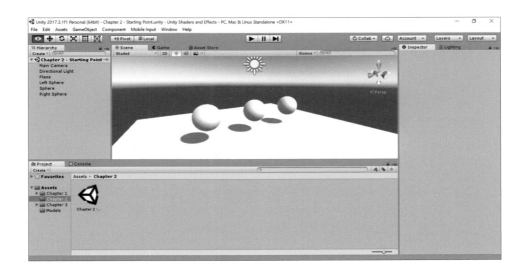

5. 마지막으로 방향성 라이트가 있는지 확인한다(Hierarchy 탭에서 보여야 한다). 없다면 변경한 효과와 셰이더가 빛에 반응하는 방식을 쉽게 확인하기 위해 GameObject ➤ Light ➤ Directional Light를 선택해 새롭게 추가할 수 있다.

 이 책과 함께 제공되는 유니티 프로젝트를 사용 중이라면 이미 설정이 완료된 Chapter 2 ➤ Starting Point 씬을 사용해도 된다.

예제 구현

씬을 생성했다면 셰이더 작성을 시작할 수 있다.

1. 유니티 에디터의 Project 탭에서 Chapter 2 폴더를 우클릭하고 Create ➤ Folder 를 선택하자.
2. 폴더를 우클릭하고 드롭다운 목록에서 Rename을 선택하거나 폴더를 선택하고 F2 키를 눌러 폴더 이름을 Shaders로 변경하자.

3. 다른 폴더를 만들고 Materials라고 하자.

4. Shaders 폴더를 우클릭하고 **Create ＞ Shader ＞ Standard Surface Shader**를 선택한다. 그다음에는 Materials 폴더를 우클릭하고 **Create ＞ Material**을 선택한다.

5. 셰이더와 머티리얼의 이름을 StandardDiffuse로 수정한다.

6. StandardDiffuse 셰이더를 더블 클릭해 시작한다. 자동으로 스크립팅 에디터가 실행되고 셰이더의 코드가 출력될 것이다.

> 유니티가 이미 셰이더에 몇몇 기본 코드를 채워놓은 것을 볼 수 있다. 기본적으로 Albedo (RGB) 속성에서 하나의 텍스처를 허용하는 기본 셰이더를 얻게 한다. 이 기본 코드를 수정해 자신만의 커스텀 셰이더 개발을 빠르게 시작하는 방법을 배울 것이다.

7. 이제 셰이더에 커스텀 폴더를 제공하자. 셰이더의 첫 번째 코드 줄은 머티리얼에 셰이더를 할당할 때 유니티의 셰이더 드롭다운 목록에서 사용할 수 있도록 셰이더에게 제공해야 하는 커스텀 설명이다. 셰이더의 경로는 "CookbookShaders/StandardDiffuse"로 변경했지만, 원하는 어떤 이름으로든 언제든지 변경할 수 있으니 지금은 종속성에 대해 걱정하지 말자. 스크립트 에디터의 셰이더를 저장하고 유니티 에디터로 돌아가자. 파일이 업데이트됐음을 인식했을 때 유니티는 자동으로 셰이더를 컴파일한다. 이 시점에서 셰이더는 다음과 같아야 한다.

```
Shader "CookbookShaders/StandardDiffuse" {
  Properties {
    _Color ("Color", Color) = (1,1,1,1)
    _MainTex ("Albedo (RGB)", 2D) = "white" {}
    _Glossiness ("Smoothness", Range(0,1)) = 0.5
    _Metallic ("Metallic", Range(0,1)) = 0.0
  }
  SubShader {
    Tags { "RenderType"="Opaque" }
    LOD 200

    CGPROGRAM
```

```
// 물리 기반의 표준 라이팅 모델이며 모든 라이트 타입에서 그림자 가능
#pragma surface surf Standard fullforwardshadows

// 좀 더 좋은 라이트 모양을 위해 셰이더 모델 3.0 타깃 사용
#pragma target 3.0

sampler2D _MainTex;

struct Input {
  float2 uv_MainTex;
};

half _Glossiness;
half _Metallic;
fixed4 _Color;

// 이 셰이더에 인스턴싱 서포트 추가 셰이더를 사용하는 머티리얼에서 'Enable Instancing'
을 체크해야 한다
// 인스턴싱에 대한 자세한 정보는 https://docs.unity3d.com/Manual/
GPUInstancing.html을 참고하자
// #pragma instancing_options assumeuniformscaling
UNITY_INSTANCING_BUFFER_START(Props)
// 더 많은 인스턴스당 속성을 여기에 넣자
UNITY_INSTANCING_BUFFER_END(Props)

void surf (Input IN, inout SurfaceOutputStandard o) {
  // Albedo는 색으로 채색된 텍스처에서 온다
  fixed4 c = tex2D (_MainTex, IN.uv_MainTex) * _Color;
  o.Albedo = c.rgb;
  // Metallic과 smoothness는 슬라이더 변수에서 온다
  o.Metallic = _Metallic;
  o.Smoothness = _Glossiness;
  o.Alpha = c.a;
}
ENDCG
}
FallBack "Diffuse"
```

```
}
```

---

8. 기술적으로 말해, 이것은 물리 기반 렌더링(PBR)을 기반으로 한 표면 셰이더다. 이름에서 알 수 있듯이, 이 종류의 셰이더는 물체와 부딪힐 때 빛의 물리적인 행동 방법을 시뮬레이트해 실제감을 구현한다.

9. 셰이더를 만든 뒤에는 머티리얼과 연결해야 한다. 4번 과정에서 만든 Standard Diffuse 머티리얼을 선택하고 Inspector 탭을 살펴보자. 셰이더 드롭다운 목록에서 CookbookShaders ➤ StandardDiffuse를 선택한다(다른 경로 이름을 사용했을 경우 셰이더 경로가 다를 수 있다). 이것은 머티리얼에 셰이더를 지정하고 오브젝트에 지정할 준비를 하도록 한다.

 오브젝트에 머티리얼을 지정하려면 Project 탭에서 씬의 오브젝트로 머티리얼을 드래그한다. 유니티 에디터에서 오브젝트의 Inspector 탭으로 머티리얼을 드래그해 지정할 수도 있다.

예제의 스크린샷은 다음과 같다.

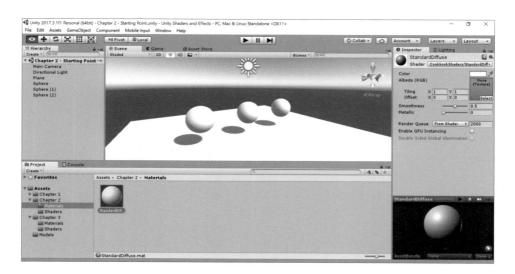

이 시점에서 볼 것은 별로 없지만, 셰이더 개발 환경이 구축됐으며 이제 원하는 대로 셰이더의 수정을 시작할 수 있다.

예제 분석

유니티는 셰이더 환경의 구현과 실행을 매우 쉽게 할 수 있도록 했다. 단지 몇 번의 클릭만으로 진행할 수 있다. 표면 셰이더 자체와 관련해 백그라운드에서 작동하는 여러 요소가 있다. 유니티는 Cg 셰이더 언어를 사용했고 많은 Cg 코드 리프팅을 해서 작성하기에 좀 더 효율적으로 만들었다. 표면 셰이더 언어는 컴포넌트 기반의 셰이더 작성이다. 자신만의 텍스처 좌표 및 변환 행렬 처리 같은 작업은 이미 완료됐으므로 처음부터 시작할 필요가 없다. 예전에는 새로운 셰이더를 시작하고 많은 코드를 반복해서 다시 작성해야 했다. 표면 셰이더에 대한 더 많은 경험을 쌓을수록 Cg 언어의 아래에 있는 함수와 유니티가 저수준 그래픽 프로세싱 유닛(GPU) 작업을 어떻게 처리해주는지에 대해 자연스럽게 더 탐구하고 싶을 것이다.

 유니티 프로젝트의 모든 파일은 자신이 속한 폴더와 독립적으로 참조된다. 에디터 내에서 연결을 부수는 위험 없이 셰이더와 머티리얼을 이동할 수 있다. 그러나 유니티는 파일의 참조를 업데이트할 수 없으므로 에디터 외부에서 파일을 옮겨서는 안 된다.

셰이더의 경로 이름을 원하는 이름으로 단순히 변경하는 것으로 유니티 환경에서 작동하는, 빛과 그림자 등을 포함한 기본 디퓨즈 셰이더를 만들었다. 단순히 한 줄의 코드만 변경했지만 말이다.

부연 설명

내장된 셰이더의 소스 코드는 유니티에서 일반적으로 숨겨져 있으며, 커스텀 셰이더처럼 에디터에서 열 수 없다. 유니티의 내장 Cg 함수 대부분을 찾을 수 있는 곳은 유니티 설치 디렉터리의 Editor ❯ Data ❯ CGIncludes 폴더다.

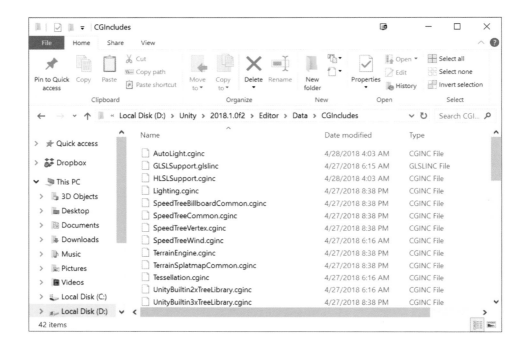

이 폴더에서 유니티와 함께 제공되는 셰이더의 소스 코드를 발견할 수 있다. 시간이 지나면서 소스 코드는 많이 변했다. 다른 버전의 유니티에서 사용된 셰이더의 소스 코드에 접근해야 한다면 유니티 다운로드 아카이브(https://unity3d.com/get-unity/download/archive)를 방문하자. 적합한 버전을 선택한 후에 다음 스크린샷에서 보이는 것처럼 드롭다운 목록에서 Built in shaders를 선택하자.

이 시점에서 주목해야 할 세 개의 파일이 있다. UnityCG.cginc, Lighting.cginc, Unity ShaderVariables.cginc다. 현재 셰이더는 이 세 파일을 전부 사용 중이다. 11장, '고급 셰이딩 기법'에서는 셰이더 코딩에 대한 모듈 방식의 접근을 위해 CGInclude를 사용하는 방법을 깊이 살펴볼 것이다.

▌ 셰이더에 속성 추가하기

셰이더의 속성은 셰이더 파이프라인에 매우 중요하다. 아티스트나 셰이더 사용자가 텍스처를 할당하고 셰이더 값을 조절할 수 있게 하기 위한 메소드이기 때문이다. 셰이더를 조절하는 시각적 방법을 제공하는 별도의 에디터를 사용하지 않고도 머티리얼의 Inspector 탭에서 속성property은 GUI 요소를 표시할 수 있다. 선택한 셰이더를 IDE에서 연 상태로 2~7라인 블록을 살펴보자. 이것을 스크립트의 Properties 블록이라고 한다. 현재는 _MainTex라고 불리는 텍스처 속성 하나가 있다.

이 셰이더가 적용된 머티리얼을 보면 Inspector 탭에 텍스처 GUI 요소가 하나 있는 것을 알 수 있다. 셰이더의 이 코드 라인은 이 GUI 요소를 생성한다. 유니티는 속성을 반복해서 변경하는 데 소요되는 코딩과 시간의 양이 매우 효율적이게 되도록 이 과정을 만들었다.

준비

StandardDiffuse 셰이더에서 커스텀 속성을 만들고 관련된 구문에 대해 더 배우는 것으로 어떻게 작동하는지 살펴보자. 이 예제에서는 이전에 생성된 셰이더를 고칠 것이다. 텍스처를 사용하는 대신 Inspector 탭에서 직접 변경할 수 있는 색상 및 기타 속성만을 사용할 것이다. StandardDiffuse 셰이더를 복사하는 것부터 시작하자. Inspector 탭에서 셰이더를 선택하고 Ctrl+D를 누르자. 그러면 StandardDiffuse 1이라는 복제본이 생성될 것이다. 이름을 StandardColor로 변경하자.

 셰이더의 첫 번째 줄에 친숙한 이름을 붙일 수 있다. 예를 들어 셰이더 "CookbookShaders/StandardDiffuse"는 유니티에게 이 셰이더가 StandardDiffuse며 CookbookShaders라는 그룹으로 옮기라고 말하는 것이다. Ctrl+D를 사용해 셰이더를 복제하면 새로운 파일은 같은 이름을 공유할 것이다. 혼란을 피하려면 새로운 셰이더의 첫 번째 줄을 변경해 다른 셰이더와 겹치지 않는 고유한 이름을 가지게 하자.

예제 구현

StandardColor 셰이더가 준비됐으면 속성 변경을 하는 것부터 시작하자.

1. 스크립트 첫 번째 줄에서 이름을 다음과 같이 변경한다.

```
Shader "CookbookShaders/Chapter 02/StandardColor" {
```

2. 셰이더의 Properties 블록에서 다음 코드를 제거해 해당 속성을 제거하자.

```
_MainTex ("Albedo (RGB)", 2D) = "white" {}
```

3. 필수 속성을 제거했으므로 이 셰이더는 _MainTex에 대한 다른 참조가 제거될 때까지 컴파일되지 않을 것이다. SubShader 섹션의 다른 줄도 삭제하자.

```
sampler2D _MainTex;
```

4. 원래의 셰이더는 모델 색상을 정하기 위해 _MainTex를 사용했다. surf( ) 함수의 코드 첫 번째 라인을 다음과 같이 변경하자.

```
fixed4 c = _Color;
```

C# 및 다른 프로그래밍 언어로 코드를 작성할 때 float 타입을 사용해 부동 소수점 값을 사용했던 것처럼, fixed는 고정 소수점 값에 사용되며 셰이더를 작성할 때 사용되는 타입이다. half 타입 역시 보게 될 수도 있는데, 이것은 float 타입과 비슷하지만 절반의 공간만 차지한다. 이는 메모리 절약에 유용하지만 표현 방식이 덜 정확하다. 8장, '모바일 셰이더 조정'의 '셰이더를 좀 더 효율적으로 만드는 테크닉' 레시피에서 좀 더 자세히 살펴볼 것이다.

고정 소수점 값에 대해 더 알고 싶다면 다음 링크를 참조하자.
https://en.wikipedia.org/wiki/Fixed-point_arithmetic

fixed의 4는 색상이 빨간색, 초록색, 파란색, 알파라는 네 가지 fixed 값을 포함하는 단일 변수라는 것을 나타낸다. 3장, '표면 셰이더와 텍스처 매핑'에서 이것이 무슨 일을 하는지 알아보고 이런 값을 수정하는 좀 더 자세한 방법을 배울 것이다.

5. 저장하고 유니티로 돌아오면 셰이더가 컴파일되며, 이제 머티리얼의 Inspector 탭에서 텍스처 견본이 더 이상 없다는 것을 알 수 있다. 이 셰이더의 수정을 완료하기 위해 Properties 블록에 속성을 하나 더 추가하고 무슨 일이 일어나는지 살펴보자. 다음 코드를 입력하자.

```
_AmbientColor ("Ambient Color", Color) = (1,1,1,1)
```

6. 머티리얼의 Inspector 탭에 또 다른 색상 견본을 추가했다. 이제 만들 수 있는 다른 종류의 속성을 위한 느낌을 얻기 위해 하나 더 추가하자. Properties 블록에 다음 코드를 추가하자.

```
_MySliderValue ("This is a Slider", Range(0,10)) = 2.5
```

7. 이제 셰이더와 시각적으로 상호작용할 수 있도록 하는 또 다른 GUI 요소를 생성했다. 이번에는 다음의 스크린샷에서 보이는 것처럼 This is Slider라는 슬라이더를 만들었다.

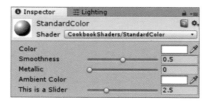

8. 속성은 셰이더 코드 자체의 값 변경을 할 필요 없이 셰이더를 조정할 수 있는 시각적인 방법을 제공한다. 다음 레시피에서는 이런 속성이 좀 더 흥미로운 셰이더를 만드는 데 사용되는 방법을 보여줄 것이다.

> ℹ️ 속성은 셰이더에 속하지만 속성과 연결된 값은 머티리얼에 저장된다. 동일한 셰이더는 여러 다른 머티리얼에서 안전하게 공유할 수 있다. 반면에 머티리얼의 속성 변경은 머티리얼을 현재 사용 중인 모든 오브젝트의 모양에 영향을 줄 것이다.

예제 분석

모든 유니티 셰이더는 코드에서 찾는 내장 구조체를 가진다. Properties 블록은 유니티가 필요로 하는 함수 중 하나다. 그 이유는 셰이더 프로그래머에게 셰이더 코드 내에서 직접 연결되는 GUI 요소를 빠르게 만드는 방법을 제공하기 때문이다. Properties 블록에 선언한 속성(변수)은 셰이더 코드에서 값, 색상, 텍스처의 변경에 사용될 수 있다. 속성을 정의하는 구문은 다음과 같다.

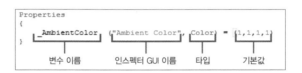

아래에서 무슨 일이 일어나는지 살펴보자. 새로운 속성을 처음 작성하기 시작했을 때, 변수 이름을 줘야 한다. 변수 이름은 셰이더 코드가 GUI 요소로부터 값을 얻는 데 사용할 이름이 될 것이다. 그러면 시스템을 스스로 설정할 필요가 없어져 많은 시간이 절약된다. 속성의 다음 요소는 속성의 인스펙터Inspector GUI 이름과 타입이며 괄호 안에 포함된다. 인스펙터 GUI 이름은 사용자가 셰이더와 상호작용하고 셰이더를 조정할 때 머티리얼의 Inspector 탭에 표시될 이름이다. 타입은 이 속성이 제어할 데이터 종류다. 유니티 셰이더 내부의 정의 가능한 속성은 여러 가지가 있다. 다음 표는 셰이더에서 사용할 수 있는 변수 종류를 설명한다.

표면 셰이더 속성 타입	설명
Range (min, max)	최솟값에서 최댓값까지의 슬라이더로 float 속성을 생성한다.
Color	Inspector 탭에서 color picker = (float, float, float, float)를 여는 색상 견본을 생성한다.
2D	사용자가 셰이더로 텍스처를 드래그할 수 있게 하는 텍스처 견본을 생성한다.
Rect	2D GUI 요소와 같이 두 텍스처 견본과 함수의 비제곱(non-power)을 생성한다.
Cube	Inspector 탭에 큐브 맵 견본을 생성하고 사용자가 셰이더로 큐브 맵을 드래그 앤 드롭할 수 있도록 한다.
float	Inspector 탭에 슬라이더 없는 float 값을 생성한다.
Vector	방향이나 색상을 생성할 수 있는 네 개의 float 속성을 생성한다.

마지막으로 기본값이 있다. 이것은 단순히 이 속성의 값을 코드에 배치한 값으로 설정한다. 따라서 앞의 예제 다이어그램에서 Color 타입의 _AmbientColor라는 속성의 기본값은 1, 1, 1, 1로 설정된다. 이것은 RGBA 혹은 float4 혹은 r, g, b, a = x, y, z, w인 색상으로 예상되는 Color 속성이므로 처음 만들어졌을 때 흰색으로 설정된다.

참고 사항

속성은 유니티 메뉴얼의 다음 링크에서 설명하고 있다.

http://docs.unity3d.com/Documentation/Components/SL-Properties.html

▌ 표면 셰이더에서 속성 사용하기

속성을 만들어봤으니 이제 셰이더를 조정하고 머티리얼 과정을 훨씬 더 인터랙티브하게 하도록 셰이더에 실제로 연결해볼 것이다. 속성 자체에 변수 이름을 연결했으므로 머티리얼의 Inspector 탭에서 속성 값을 사용할 수 있다. 그러나 셰이더 코드에서는 변수 이름으로 값을 호출하기 전에 몇 가지 설정해야 할 것이 있다.

예제 구현

다음 단계는 표면 셰이더에서 속성을 사용하는 방법을 보여준다.

1. 이전 예제에서 계속 진행해 ParameterExample이라는 또 다른 셰이더를 만들자. 앞에서 했던 것처럼 _MainTex 속성을 같은 방식으로 없애자.

```
// Properties 블록 내부
_MainTex ("Albedo (RGB)", 2D) = "white" {}

// CGPROGRAM 라인 아래
sampler2D _MainTex;

// surf 함수 내부
fixed4 c = tex2D (_MainTex, IN.uv_MainTex) * _Color;
```

2. 다음으로 Properties 섹션을 다음 코드로 업데이트하자.

```
Properties {
  _Color ("Color", Color) = (1,1,1,1)
  _AmbientColor ("Ambient Color", Color) = (1,1,1,1)
  _MySliderValue ("This is a Slider", Range(0,10)) = 2.5
  _Glossiness ("Smoothness", Range(0,1)) = 0.5
  _Metallic ("Metallic", Range(0,1)) = 0.0
}
```

3. CGPROGRAM 라인 아래에 다음 코드를 추가하자.

```
float4 _AmbientColor;
float _MySliderValue;
```

4. 3단계까지 완료했다면 셰이더의 속성에서 값을 사용할 수 있다. _AmbientColor 속성에 _Color 속성을 추가하고 이 결과를 o.Albedo 코드 라인에 제공해보자. surf( ) 함수에 다음 코드를 추가해보자.

```
void surf (Input IN, inout SurfaceOutputStandard o) {
    // 셰이더의 속성 값을 사용할 수 있다
    fixed4 c = pow((_Color + _AmbientColor), _MySliderValue);

    // Albedo는 슬라이더와 색상에서 제공된 속성 값에서 온다
    o.Albedo = c.rgb;

    // Metallic과 smoothness는 슬라이더 변수에서 온다
    o.Metallic = _Metallic;
    o.Smoothness = _Glossiness;
    o.Alpha = c.a;
}
ENDCG
```

5. 최종적으로 셰이더는 다음 셰이더 코드처럼 돼야 한다. 셰이더를 저장하고 유니티로 다시 돌아가면 셰이더가 컴파일될 것이다. 에러가 없으면 이제 머티리얼의 슬라이더 값을 사용해 앰비언트와 이미시브 색상을 변경해 최종 색상의 채도를 높일 것이다.

```
Shader "CookbookShaders/Chapter02/ParameterExample" {
    // Properties 블록에 속성을 정의한다
    Properties {
        _Color ("Color", Color) = (1,1,1,1)
        _Glossiness ("Smoothness", Range(0,1)) = 0.5
        _Metallic ("Metallic", Range(0,1)) = 0.0
    }
    SubShader {
        Tags { "RenderType"="Opaque" }
        LOD 200
```

```
// Properties 블록에서 값에 접근하려면
// CGPROGRAM 내부에 속성 변수 타입을 선언해야 한다

CGPROGRAM
// 물리 기반의 표준 라이팅 모델이며 모든 라이트 타입에서 그림자 가능
#pragma surface surf Standard fullforwardshadows
// 좀 더 좋은 라이트 모양을 위해 셰이더 모델 3.0 타깃 사용
#pragma target 3.0

float4 _AmbientColor;
float _MySliderValue;

struct Input {
  float2 uv_MainTex
};

half _Glossiness;
half _Metallic;
fixed4 _Color;

// 이 셰이더에 인스턴싱 서포트 추가 셰이더를 사용하는 머티리얼에서 'Enable Instancing'
을 체크해야 한다
// 인스턴싱에 대한 자세한 정보는 https://docs.unity3d.com/Manual/
GPUInstancing.html을 참고하자
// #pragma instancing_options assumeuniformscaling
UNITY_INSTANCING_BUFFER_START(Props)
// 더 많은 인스턴스당 속성을 여기에 넣자
UNITY_INSTANCING_BUFFER_END(Props)

void surf (Input IN, inout SurfaceOutputStandard o) {
  // 셰이더의 속성 값을 사용할 수 있다
  fixed4 c = pow((_Color + _AmbientColor), _MySliderValue);

  // Albedo는 슬라이더와 색상에서 제공된 속성 값에서 온다
  o.Albedo = c.rgb;
  // Metallic과 smoothness는 슬라이더 변수에서 온다
  o.Metallic = _Metallic;
```

```
            o.Smoothness = _Glossiness;
            o.Alpha = c.a;
        }
    ENDCG
    }
    FallBack "Diffuse"
}
```

 pow(arg1, arg2) 함수는 상응하는 제곱 수학 함수를 수행하는 내장 함수다. 첫 번째 인수는 제곱을 수행할 값(밑)이며, 두 번째 인수는 제곱하는 횟수(지수)다.

pow() 함수에 대한 좀 더 자세한 내용은 Cg 튜토리얼을 살펴보자. 셰이딩을 배우기 위해 사용 가능한 훌륭한 무료 리소스와 Cg 셰이딩 언어에서 사용 가능한 모든 함수 용어집이 다음 링크에 있다.

http://http.developer.nvidia.com/CgTutorial/cg_tutorial_appendix_e.html

다음 스크린샷은 머티리얼의 색상과 채도를 머티리얼의 Inspector 탭 내의 속성을 조절해 변경한 결과를 보여준다.

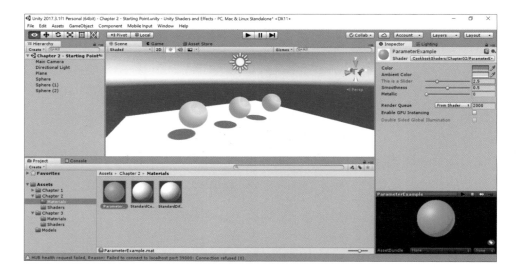

예제 분석

Properties 블록에서 새 속성을 선언할 때, 머티리얼의 Inspector 탭에서 조절한 값을 셰이더가 받는 방법을 제공한다. 이 값은 속성의 변수 이름 부분에 저장된다. 이 경우에 _AmbientColor, _Color, _MySliderValue는 조절된 값을 저장하는 변수다.

SubShader 블록에서 값을 사용하기 위해 속성의 변수 이름에 같은 이름을 가진 새로운 세 변수를 생성해야 한다. 이렇게 하면 둘 사이에 링크가 자동으로 설정되므로 동일한 데이터로 작업해야 한다는 것을 알 수 있다. 또한 SubShader 변수에 저장하고픈 데이터 타입을 선언한다. 이는 이후에 셰이더 최적화에 대해 살펴볼 때 유용하다. SubShader 변수를 생성했다면 surf() 함수에서 값을 사용할 수 있다. 이 경우 _Color와 _AmbientColor 변수를 함께 추가하고 _MySliderValue 변수가 머티리얼의 Inspector 탭의 값과 동일하게 되도록 설정하고 싶다. 대다수의 셰이더는 표준 셰이더로 시작해 원하는 모양과 일치할 때까지 수정한다. 이제 디퓨즈 컴포넌트를 필요로 하는, 나중에 만들게 될 표면 셰이더를 위한 기초를 생성했다.

 머티리얼은 에셋이다. 이는 게임이 에디터에서 실행되는 중의 변경이 영구적이라는 것을 뜻한다. 실수로 속성의 값을 변경했다면 Ctrl+Z로 되돌릴 수 있다.

부연 설명

다른 프로그래밍 언어와 마찬가지로 Cg는 실수를 허용하지 않는다. 따라서 코드에 오타가 있으면 셰이더는 작동하지 않는다. 이 경우 머티리얼이 음영 없는 마젠타로 렌더링된다.

스크립트가 컴파일되지 않았을 때, 유니티는 게임을 내보내거나 실행하지 못하도록 한다. 반대로 셰이더의 에러가 게임 실행을 멈추게 하지는 않는다. 셰이더 중 하나가 마젠타로 보인다면 문제가 어디에 있는지 조사해야 한다. 유실된 셰이더를 선택하면 Inspector 탭에서 에러 목록이 표시된다.

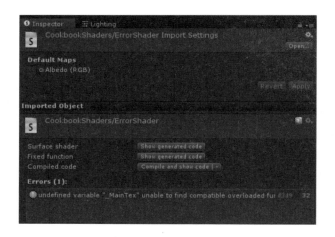

에러가 발생한 라인을 보여주기는 하지만, 그 라인이 고쳐져야 한다는 것을 뜻하는 경우는 거의 없다. 이전 스크린샷에서 보여주는 에러 메시지는 SubShader{} 블록에서 sampler2D _MainTex 변수를 삭제함으로써 생성됐다. 그러나 에러는 변수에 접근하려고 하는 첫 번째 줄에서 발생했다. 코드의 문제를 찾아내고 고치는 과정을 디버깅이라고 한다. 확인해야 하는 가장 일반적인 실수는 다음과 같다.

- 괄호가 빠짐. 섹션을 닫기 위한 중괄호를 잊은 경우 컴파일러는 문서의 끝, 시작, 혹은 새 섹션에서 에러를 발생시킬 가능성이 높다.
- 세미콜론 빠트림. 가장 흔한 실수 중 하나지만, 운 좋게도 가장 쉽게 발견하고 고칠 수 있다. 에러 정의를 살펴볼 때, 우선 윗 라인에 세미콜론이 있는지부터 확인하자.
- Properties 섹션에서 정의된 속성이지만 SubShader{} 블록의 변수와 결합되지 않음
- C# 스크립트에서 하던 것처럼 Cg에서 부동 소수점 값에 f를 붙일 필요는 없다. 1.0f가 아니라 1.0으로 해야 한다.

셰이더가 발생시킨 에러 메시지는 오해의 소지가 있다. 특별히 구문상의 제약이 엄격하기 때문이다. 의미에 대해 의심이 간다면 인터넷을 검색하는 것이 가장 좋다. 유니티 포럼에는 같은 문제를 이미 겪은(그리고 해결한) 다른 개발자들로 가득하다.

참고 사항

- 표면 셰이더와 속성을 마스터하는 방법에 대한 자세한 정보는 3장, '표면 셰이더와 텍스처 매핑'에서 찾을 수 있다.
- 셰이더가 최대로 사용될 때 실제로 할 수 있는 것에 대해 궁금하다면 11장, '고급 셰이딩 기법'에서 이 책에서 다루는 내용 중 가장 고급스러운 테크닉의 일부를 볼 수 있다.

03

표면 셰이더와 텍스처 매핑

3장에서는 표면 셰이더에 대해 2장보다 좀 더 자세히 살펴볼 것이다. 매우 단순한 무광택 머티리얼을 만드는 것부터 홀로그램 투영과 고급 지형 혼합까지 다룰 것이다. 또한 텍스처를 사용해 원하는 다른 속성을 애니메이트, 혼합, 드라이브drive하는 방법을 살펴볼 것이다.

3장에서는 다음에 대해 배울 것이다.

- 디퓨즈 셰이딩
- 압축 배열에 접근하고 수정하기
- 셰이더에 텍스처 추가하기
- UV 값 수정을 위한 텍스처 스크롤
- 법선 매핑normal mapping으로 셰이더 만들기
- 투명 머티리얼 만들기

- 홀로그래픽 셰이더 만들기
- 텍스처 패킹 및 블렌딩
- 지형 주변에 원 만들기

▌ 소개

2장에서 표면 셰이더를 유니티에서 사용되는 주요 셰이더 타입으로서 소개했다. 3장에서는 표면 셰이더가 실제로 무엇이고 어떻게 작동하는지를 자세히 살펴볼 것이다. 일반적으로 모든 표면 셰이더는 두 가지 필수 단계를 거친다. 첫 번째 단계에서는 디퓨즈 색상, 부드러움, 투명도와 같이 설명하고 싶은 머티리얼의 특정 물리적인 속성을 지정해야 한다. 이런 속성은 표면 함수에서 초기화되며 SurfaceOutput 구조체에 저장된다. 두 번째 단계로 SurfaceOutput은 라이팅 모델로 전달된다. 이것은 씬의 근처 라이트에 대한 정보를 가져오는 특별한 기능이다. 이 두 파라미터는 모두 모델의 각 픽셀의 최종 색상을 계산하는 데 사용된다. 라이트 함수는 실제 셰이더 계산이 이뤄지는 곳이다. 머티리얼을 빛이 건드릴 때의 행동을 결정하는 코드 조각이기 때문이다.

다음 다이어그램은 표면 셰이더가 동작하는 방식을 대략적으로 요약했다. 커스텀 라이팅 모델은 4장에서 살펴볼 것이고, 6장에서는 vertex 수정자를 살펴볼 것이다.

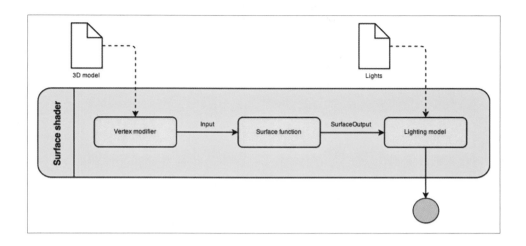

▌ 디퓨즈 셰이딩

텍스처 매핑으로의 여행을 시작하기 전에 디퓨즈 머티리얼의 동작 방식을 이해하는 것이 중요하다. 특정 물체는 균일한 색상과 매끄러운 표면을 가지고 있을 수도 있지만, 반사 광에서 빛나기 충분할 정도로 매끄럽지는 않을 수 있다. 이 무광 머티리얼은 디퓨즈 셰이 더Diffuse Shader로 가장 잘 표현된다. 실제 세계에서는 순수 디퓨즈 머티리얼이 존재하지 않지만, 디퓨즈 셰이더는 구현 비용이 상대적으로 저렴하고 저폴리곤 미학을 가진 게임에서 주로 적용되므로 배울 가치는 있다.

자신만의 디퓨즈 셰이더를 만드는 방법에는 여러 가지가 있다. 빠른 방법은 유니티의 표준 표면 셰이더로 시작해 추가적인 텍스처 정보를 전부 없애는 것이다.

준비

이 내용을 시작하기 전에 SimpleDiffuse라는 이름으로 표준 표면 셰이더를 만들어야 한다. 표준 표면 셰이더를 작성하는 방법은 2장의 '기본 표준 셰이더 만들기' 레시피를 살펴보자.

예제 구현

만들어둔 `SimpleDiffuse` 셰이더를 열고 다음을 따라 변경하자.

1. Properties 섹션에서 _Color를 제외한 모든 변수를 삭제한다.

```
Properties
{
  _Color ("Color", Color) = (1,1,1,1)
}
```

2. SubShader{} 섹션에서 _MainTex, _Glossiness, _Metallic 변수를 삭제한다. Cg 는 입력 구조체가 비는 것을 허용하지 않으므로 uv_MainTex로의 참조를 제거하면 안 된다. 값은 그냥 무시된다.

3. 또한 UNITY_INSTANCING_BUFFER_START/END 매크로 및 매크로와 함께 사용된 주석을 삭제한다.

4. surf() 함수의 내용을 삭제하고 다음과 같이 교체한다.

```
void surf (Input IN, inout SurfaceOutputStandard o)
{
  o.Albedo = _Color.rgb;
}
```

5. 셰이더는 다음과 같이 돼야 한다.

```
Shader "CookbookShaders/Chapter03/SimpleDiffuse" {
  Properties
  {
    _Color ("Color", Color) = (1,1,1,1)
  }
```

```
SubShader
{
  Tags { "RenderType"="Opaque" }
  LOD 200

  CGPROGRAM
  // 물리 기반의 표준 라이팅 모델이며 모든 라이트 타입에서 그림자 가능
  #pragma surface surf Standard fullforwardshadows

  // 좀 더 좋은 라이트 모양을 위해 셰이더 모델 3.0 타깃 사용
  #pragma target 3.0

  struct Input
  {
    float2 uv_MainTex;
  };

  fixed4 _Color;

  void surf (Input IN, inout SurfaceOutputStandard o)
  {
    o.Albedo = _Color.rgb;
  }

  ENDCG
}
FallBack "Diffuse"
}
```

6. 이 셰이더는 표준 셰이더를 재구성한 것이므로 빛이 모델에서 동작하는 방식을
   시뮬레이트하기 위해 물리 기반 렌더링을 사용할 것이다.

7. 셰이더를 저장하고 유니티로 돌아가자. 2장의 '기본 표준 셰이더 만들기' 레시피와 동일한 지침을 사용해 SimpleDiffuseMat이라는 새로운 머티리얼을 만들고 새롭게 생성한 셰이더에 적용하자. 선택한 상태로 Inspector 창의 Color 속성 옆에 있는 창을 클릭하고 빨간색 같은 다른 색상으로 변경하자.

8. 그다음에는 이 책 예제 코드의 Model 폴더로 간 후 프로젝트 창에서 Hierarchy 창으로 토끼 오브젝트를 드래그 앤 드롭해 씬에 넣자. 이어서 오브젝트에 SimpleDiffuseMat 머티리얼을 할당하자.

9. Hierarchy 탭에서 오브젝트를 더블 클릭해 선택한 오브젝트의 중앙으로 카메라가 오게 하자.

예제 분석

셰이더가 머티리얼의 렌더링 속성을 라이팅 모델로 전달할 수 있는 방법은 SurfaceOutput을 통해 하는 것이다. 기본적으로 이것은 현재 라이팅 모델이 필요로 하는 모든 파라미터를 감싸는 래퍼다. 다른 라이팅 모델이 다른 SurfaceOutput 구조체를 가지는 것이 놀라운 일은 아니다. 다음 표는 유니티에서 사용되는 주요 출력 구조체와 사용되는 방법을 보여준다.

셰이더 종류	표준	물리 기반 라이팅 모델
디퓨즈	모든 표면 셰이더 SurfaceOutput	**표준** SurfaceOutputStandard
스페큘러(Specular)	모든 표면 셰이더 SurfaceOutput	**표준(스펙큘러 설정)** SurfaceOutputStandardSpecular

SurfaceOutput 구조체는 다음 속성을 가진다.

- fixed3 Albedo;: 머티리얼의 디퓨즈 색상이다.
- fixed3 Normal;: 작성된 경우 탄젠트tangent 공간, 노멀이다.
- fixed3 Emission;: 머티리얼에 의해 방출되는 빛의 색상이다(이 속성은 표준 셰이더에서 half3로 선언됐다).
- fixed Alpha;: 머티리얼 half 스페큘러의 투명도다.
- half Specular;: 0에서 1 사이의 스페큘러 파워다.
- fixed Gloss;: 스페큘러 강도다.

SurfaceOutputStandard 구조체는 다음 속성을 가진다.

- fixed3 Albedo;: 머티리얼의 기본 색상이다(디퓨즈나 스페큘러와 관계없이).
- fixed3 Normal;
- half3 Emission;: 이 속성은 SurfaceOutput fixed Alpha에서는 fixed3로 정의됐지만, 여기서는 half3로 선언됐다.
- half Occlusion;: 이것은 오클루전이다(기본 1).
- half Smoothness;: 이것은 부드러움이다(0 = 거침, 1 = 부드러움).
- half Metallic;: 0 = 비금속, 1 = 금속

SurfaceOutputStandardSpecular 구조체는 다음 속성을 가진다.

- `fixed3 Albedo;`
- `fixed3 Normal;`
- `half3 Emission;`
- `fixed Alpha;`
- `half Occlusion;`
- `half Smoothness;`
- `fixed3 Specular;` : 이것은 스페큘러 색상이다. 이 값은 단일 값이 아닌 색상을 지정할 수 있으므로 SurfaceOutput의 Specular 속성과는 매우 다르다.

표면 셰이더를 올바르게 사용하려면 올바른 값으로 SurfaceOutput을 초기화해야 한다.

 표면 셰이더에 대한 자세한 정보를 원한다면 다음 링크를 참고하자.
https://docs.unity3d.com/Manual/SL-SurfaceShaders.html

▌ 압축 배열에 접근하고 수정하기

쉽게 말해, 셰이더 내의 코드는 적어도 화면 내의 모든 픽셀에서 실행해야 한다. 이것이 GPU가 병렬 컴퓨팅을 위해 고도로 최적화된 이유다. 동시에 여러 프로세스를 실행할 수 있기 때문이다. 이 철학은 Cg에서 사용 가능한 변수 및 연산자의 표준 타입에서도 분명하다. 셰이더를 올바르게 사용하는 것뿐만 아니라 최적화가 잘되도록 작성하기 위해 셰이더를 이해하는 것은 필수적이다.

예제 구현

Cg에는 두 종류의 변수가 있다. 단일 값과 압축 배열^{packed array}이다. 후자는 float3나 int4 같은 숫자로 끝나는 타입이므로 이것으로 식별할 수 있다. 이름에서 알 수 있듯이 이런 종류의 변수는 구조체와 유사하다. 각각의 단일 값 여러 개를 가진다는 뜻이다. Cg는 이것을 압축 배열로 호출하지만, 전통적인 감각에서 정확히 배열은 아니다.

압축 배열의 요소는 일반 구조체처럼 접근할 수 있다. 일반적으로 x, y, z, w라고 불린다. 그러나 Cg는 r, g, b, a 같은 또 다른 별칭도 제공한다. x나 r을 사용해도 차이는 없지만, 보는 사람에게는 큰 차이가 생길 수 있다. 실제 셰이더 코딩은 위치와 색상을 사용한 계산이 종종 포함된다. 표준 셰이더에서 이것을 봤을 것이다.

```
o.Alpha = _Color.a;
```

여기서 o는 구조체고 _Color는 압축 배열이다. 이것은 또한 Cg가 두 구문의 혼합된 사용을 금지하는 이유이기도 하다(_Color.xgz를 사용할 수 없다).

C#에는 없는 압축 배열의 또 다른 중요한 기능이 있다. 스위즐링^{swizzling}이다. Cg는 압축 배열 내의 요소를 한 줄로 접근하고 재정렬하는 것을 허용한다. 다음은 기본 셰이더에 있다.

```
o.Albedo = _Color.rgb;
```

Albedo는 fixed3며 fixed 타입의 세 값을 보유한다는 뜻이다. 그러나 _Color는 fixed4 타입으로 정의됐다. _Color가 Albedo보다 크기 때문에 직접 할당하면 컴파일러 에러가 발생한다. C#으로 이것을 수행하는 것은 다음과 같다.

```
o.Albedo.r = _Color.r;
o.Albedo.g = _Color.g;
o.Albedo.b = _Color.b;
```

그러나 Cg에서는 다음과 같이 압축할 수 있다.

```
o.Albedo = _Color.rgb;
```

또한 Cg는 _Color.bgr처럼 빨간색과 파란색 채널을 교환하는 등의 요소의 재배열을 허용한다.

마지막으로 단일 값이 압축 배열에 할당되면 모든 필드에 값이 복사된다.

```
o.Albedo = 0; // 검은색 =(0,0,0)
o.Albedo = 1; // 흰색 =(1,1,1)
```

이것을 스미어링smearing이라고 한다.

스위즐링 표현식의 왼쪽에서만 사용이 가능하므로 압축 배열의 특정 요소만을 덮어 쓸 수 있다.

```
o.Albedo.rg = _Color.rg;
```

이 경우는 마스킹masking이라고 한다.

부연 설명

스위즐링은 압축 행렬에 적용될 때 최고의 가능성을 보여준다. Cg는 4행 4열의 float 행렬을 나타내는 float4x4 같은 타입을 허용한다. _mRC 표기법을 사용해 행렬의 단일 요소에 접근할 수 있다. 여기서 R은 행이고 C는 열이다.

```
float4x4 matrix;
// ...
float first = matrix._m00;
float last = matrix._m33;
```

_mRC 표기법 또한 연결할 수 있다.

```
float4 diagonal = matrix._m00_m11_m22_m33;
```

대괄호를 사용해 전체 행을 선택할 수 있다.

```
float4 firstRow = matrix[0];
// 위와 동일함
float4 firstRow = matrix._m00_m01_m02_m03;
```

참고 사항

- 스위즐링, 스미어링, 마스킹 속성은 작성하기도 쉽고 성능상의 이점도 있다.
- 그러나 스위즐링을 부적절하게 사용하면 코드를 한눈에 이해하기가 어려워질 수 있으며 컴파일러가 코드를 자동으로 최적화하는 것을 좀 더 어렵게 만들 수 있다.
- 압축 배열은 Cg의 가장 근사한 기능 중 하나다. 자세한 것은 다음 링크에서 볼 수 있다.

  http://http.developer.nvidia.com/CgTutorial/cg_tutorial_chapter02.html

▌ 셰이더에 텍스처 추가하기

아주 사실적인 효과를 얻는다는 면에서 텍스처는 매우 빠르게 셰이더를 살아나게 할 수 있다. 텍스처를 효과적으로 사용하려면 2D 이미지가 3D 모델로 매핑되는 방법을 이해해야 한다. 이 과정을 텍스처 매핑texture mapping이라고 하며, 사용하고자 하는 셰이더와 3D 모델에 대해 몇 가지 작업을 수행해야 한다. 실제 모델은 삼각형으로 이뤄지며, 종종 폴리곤이라고 불린다. 모델의 각 정점vertex은 셰이더가 접근하고 그려야 할 것이 무엇인지 판별하기 위해 사용할 수 있는 데이터를 저장할 수 있다.

정점에 저장되는 정보의 가장 중요한 조각 중 하나는 UV 데이터다. 이것은 0부터 1 사이의 U와 V라는 두 좌표로 구성된다. 이 좌표들은 정점에 매핑될 2D 이미지에서 픽셀의 XY 위치를 나타낸다. UV 데이터는 정점에만 표시된다. 삼각형의 내부 점이 텍스처 매핑이 돼야 한다면, GPU는 사용될 텍스처의 올바른 픽셀을 찾기 위해 가장 가까운 UV 값을 보간한다. 다음 다이어그램은 2D 텍스처가 3D 모델에서 삼각형으로 매핑되는 방법을 보여준다.

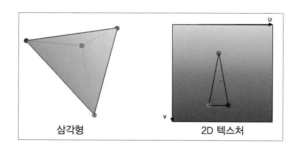

삼각형 | 2D 텍스처

UV 데이터는 3D 모델에 저장되며 수정하기 위해서는 모델링 소프트웨어가 필요하다. 일부 모델은 UV 컴포넌트가 없어서 텍스처 매핑을 지원할 수 없다. 예를 들어 스탠포드 토끼Stanford bunny는 원래 UV 데이터가 제공되지 않았다.

준비

이 레시피에서는 UV 데이터가 있는 3D 모델과 텍스처가 필요하다. 시작하기 전에 둘 다 유니티로 가져와야 한다. 에디터에 드래그하면 쉽게 가져올 수 있다. 기본적으로 표준 셰이더는 텍스처 매핑을 지원하므로 이것을 사용하고 나서 동작 방법을 자세히 설명할 것이다.

예제 구현

표준 셰이더를 사용해 모델에 텍스처를 추가하는 것은 매우 간단하다.

1. 이 책과 함께 제공되는 3장의 예제 코드에서 기본적으로 UV 정보가 포함돼 있는 basicCharacter 모델을 찾을 수 있으므로 머티리얼을 연결할 때 이 정보를 사용해 텍스처를 그릴 것이다.

2. 프로젝트 탭으로 이동한 후 Create ➤ Shaders ➤ Standard Surface Shader를 선택해 새로운 표준 표면 셰이더를 생성하고 이름을 TexturedShader로 한다. 생성했다면 셰이더의 새로운 이름을 입력하고 엔터 키를 누른다.

3. 조직을 위해 셰이더를 열고 첫 번째 줄을 다음과 같이 수정한다.

```
Shader "CookbookShaders/Chapter03/TexturedShader" {
```

4. 이것은 이 책에서 사용해왔던 조직 내에서 셰이더를 찾을 수 있도록 한다.

5. 프로젝트 탭에서 Create ➤ Material을 선택해 새로운 머티리얼을 만든 후 TexturedMaterial이라고 하자. 생성한 후에 머티리얼의 새 이름을 입력하고 엔터 키를 눌러 변경된 사항을 적용할 수 있다.

6. Inspector 탭으로 이동한 후 CookbookShaders/Chapter03/TexturedShader를 Shader 드롭다운에서 선택해 셰이더를 적용하자.

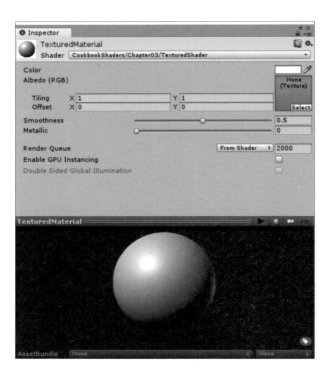

 머티리얼을 먼저 선택하고 Project 탭에 셰이더 파일을 드래깅할 수도 있다.

7. 머티리얼을 선택한 후에는 텍스처를 Albedo(RGB)라는 빈 사각형에 드래그한다.
    무언가 놓친 경우 3장의 예제 코드에 사용 가능한 텍스처가 있다. 이 모든 단계를
    제대로 따라왔다면 머티리얼의 Inspector 탭은 다음과 같아야 한다.

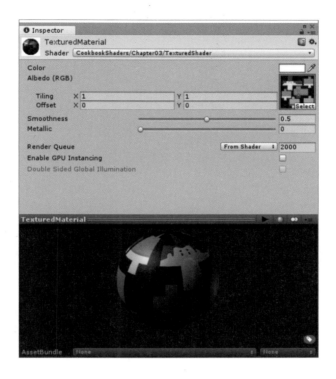

표준 셰이더는 UV 모델을 사용해 2D 이미지를 3D 모델로 매핑하는 방법을 알고 있으며, 이 예제에서 사용된 텍스처는 케니 플레겔스(Kenney Vleugels)와 캐스퍼 조리슨(Casper Jorissen)이 만들었다. Kenney.nl에서 이 텍스처뿐 아니라 다른 많은 공개 도메인 게임 에셋을 찾을 수 있다.

8. 실행 중인 UV 데이터를 보려면 예제 코드의 Models 폴더에서 모델을 **Hierarchy** 탭으로 끌어다 놓자. 그다음에는 새롭게 생성된 오브젝트를 더블 클릭해 오브젝트를 볼 수 있도록 확대하자.

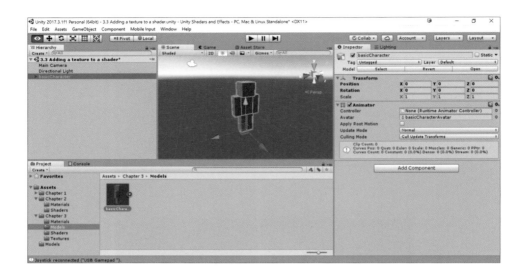

9. 일단 거기서 **Project** 탭으로 이동한 후 **Chapter 3 ➤ Materials** 폴더를 열고 캐릭터
에 `Textured Material`을 끌어다 놓는다. 모델은 서로 다른 오브젝트로 구성돼
있으며, 각각의 오브젝트는 특정 위치에서 그리기 위한 방향을 제공한다. 즉 모
델의 각 부분(`ArmLeft1`, `ArmRight1`, `Body1` 등)에 머티리얼을 끌어다 놓아야 한다는
뜻이다. 계층의 최상위 레벨(`basicCharacter`)에만 적용하려고 하면 동작하지 않
을 것이다.

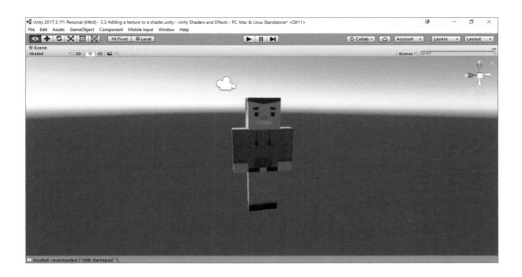

10. 또한 사용 중인 텍스처를 변경해 오브젝트 모양을 변경할 수도 있다. 예를 들어 제공되는 다른 텍스처(skin_womanAlternative)를 사용하면 다른 모양의 캐릭터를 가지게 된다.

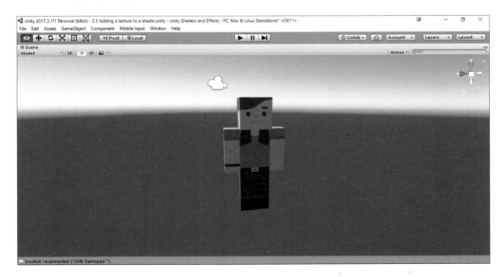

이것은 다른 종류의 캐릭터를 최소한의 비용으로 제공하기 위해 게임에서 종종 사용된다.

예제 분석

텍스처의 인스펙터에서 표준 셰이더가 사용될 때 텍스처 매핑의 뒤에서의 과정은 개발자에게 완전히 보여진다. 어떻게 동작하는지 이해하려고 한다면 TaxturedShader를 자세히 살펴봐야 한다. Properties 섹션에서 Albedo (RGB) 텍스처는 실제로 _MainTex로 코드에서 참조되는 것을 볼 수 있다.

```
_MainTex ("Albedo (RGB)", 2D) = "white" {}
```

CGPROGRAM 섹션에서 이 텍스처는 2D 텍스처의 표준 타입인 sampler2D로 정의됐다.

```
sampler2D _MainTex;
```

다음 라인은 Input이라는 구조체를 보여준다. 이것은 표면 함수용 입력 파라미터며 uv_MainTex라는 압축 배열을 포함한다.

```
struct Input {
  float2 uv_MainTex;
};
```

surf() 함수가 호출될 때마다 Input 구조체는 렌더링돼야 하는 3D 모델의 특정 지점에 대한 _MainTex의 UV를 포함한다. 표준 셰이더는 uv_MainTex라는 이름이 _MainTex를 참조하는 것을 알아차리고 자동으로 초기화한다. UV가 실제로 3D 공간에서 2D 텍스처로 매핑되는 방법을 이해하는 데 관심이 간다면, 4장, '라이팅 모델 이해하기'를 참고하자.

마지막으로 UV 데이터는 표면 함수 첫 번째 줄의 텍스처를 샘플링하는 데 사용된다.

```
fixed4 c = tex2D (_MainTex, IN.uv_MainTex) * _Color;
```

이것은 Cg의 tex2D( ) 함수를 사용해 수행한다. 텍스처와 UV를 취하고 그 위치의 픽셀 색상을 반환한다.

 U와 V 좌표는 0부터 1까지다. (0, 0)과 (1, 1)은 두 반대쪽 모서리에 해당한다. 다른 구현은 UV를 다른 모서리와 연관시킨다. 텍스처가 반전된 것처럼 보인다면 V 요소를 뒤집어보자.

부연 설명

유니티에 텍스처를 가져올 때 sampler2D가 사용할 속성 일부를 설정하고 있다. 가장 중요한 필터 모드는 텍스처가 샘플링됐을 때 색상을 보간하는 방법을 결정한다. UV 데이터가 픽셀의 중간을 정확하게 가리키는 경우는 거의 없다. 다른 모든 경우에는 균일한 색상을 얻기 위해 가장 가까운 픽셀 간의 보간을 할 것이다. 다음은 예제 텍스처의 Inspector 탭의 스크린샷이다.

대부분의 응용프로그램에서 Bilinear는 저렴하면서도 효과적으로 텍스처를 부드럽게 하는 방법을 제공한다. 그러나 2D 게임을 만든다면 Bilinear는 흐린 타일을 만들어낼 것이다. 이 경우 Point를 사용해 텍스처 샘플링에서 보간을 없앨 수 있다.

가파른 각도에서 텍스처를 볼 때, 텍스처 샘플링은 시각적으로 불쾌한 결과를 만들어낼 수 있다. Aniso Level을 높게 설정하면 이를 방지할 수 있으며, 특히 오류가 연속성의 환상을 깨뜨릴 수 있는 바닥이나 천장 텍스처에 유용하다.

참고 사항

- 3D 표면에서 텍스처가 매핑되는 방법의 내부 작동에 대해 더 알고 싶다면 다음 링크의 정보를 읽어보자.

  http://developer.nvidia.com/CgTutorial/cg_tutorial_chapter03.html

- 2D 텍스처를 임포팅할 때 가능한 옵션의 전체 목록에 대해서는 다음 링크를 참조하자.

  http://docs.unity3d.com/Manual/classTextureImporter.html

▌ UV 값 수정을 위한 텍스처 스크롤

오늘날의 게임 산업에서 사용되는 가장 일반적인 텍스처 테크닉 중 하나는 오브젝트의 표면 위로 텍스처를 스크롤하는 것이다. 이를 통해 폭포, 강, 용암의 흐름 같은 효과를 생성할 수 있다. 또한 움직이는 스프라이트 효과의 기본인 테크닉이기도 하지만, 이에 대해서는 조금 있다가 살펴보겠다. 우선 표면 셰이더에서 간단한 스크롤 효과를 만드는 법을 살펴보자.

준비

이 레시피를 시작하려면 새로운 셰이더 파일(ScrollingUVs)과 머티리얼(ScrollingUVMat)을 만들어야 한다. 그러면 스크롤 효과를 공부하는 데 사용 가능한 좋고 깨끗한 셰이더를 준비할 수 있다.

예제 구현

시작하려면 우선 방금 생성한 셰이더 파일을 실행하고 다음에 언급할 코드를 입력한다.

1. 셰이더는 텍스처 스크롤의 속도를 제어하기 위한 새로운 두 속성이 필요하다. 다음 코드와 같이 *X* 방향과 *Y* 방향의 속도 속성을 추가하자.

```
Properties {
  _Color ("Color", Color) = (1,1,1,1)
  _MainTex ("Albedo (RGB)", 2D) = "white" {}
```

```
  _ScrollXSpeed ("X Scroll Speed", Range(0,10)) = 2
  _ScrollYSpeed ("Y Scroll Speed", Range(0,10)) = 2
}
```

2. ShaderLab에서 작업할 때 다음과 같이 생긴 구문이 Properties에 있었다.

```
Properties
{
  _propertyName("Name in Inspector", Type) = value
}
```

Properties 블록에 포함된 각각의 속성은 오브젝트로의 참조를 위해 코드에서 사용되는 이름을 가지며, _속성명으로 정해진다. 밑줄이 필수는 아니지만 일반적인 표준이다. 괄호 안에는 두 파라미터가 있다. 첫 번째 파라미터는 이 속성이 무엇인지 인스펙터에 표시할 텍스트가 무엇인지를 정하는 문자열이다. 두 번째 파라미터는 저장하려는 데이터 타입이다.

여기서는 X와 Y의 스크롤 속도에서 가능한 범위가 0부터 10 사이인 숫자를 생성한다. 마지막으로 맨 뒤에 있는 기본값으로 속성을 초기화할 수 있다. 이전에 봤듯이 이 셰이더가 사용 중인 머티리얼을 선택하면 인스펙터에서 그 속성이 보일 것이다.

 Properties와 생성 방법에 대해 더 알고 싶다면 다음 링크를 참고하자.
https://docs.unity3d.com/Manual/SL-Properties.html

이 예제에서는 Smoothness나 Metallic 속성이 필요 없으므로 지워도 된다.

3. _MainTex 정의 위의 CGPROGRAM 섹션에서 Cg 속성을 수정하고 새 변수를 생성해 속성에서 값에 접근할 수 있도록 한다.

```
fixed _ScrollXSpeed;
fixed _ScrollYSpeed;
sampler2D _MainTex;
```

4. _Glossiness와 _Metallic 정의는 더 이상 사용하지 않으므로 제거해야 한다.

5. tex2D( ) 함수에 주어지는 UV를 변경하기 위해 표면 함수를 수정하자. 그러고 나서, 내장된 _Time 변수를 사용해 에디터에서 **Play** 버튼을 눌렀을 때 UV가 시간이 지남에 따라 움직이도록 하자.

```
void surf (Input IN, inout SurfaceOutputStandard o) {
    // tex2D( ) 함수로 전달하기 전
    // UV 저장을 위한 별도의 변수 생성
    fixed2 scrolledUV = IN.uv_MainTex;
    // 시간에 따른 UV의 조절을 위한
    // x와 y 컴포넌트 각각을 저장하는 변수 생성
    fixed xScrollValue = _ScrollXSpeed * _Time;
    fixed yScrollValue = _ScrollYSpeed * _Time;
    // 최종 UV 오프셋 적용
    scrolledUV += fixed2(xScrollValue, yScrollValue);
    // 텍스처 및 색조 적용
    half4 c = tex2D(_MainTex, scrolledUV);
    o.Albedo = c.rgb * _Color;
    o.Alpha = c.a;
}
```

6. 스크립트가 완료되면 저장한 후 유니티 에디터로 돌아가자. Materials 폴더로 가서 ScrollingUVs 셰이더를 사용하기 위해 ScrollingUVsMat을 할당하자. 그다음에는 **Albedo (RGB)** 속성 아래에 이 책과 함께 제공되는 예제 코드에서 물 텍스처를 끌어다 놓아 속성을 할당하자.

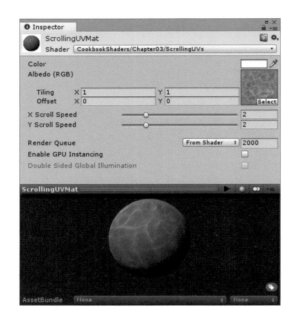

7. 그다음에는 셰이더를 사용할 수 있는 오브젝트를 생성해야 한다. 새로운 씬에서 GameObject ➤ 3D Object ➤ Plane으로 이동해 ScrollingUVMat 머티리얼을 끌어다 놓자.

8. 적용했다면 게임을 진행해 셰이더가 작동하는지 살펴보자.

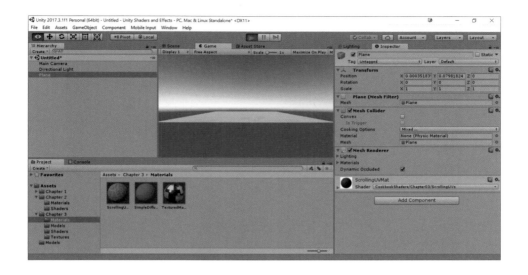

이 정지된 그림에서는 보이지 않지만, 유니티 에디터에서는 오브젝트가 X축과 Y축으로 이동한다. Inspector 탭에서 X Scroll Speed와 Y Scroll Speed 속성을 자유롭게 조절하고 이 변경점이 오브젝트 이동에 어떻게 영향을 끼치는지를 살펴보자. 또한 원한다면, 보기 편하게 마음껏 카메라를 이동해보자.

 게임플레이 도중 머티리얼에서 값을 변경하면 유니티가 일반적으로 동작하는 것과는 달리 값이 변경된 채로 유지된다.

정말 멋지다. 이 지식을 바탕으로 흥미로운 시각적 효과를 만들기 위해 이 개념을 훨씬 더 발전시킬 수 있다. 다음 스크린샷은 간단한 강 동작을 만들기 위해 여러 머티리얼을 써서 UV 스크롤 시스템을 사용한 결과를 보여준다.

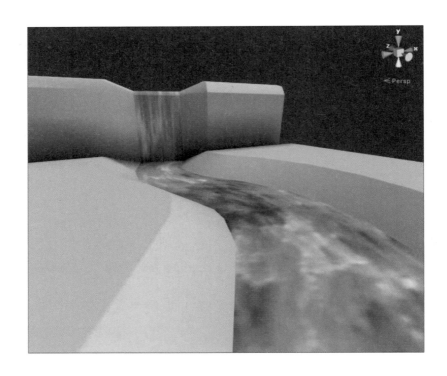

예제 분석

스크롤 시스템은 몇 가지 속성의 선언부터 시작한다. 그러면 이 셰이더의 사용자가 스크롤 효과의 속도를 늘리거나 줄일 수 있다. 핵심은 머티리얼의 Inspector 탭에서 셰이더의 표면 함수로 전달되는 float 값이다. 셰이더 속성에 대한 자세한 내용은 2장을 참고하자.

머티리얼의 Inspector 탭에서 float 값을 얻었다면 셰이더의 UV 값의 오프셋으로 사용할 수 있다.

이 과정을 시작하려면 우선 scrolledUV라는 별도의 변수에 UV를 저장한다. 이 변수는 UV 값이 Input 구조체에서 전달돼야 하기 때문에 float2/fixed2여야 한다.

```
struct Input
{
  float2 uv_MainTex;
}
```

메시^{mesh}의 UV에 접근하면 스크롤 속도 변수와 내장 _Time 변수를 사용해 조정할 수 있다. 이 내장 변수는 float4 타입의 변수를 반환한다. 이 변수의 각 컴포넌트는 게임 시간과 관련된 다른 시간 값이 포함돼 있다. 이 각각의 시간 값에 대한 완전한 설명은 다음 링크에 있다.

http://docs.unity3d.com/Manual/SL-UnityShaderVariables.html

이 _Time 변수는 유니티의 게임 시간 시계를 기준으로 증가한 float 값을 제공한다. 따라서 이 값을 사용해 UV 방향으로 UV를 이동시키고 스크롤 속도 변수로 그 시간을 조절할 수 있다.

```
// 시간에 따른 UV의 조절을 위한
// x와 y 컴포넌트 각각을 저장하는 변수 생성
fixed xScrollValue = _ScrollXSpeed * _Time;
fixed yScrollValue = _ScrollYSpeed * _Time;
```

올바른 오프셋이 시간으로 계산되면 새로운 오프셋 값을 원본 UV 위치에 다시 추가할 수 있다. 이것이 다음 라인에서 += 연산자를 사용하는 이유다. 원래의 UV 위치를 가져와서 새 오프셋 값을 더한 후 텍스처의 새로운 UV로 tex2D( ) 함수에 전달하려고 한다. 이는 표면에서 움직이는 텍스처 효과를 만든다. 실제 하는 것은 UV를 조절하는 것이므로 텍스처 이동 효과를 위조하고 있다.

```
scrolledUV += fixed2(xScrollValue, yScrollValue);
half4 c = tex2D (_MainTex, scrolledUV);
```

▌ 법선 매핑으로 셰이더 만들기

3D 모델의 모든 삼각형은 바라보는 방향이 있다. 이것은 종종 삼각형의 중간에 놓은 화살표로 표시되며 표면과 직각을 이룬다. 바라보는 방향은 표현에서의 빛 반사 방식에서 중요한 역할을 한다. 인접한 두 삼각형이 서로 다른 방향을 향하면, 다른 각도로 빛을 반사할 것이며 서로 다르게 음영 처리할 것이다. 구부러진 물체의 경우 이것은 문제다. 물체가 평평한 삼각형으로 이뤄짐은 분명하다.

이 문제를 피하기 위해 삼각형에서의 빛 반사 방식은 바라보는 방향을 고려하지 않고 법선 방향을 대신 따른다. '셰이더에 텍스처 추가하기' 레시피에서 언급했듯이 버텍스는 데이터를 저장할 수 있다. 법선 방향은 UV 데이터 이후에 가장 많이 사용될 정보다. 법선 방향은 정점이 향하는 방향을 나타내는 단위 길이(길이가 1이다.)의 벡터다.

향하는 방향에 관계없이 삼각형 내의 모든 점에는 정점에 저장된 선형 보간인 법선 방향이 있다. 이것은 저해상도 모델에서 고해상도 지오메트리의 효과를 위장할 수 있는 능력을 준다.

다음 스크린샷은 다른 정점당 법선으로 렌더링된 동일한 기하학적 모양을 보여준다. 이미지에서 왼쪽의 법선은 꼭지점이 나타내는 면과 직각을 이룬다. 이는 각각의 면 사이에 정확한 분리가 있다는 것을 나타낸다. 오른쪽에서 법선은 표면을 따라 보간된다. 즉 표면이 거칠어도 빛은 표면이 부드러운 것처럼 반사돼야 한다. 다음 스크린샷의 세 오브젝트가 같은 지오메트리를 공유한다고 해도 각각 빛을 다르게 반사한다는 것을 쉽게 알 수 있다. 평평한 삼각형으로 만들어졌지만, 오른쪽의 오브젝트는 마치 표면이 실제로 구부러진 것처럼 빛을 반사한다.

거친 가장자리를 가진 부드러운 오브젝트는 정점당 법선이 보간됐음을 나타내는 명확한 표시다. 이는 다음 스크린샷과 같이 모든 정점에 저장된 법선의 방향을 그릴 때 볼 수 있다. 모든 삼각형에는 법선이 세 개뿐이지만, 여러 삼각형이 같은 꼭지점을 공유할 수 있으므로 두 개 이상의 선이 나올 수 있다.

3D 모델에서 법선을 계산하는 것은 좀 더 진보된 노멀 매핑을 선호하면서 빠르게 사용이 감소한 테크닉이다. 텍스처 매핑과 마찬가지로 법선 방향은 노멀 맵이나 범프 맵^bump map 으로 불리는 추가적인 텍스처를 사용해 제공할 수 있다.

노멀 맵은 일반적으로 법선 방향의 X, Y, Z 컴포넌트를 나타내는 데 사용되는 이미지의 빨간색, 초록색, 파란색 채널이 있는 이미지다. 오늘날 노멀 맵을 만드는 방법에는 여러 가지가 있다. CrazyBump(http://www.crazybump.com/)와 NDO Painter(http://quixel.se/ndo/) 같은 몇몇 응용프로그램들은 2D 데이터를 가져온 후 노멀 맵으로 변환한다. Zbrush 4R7(http://www.pixologic.com/)과 AUTODESK(http://usa.autodesk.com) 같은 또 다른 응용프로그램들은 3D로 조각된 데이터를 가져와서 노멀 맵을 생성한다. 노멀 맵의 실제 생성 과정은 이 책의 범위를 벗어나지만, 이전의 링크는 시작하는 데 도움이 될 것이다.

유니티는 UnpackNormals( ) 함수를 사용해 표면 셰이더 영역에서 매우 쉬운 과정인 법선을 추가하는 프로세스를 생성한다. 어떻게 이뤄지는지 살펴보자.

준비

이 레시피를 시작하려면 우선 **File ‣ New Scene**을 선택해 새 씬을 생성하자. 그다음에는 **GameObject ‣ 3D Objects ‣ Sphere**로 가서 구체 게임 오브젝트를 생성하자. **Hierarchy** 탭에서 오브젝트를 더블 클릭해 Scene 탭에서 오브젝트로 초점을 맞추자. 또한 새로운 표준 표면 셰이더(NormalShader)와 머티리얼(NormalShaderMat)을 만들어야 한다. 만들었다면 머티리얼을 Scene 뷰의 구체에 설정하자. 이렇게 하면 노멀 매핑 테크닉만을 살펴볼 수 있는 깨끗한 작업 공간이 주어진다.

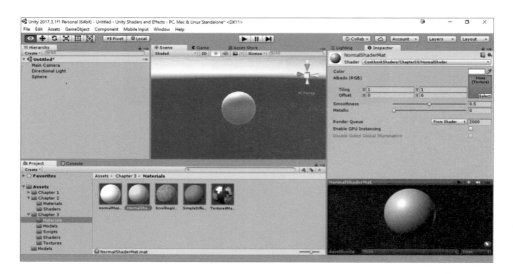

이 레시피를 위한 노멀 맵이 필요한데, 이 책에 포함된 유니티 프로젝트에 노멀 맵이 있다. 책의 콘텐츠에 포함된 예제 노멀 맵은 다음과 같다.

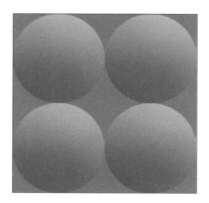

Assets ➤ Chapter 03 ➤ Textures 폴더의 normalMapExample 파일이다.

예제 구현

다음은 노멀 맵 셰이더를 생성하는 단계다.

1. 색조와 질감을 가지기 위해 Properties 블록을 설정하자.

```
Properties
{
  _MainTint ("Diffuse Tint", Color) = (0,1,0,1)
  _NormalTex ("Normal Map", 2D) = "bump" {}
}
```

> 이 경우에는 초록색과 알파 채널에 1을 주고 빨간색과 파란색에는 0을 줬으므로 기본값은 초록색이다. _NormalTex 속성의 경우 2D 타입을 사용한다. 2D 이미지를 사용해 각 픽셀이 사용할 것을 지시할 수 있다는 뜻이다. 텍스처를 bump로 초기화해 유니티에게 _NormalTex가 노멀 맵(때때로는 범프 맵, 범프 이름이라고 함)을 포함할 것이라고 알린다. 텍스처가 설정돼 있지 않으면 회색 텍스처로 변경된다. 사용된 색상 (0.5, 0.5, 0.5, 1)은 범프가 없다는 것을 나타낸다.

2. SubShader{} 블록에서 CGPROGRAM 아래로 스크롤하고 거기에 있는 _MainText, _Glossiness, _Metallic, _Color 정의를 삭제하자. 그다음에는 _NormalTex와 _MainTint를 추가하자.

```
CGPROGRAM
// 물리 기반 표준 라이팅 모델이며 모든 라이트 타입에서 그림자 활성화

#pragma surface surf Standard fullforwardshadows

// 좀 더 좋은 라이트 모양을 위해 셰이더 모델 3.0 타깃 사용
```

```
#pragma target 3.0

// CG 프로그램에 속성 연결
sampler2D _NormalTex;
float4 _MainTint;
```

3. 노멀 맵 텍스처에 대해 모델의 UV를 사용할 수 있도록 Input 구조체를 적절한 변수 이름으로 업데이트해야 한다.

```
// 구조체에서 텍스처의 UV를 얻는다
struct Input
{
    float2 uv_NormalTex;
}
```

4. 마지막으로 내장된 UnpackNormal( ) 함수를 사용해 노멀 맵 텍스처로부터 법선 정보를 추출한다. 그다음에는 이 새로운 법선을 표면 셰이더의 출력에 적용하기만 하면 된다.

```
void surf (Input IN, inout SurfaceOutputStandard o) {
    // 머티리얼의 기본 색상으로 제공되는 색조 사용
    o.Albedo = _MainTint;

    // UnpackNormal 함수를 사용해 노멀 맵 텍스처에서 법선 데이터를 가져온다

    float3 normalMap = UnpackNormal(tex2D(_NormalTex, IN.uv_NormalTex));

    // 새로운 법선을 라이팅 모델에 적용한다
    o.Normal = normalMap.rgb;
}
```

5. 스크립트를 저장하고 유니티 에디터로 돌아가자. 구체가 이제 초록색이 됐다. 더 중요한 것은 Normal Map 속성이 추가됐다는 것이다. 노멀 맵 텍스처를 슬롯으

로 끌어다 놓자.

6. 약간의 변화가 있을 수도 있지만, 무엇이 진행되는지를 시각적으로 보기가 힘들 수도 있다. Normal Map 속성에서 Tiling을 (10, 10)으로 변경하자. 이렇게 하면 노멀 맵이 *X*축과 *Y*축의 구체 코스를 기준으로 10회 복제된다.

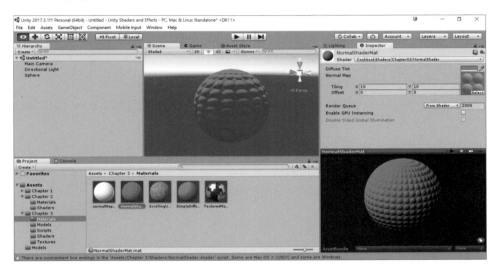

7. 다음 스크린샷은 노멀 맵 셰이더의 결과를 보여준다.

셰이더는 텍스처 맵과 노멀 맵을 모두 가질 수 있다. 둘을 가리키기 위해 같은 UV 데이터를 사용하는 것은 드물지 않다. 버텍스 데이터(UV2)에 두 번째 UV 세트를 제공하는 것도 가능하며, 이는 특히 노멀 맵에서 사용된다.

예제 분석

노멀 매핑 효과를 수행하는 실제 수학은 3장의 내용을 벗어나지만, 유니티는 이미 이것을 해놓았다. 계속해서 다시 할 필요가 없게끔 함수를 만들어뒀다. 이것은 표면 셰이더가 셰이더를 작성하기에 매우 효율적인 방식인 또 다른 이유다.

유니티 설치 디렉터리의 **Editor ❯ Data ❯ CGIncludes** 폴더에 있는 UnityCG.cginc 파일을 살펴보면 UnpackNormal() 함수의 정의를 찾을 수 있다. 이 함수를 표면 셰이더에서 선언하면, 유니티는 노멀 맵을 받아 처리하고 픽셀 단위의 라이팅 함수에서 사용할 수 있는 올바른 데이터 타입을 제공한다. 이것으로 시간을 크게 절약할 수 있다. 텍스처를 샘플링할 때, RGB 값은 0에서 1로 설정한다. 그러나 노멀 벡터의 방향 범위는 -1에서 1이다. UnpackNormal()은 이런 컴포넌트를 올바른 범위로 가져온다.

UnpackNormal() 함수를 사용해 노멀 맵을 처리하면 라이팅 함수에서 사용 가능한 SurfaceOutput 구조체를 다시 보내준다. 이것은 다음 코드를 사용해 수행된다.

```
o.Normal = normalMap.rgb;
```

4장, '라이팅 모델 이해하기'에서는 각 픽셀의 최종 색상을 계산하기 위해 법선이 실제로 사용되는 방법을 볼 수 있다.

부연 설명

또한 사용자가 노멀 맵의 강도를 조절할 수 있도록 노멀 맵 셰이더에 컨트롤을 추가할 수도 있다. 이는 노멀 맵 변수의 x와 y 컴포넌트를 수정한 후 다시 합치는 것으로 쉽게 할 수 있다. Properties 블록에 새로운 속성을 추가하고 _NormalMapIntensity라고 하자.

```
_NormalMapIntensity("Normal intensity", Range(0,3)) = 1
```

이 경우 속성은 0에서 3 사이의 값이며 기본은 1이 되도록 설정한다. 변수를 만들었다면 SubShader 내부에 변수를 추가해야 한다.

```
// CG 프로그램에 속성 연결
sampler2D _NormalTex;
float4 _MainTint;
float _NormalMapIntensity;
```

속성을 추가한 후에는 이 속성을 사용할 수 있다. 언팩된 노멀 맵의 x와 y 컴포넌트를 곱하고, 이 값을 굵게 표시된 노멀 맵 변수에 적용한다.

```
void surf (Input IN, inout SurfaceOutputStandard o) {
    // 머티리얼의 기본 색상으로 제공되는 색조 사용
    o.Albedo = _MainTint;

    // UnpackNormal 함수를 사용해 노멀 맵 텍스처에서 법선 데이터를 가져온다

    float3 normalMap = UnpackNormal(tex2D(_NormalTex, IN.uv_NormalTex));

    normalMap.x *= _NormalMapIntensity;
    normalMap.y *= _NormalMapIntensity;

    // 새로운 법선을 라이팅 모델에 적용한다
    o.Normal = normalize(normalMap.rgb);
}
```

 노멀 벡터는 길이가 1이라고 가정한다. _NormalMapIntensity와 곱하면 길이가 변경되므로 정규화가 필요하다. normalize 함수는 벡터를 가져와서 올바른 방향으로 가리키지만 길이가 1이 되도록 조정한다.

이제 사용자는 다음과 같이 머티리얼의 Inspector 탭에서 노멀 맵의 강도를 조절할 수 있다.

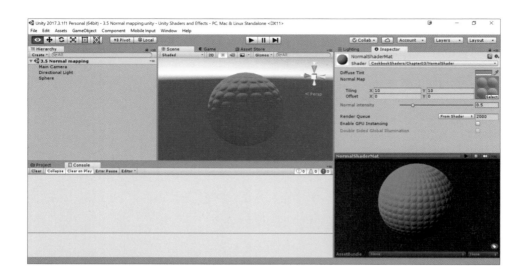

다음 스크린샷은 스칼라 값으로 노멀 맵을 수정한 결과를 보여준다.

Normal Map Instensity = 0.1   Normal Map Instensity = 1   Normal Map Instensity = 3

투명 머티리얼 만들기

지금까지 본 모든 셰이더는 공통점이 있다. 고체 물질에서 사용된다는 점이다. 게임의 모습을 개선하고 싶을 때 투명한 머티리얼은 종종 시작하기 좋은 방법이다. 이것은 불 효과에서부터 유리창에 이르기까지 다양하게 사용된다. 다만 투명한 머티리얼을 만드는 것은 좀 더 복잡하다. 솔리드 모델을 렌더링하기 전에 유니티는 카메라로부터의 거리(Z축)에 따라 정렬하고 카메라로부터 멀어지는 모든 삼각형을 건너뛴다(컬링). 투명한 지오메트리를 렌더링할 때, 두 가지 측면에서 문제가 발생할 수 있다. 이 레시피는 투명한 표면 셰이더를 만들 때 이러한 문제를 해결하는 방법을 보여준다. 이 주제는 7장의 실제와 같은 유리와 물 셰이더가 제공되는 곳에서 비중 있게 재검토할 것이다.

준비

이 레시피는 오브젝트에 연결할 새로운 셰이더 Transparent와 새로운 머티리얼 TransparentMat이 필요하다. 투명 유리창으로 할 것이므로 쿼드 혹은 평면이 적합하다(GameObject ➤ 3D Objects ➤ Quad).

또한 효과를 테스트하기 위해 투명하지 않은 몇 개 오브젝트가 필요하다.

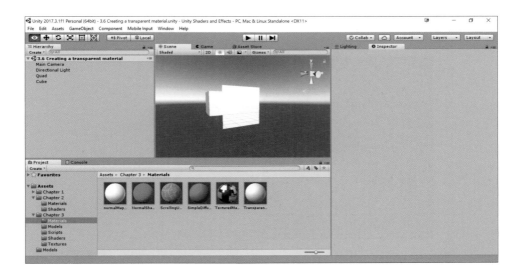

이 예제에서는 유리의 투명도를 결정하는 데 알파 채널을 사용할 것이므로 유리 텍스처로 PNG 이미지를 사용할 것이다. 이런 이미지를 만드는 과정은 사용하는 소프트웨어에 따라 다르다. 다음은 수행해야 할 주요 단계다.

1. 창문에 사용할 유리 이미지를 찾는다.

2. 김프GIMP나 포토샵 같은 사진 편집 소프트웨어로 연다.

3. 반투명하게 만들 이미지 영역을 선택한다.

4. 하얀(완전 불투명) 레이어 마스크를 이미지에 생성한다.

5. 4번 과정에서 만든 마스크를 선택하고 레이어 마스크를 좀 더 어두운 색으로 채운다. 흰색은 완전히 보이는 것으로 취급하며, 검은색은 투명으로 처리한다. 회색은 그 중간이다.

6. 이미지를 저장하고 유니티로 가져온다.

이 레시피에서 사용된 이미지는 프랑스 모Meaux 대성당의 스테인드 글라스 사진이다(https://en.wikipedia.org/wiki/Stained_glass). 이 모든 단계를 수행했다면 이미지가 다음과 같이 보일 것이다(왼쪽은 RGB 채널, 오른쪽은 A 채널).

또한 이 책에서 제공하는 예제 코드의 Chapter 3 ＞ Textures 폴더에 있는 이미지 파일을 사용할 수도 있다(Meaux_Vitrail.psd).

이 이미지를 머티리얼에 연결하면 이미지는 보이지만 유리 뒤의 물체는 볼 수 없다.

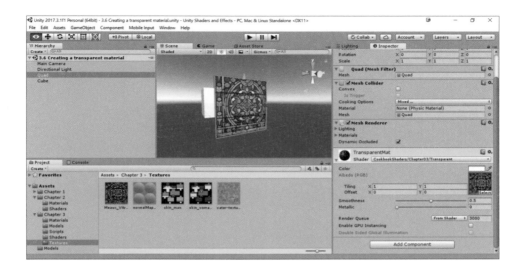

셰이더를 조정해 유리 뒤의 것이 보이도록 할 것이다.

예제 구현

이전에 언급했듯이, 투명 셰이더를 사용하는 동안 처리해야 할 몇 가지 사항이 있다.

1. 이 예제에서 사용하지 않는 _Glossiness와 _Metallic 변수를 코드의 Properties
   와 SubShader 섹션에서 삭제하자.

2. 셰이더의 SubShader{} 섹션에서 Tags 섹션을 다음과 같이 수정해 셰이더가 투명
   하다는 신호를 보낼 수 있도록 하자.

```
Tags
{
  "Queue" = "Transparent"
  "IgnoreProjector" = "True"
  "RenderType" = "Transparent"
}
```

SubShader는 아이템이 렌더링돼야 하는 방법과 시점을 알기 위해 **Tags**를 사용한다. 딕셔너리 타입과 비슷하게 태그는 키-값 쌍이며, 왼쪽은 태그명이고 오른쪽은 설정하길 원하는 값이다.

ShaderLab의 태그에 대한 자세한 내용은 다음을 참고하자.

https://docs.unity3d.com/Manual/SL-SubShaderTags.html

3. 이 셰이더는 2D 머티리얼로 디자인됐기 때문에 모델의 뒷쪽을 그리지 않기 위해 **LOD 200** 라인 아래에 다음을 추가하자.

```
LOD 200

// 뒤쪽을 표시하지 않는다
Cull Back

CGPROGRAM
// 물리 기반의 표준 라이팅 모델이며 모든 라이트 타입에서 그림자 가능
#pragma surface surf Standard alpha:fade
```

4. 셰이더에게 이 머티리얼은 투명하며 이전에 화면에 그려진 것과 혼합돼야 한다고 알린다.

```
#pragma surface surf Standard alpha:fade
```

5. 표면 셰이더를 사용해 유리의 최종 색상과 투명도를 결정한다.

```
void surf(Input IN, inout SurfaceOutputStandard o)
{
    float4 c = tex2D(_MainTex, IN.uv_MainTex) * _Color;
    o.Albedo = c.rgb;
    o.Alpha = c.a;
```

```
}
```

6. 그다음에는 스크립트를 저장하고 유니티 에디터로 돌아가자.

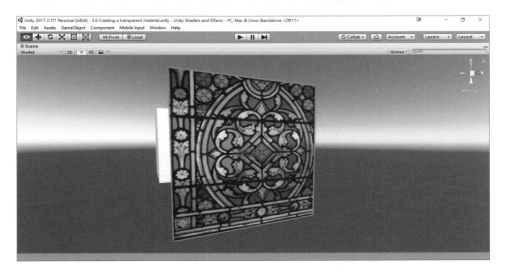

이제 유리 뒤의 큐브를 볼 수 있다. 완벽하다.

예제 분석

이 셰이더는 몇 가지 새로운 개념을 도입했다. 우선 태그는 오브젝트가 렌더링되는 방법에 대한 정보를 추가하는 데 사용된다. 여기서 가장 흥미로운 것은 큐^{Queue}다. 기본적으로 유니티는 카메라와의 거리에 따라 오브젝트를 정렬한다. 따라서 오브젝트가 카메라에 가까워질수록 카메라로부터 멀리 있는 모든 오브젝트 위에 그려질 것이다. 대부분의 경우 이 방법은 게임에서 잘 동작하지만, 씬에서 오브젝트 정렬을 더 제어하려고 하는 등의 특정 상황에 처하게 될 때가 있다. 유니티는 화면에 오브젝트를 그릴 때를 가리키는 고유한 값을 각각 가진 기본 렌더링 큐를 제공한다. 이 내장된 렌더 큐는 Background, Geometry, AlphaTest, Transparent, Overlay라고 불린다. 이 큐는 임의로 생성된 것이 아니다. 셰이더를 작성하고 실시간 렌더러와 상호작용할 때 좀 더 편하게 하기 위한 목적을 가지고 있다.

각 렌더 큐의 사용법에 대한 설명은 다음 표를 참고하자.

렌더 큐	렌더 큐 설명	렌더 큐 값
Background	이 렌더 큐는 처음으로 렌더링된다. 스카이박스(skybox) 등에 사용된다.	1000
Geometry	이것은 기본 렌더 큐며, 대부분의 오브젝트에 사용된다. 불투명 지오메트리는 이 큐를 사용한다.	2000
AlphaTest	alpha-tested 지오메트리는 이 큐를 사용한다. 모든 고체 오브젝트가 그려진 후에 alpha-tested 오브젝트를 렌더링하는 것이 좀 더 효율적이므로 Geometry 큐와는 다르다.	2450
Transparent	이 렌더 큐는 Geometry와 AlphaTest 큐 다음에 뒤에서 앞으로의 순서로 렌더링된다. 알파 블렌딩된 모든 것(깊이 버퍼에 작성하지 않은 셰이더)은 여기에 가야 한다. 예를 들면 유리나 파티클 효과 등이다.	3000
Overlay	이 렌더 큐는 오버레이 효과를 위한 것이다. 렌즈 플레어 같은 마지막에 렌더링돼야 하는 것은 여기에 온다.	4000

따라서 오브젝트가 속한 렌더 큐에 대해 알게 되면 내장 렌더 큐 태그로 지정할 수 있다. Transparent 큐를 사용한 셰이더이므로 Tags{"Queue"="Transparent"}를 사용했다.

 Geometry 다음에 Transparent 큐가 렌더링된다는 사실은 유리가 모든 고체 오브젝트의 앞에 나타난다는 것을 뜻하지는 않는다. 유니티는 유리를 마지막에 그리지만, 무언가 유리 뒤에 숨은 지오메트리 조각에 속하는 픽셀을 렌더링하지는 않는다. 이 제어는 ZBuffering이라는 테크닉을 사용해 수행한다. 모델이 렌더링되는 것에 대한 자세한 내용은 다음 링크에서 찾을 수 있다.

http://docs.unity3d.com/Manual/SL-CullAndDepth.html

IgnoreProjector 태그는 이 오브젝트가 유니티 프로젝터의 영향을 받지 않게 한다. 마지막으로 RenderType은 셰이더 대체에서 역할을 담당하는데, 이에 대한 것은 10장, '게임플레이와 화면 효과'에서 간단히 다룰 것이다.

마지막으로 소개된 콘셉트는 alpha:fade다. 이는 머티리얼에서의 모든 픽셀에게 알파 값에 따라 화면에 표시되는 것과 혼합돼야 한다는 점을 가리킨다. 이 지시문이 없다면, 픽셀은 올바른 순서대로 그려지지만 투명성을 가지지 않는다.

▌ 홀로그래픽 셰이더 만들기

매년 점점 더 많은 우주 테마 게임이 출시되고 있다. 좋은 공상 과학 게임의 중요한 요소는 미래스러운 기술이 제공되고 게임플레이에 통합되는 방식이다. 홀로그램보다 미래지향적인 기술은 없다. 많은 종류가 존재함에도 불구하고, 홀로그램은 종종 물체를 반투명한, 얇은 투영체로 표현한다. 이 레시피는 이런 효과를 시뮬레이트하는 셰이더를 만드는 방법을 소개한다. 이것을 출발점으로 삼자. 노이즈, 움직이는 스캔 라인 및 진동을 추가해 진짜 뛰어난 홀로그래픽holographic 효과를 생성할 수 있다. 다음 스크린샷은 홀로그래픽 효과의 예제를 보여준다.

준비

Holographic이라는 셰이더를 만들자. 머티리얼(HolographicMat)과 연결하고 씬의 3D 모델에 지정하자.

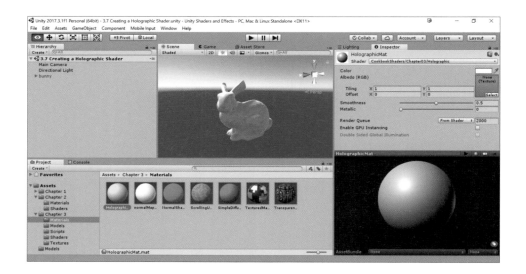

예제 구현

다음 변경은 기존의 셰이더를 홀로그래픽으로 변경할 것이다.

1. 사용하지 않는 다음 속성을 삭제하자.

    o   _Glossiness

    o   _Metallic

2. 셰이더에 다음 속성을 추가하자.

    ```
    _DotProduct("Rim effect", Range(-1,1)) = 0.25
    ```

3. 해당 변수를 CGPROGRAM 섹션에 추가하자.

    ```
    float _DotProduct;
    ```

4. 이 머티리얼은 투명하므로 다음 태그를 추가하자.

```
Tags
{
    "Queue" = "Transparent"
    "IgnoreProjector" = "True"
    "RenderType" = "Transparent"
}
```

 사용하는 오브젝트의 종류에 따라 뒷면이 나타나게 하고 싶을 수도 있다. 그 경우에는 Cull Off를 추가해 모델의 뒷면이 제거(컬링)되지 않도록 하자.

5. 이 셰이더는 사실적인 머티리얼을 시뮬레이트하지 않으므로 PBR 라이팅 모델을 사용할 필요가 없다. 매우 저렴한 램버시안 반사율Lambertian reflectance이 대신 사용될 것이다. 또한 nolighting이 있는 라이팅을 비활성화하고 Cg에 이것이 alpha : fade를 사용하는 투명 셰이더라는 신호를 보낸다.

```
#pragma surface surf Lambert alpha:fade nolighting
```

6. 유니티가 현재 뷰 방향과 월드 법선 방향에 맞추도록 Input 구조체를 변경한다.

```
struct Input
{
    float2 uv_MainTex;
    float3 worldNormal;
    float3 viewDir;
};
```

7. 다음 표면 함수를 사용하자. 이 셰이더는 램버시안 반사율을 라이팅 함수로 사용하므로 구조체의 이름을 SurfaceOutputStandard 대신 SurfaceOutput으로 변경해야 한다는 점을 기억하자.

```
void surf(Input IN, inout SurfaceOutput o)
{
  float4 c = tex2D(_MainTex, IN.uv_MainTex) * _Color;
  o.Albedo = c.rgb;

  float border = 1 - (abs(dot(IN.viewDir, IN.worldNormal)));
  float alpha = (border * (1 - _DotProduct) + _DotProduct);
  o.Alpha = c.a * alpha;
}
```

8. 스크립트를 저장하고 유니티로 돌아가자. 거기서 HolographicMat의 Color 속성을
   변경하고 홀로그램을 살펴보자.

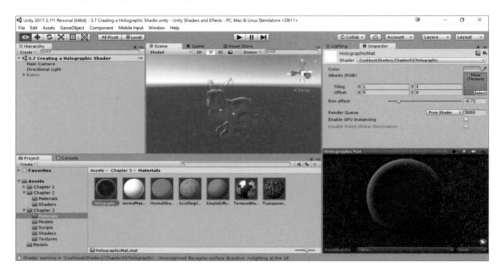

이제 Rim effect 슬라이더를 사용해 홀로그래픽 효과의 강도를 조절할 수 있다.

예제 분석

이전에 언급했듯이 이 셰이더는 오브젝트의 실루엣만 보여주는 식으로 작동한다. 다른 각
도에서 물체를 볼 때 윤곽선은 변할 것이다. 기하학적으로 말해, 모델의 모서리는 현재 뷰

모델과 법선 방향이 직각(90도)인 모든 삼각형이다. Input 구조체는 각각 worldNormal과 viewDir 파라미터를 선언한다.

두 벡터가 직교할 때를 이해하기 위해서는 _DotProduct를 사용한다. 이것은 두 벡터를 취해 직교일 경우 0을 반환하는 연산자다. _DotProduct를 사용해 삼각형이 완전히 사라지도록 하기 위해 _DotProduct가 0에 얼마나 가까운지를 확인한다.

이 셰이더에서 사용되는 두 번째 관점은 모델 가장자리(완전히 보임)와 _DotProduct에 의해 결정되는 각도(보이지 않음) 사이의 부드러운 페이딩이다. 이 선형 보간은 다음과 같이 수행된다.

```
float alpha = (border * (1 - _DotProduct) + _DotProduct);
```

마지막으로 텍스처의 원래 알파는 최종 모양을 얻기 위해 새로 계산된 계수와 곱해진다.

부연 설명

이 테크닉은 매우 간단하고 상대적으로 저렴하지만, 다음과 같은 다양한 효과에서 사용 가능하다.

- 공상 과학 게임에서 약간 짙은 행성의 대기
- 이미 선택했거나 마우스가 올라간 오브젝트의 가장자리
- 유령
- 엔진에서 나오는 연기
- 폭발의 충격파
- 공격받는 우주선의 버블 실드

참고 사항

_DotProduct는 반사가 계산되는 방법에서 중요한 역할을 한다. 4장, '라이팅 모델 이해하기'에서 반사가 어떻게 작동하는지 살펴보고 많은 셰이더에서 광범위하게 사용되는 이유를 설명할 것이다.

█ 텍스처 패킹 및 블렌딩

텍스처는 일반적으로 생각하는 픽셀 데이터뿐만 아니라 x 및 y 방향과 RGBA 채널의 여러 픽셀 세트 데이터를 다량으로 저장하는 데 유용하다. 실제로 여러 이미지를 하나의 RGBA 텍스처로 묶고 셰이더 코드에서 각각의 R, G, B, A 컴포넌트를 추출해 개별적인 텍스처로 사용한다.

개별적인 그레이스케일 이미지를 단일 RGBA 텍스처로 패킹한 결과는 다음 스크린샷에서 보여진다.

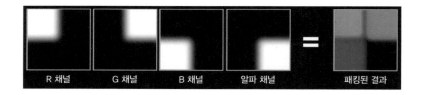

왜 이것이 도움이 될까? 응용프로그램이 차지하는 실제 메모리의 양 중에서 텍스처는 프로그램 크기의 상당량을 차지한다. 물론 이미지의 크기를 줄일 수는 있지만, 그러면 표현에서 디테일을 잃을 것이다. 그러므로 프로그램의 크기를 줄이기 위해 셰이더에서 사용하는 모든 이미지를 살펴보고, 여러 텍스처를 하나의 텍스처로 병합할 수 있는지 살펴볼 것이다. 여러 이미지가 포함된 단일 텍스처를 사용하는 것은 별도로 파일이 분리된 것보다 적은 드로우콜과 적은 오버헤드를 필요로 한다. 또한 이 개념을 사용해 불규칙한 모양의 텍스처(사각형이 아닌 것)를 하나로 결합해 전체 텍스처가 차지하는 것보다 공간을 적게 차지할 수 있다.

그레이스케일인 텍스처는 다른 텍스처의 RGBA 채널 중 하나에 압축될 수 있다. 처음에는 좀 이상하게 들릴지도 모르겠지만, 이 레시피는 텍스처를 패킹하고 이 패킹한 텍스처를 셰이더에서 사용하는 방법 중 하나를 보여준다.

이 패킹한 텍스처를 사용하는 한 가지 예는 한 세트의 텍스처를 하나의 표면에 혼합하려고 할 때다. 일종의 컨트롤 텍스처나 압축한 텍스처를 사용해 또 다른 텍스처를 제대로 혼합하려고 하는 곳인 지형 타입 셰이더에서 이것을 자주 볼 수 있다. 이 레시피는 이 테크닉을 다루며 멋진 네 개의 텍스처를 혼합한 지형 셰이더의 시작을 구성하는 방법을 보여준다.

준비

Shaders 폴더에 새 셰이더 파일(TextureBlending)을 생성하고, 이 셰이더용으로 새 머티리얼(TextureBlendingMat)을 만든다. 명명 규칙은 전적으로 본인의 몫이므로 정렬이 잘되고 나중에 참고하기 쉽도록 하자.

셰이더와 머티리얼을 준비했다면 셰이더를 테스트할 새 씬을 생성하자. 씬 내부에서 Chapter 3 ➤ Models 폴더에 있는 Terrain_001 오브젝트를 배치하고 TextureBlendingMat 머티리얼을 지정하자.

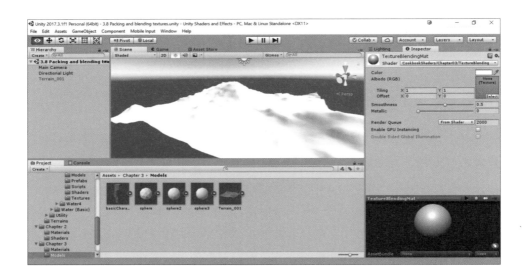

함께 섞을 텍스처 네 개를 모을 필요가 있다. 뭐든지 가능하지만, 좋은 지형 셰이더를 위해서라면 풀, 진흙, 자갈이 박힌 진흙, 암석 텍스처를 필요로 할 것이다. 그 에셋은 이 책 예제 코드의 Chapter 1 ➤ Standard Assets ➤ Environment ➤ TerrainAssets ➤ SurfaceTextures 폴더에서 찾을 수 있다.

마지막으로 그레이스케일 이미지로 압축된 텍스처를 혼합해야 한다. 이것은 컬러 텍스처가 오브젝트 표현에 배치되는 방법을 지시하는 데 사용할 수 있는 네 개의 혼합 텍스처를 제공한다.

다음 스크린샷과 같이 지형 메시에 매우 사실적인 지형 텍스처 분포를 만들기 위해 매우 복잡한 혼합 텍스처를 사용할 수 있다.

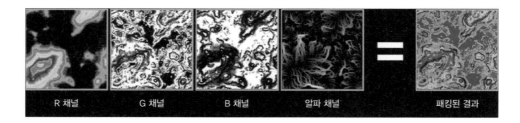

예제 구현

다음 단계를 따라 보이는 코드를 입력하면서 압축된 텍스처를 사용하는 방법을 살펴보자.

1. Properties 블록에 몇 가지 속성을 추가해야 한다. 다섯 개의 sampler2D 오브젝트 혹은 텍스처와 두 개의 Color 속성이 필요하다.

```
Properties
{
  _MainTint ("Diffuse Tint", Color) = (1,1,1,1)
  // 모든 텍스처를 입력할 수 있도록 아래에 속성을 추가한다
  _ColorA ("Terrain Color A", Color) = (1,1,1,1)
  _ColorB ("Terrain Color B", Color) = (1,1,1,1)
  _RTexture ("Red Channel Texture", 2D) = ""{}
  _GTexture ("Green Channel Texture", 2D) = ""{}
  _BTexture ("Blue Channel Texture", 2D) = ""{}
  _ATexture ("Alpha Channel Texture", 2D) = ""{}
  _BlendTex ("Blend Texture", 2D) = ""{}
}
```

 항상 그렇듯이 코드의 기본 셰이더에서 사용하지 않는 속성을 지우자.

2. 이어서 Properties 블록의 데이터에 대한 링크가 될 SubShader{} 섹션 변수가 필요하다.

```
CGPROGRAM
#pragma surface surf Lambert

// 충분한 텍스처 지원을 위한 셰이더 모델 3.5 타깃 사용
#pragma target 3.5
float4 _MainTint;
float4 _ColorA;
float4 _ColorB;
```

```
sampler2D _RTexture;
sampler2D _GTexture;
sampler2D _BTexture;
sampler2D _BlendTex;
sampler2D _ATexture;
```

3. 셰이더 내부의 아이템 수 때문에 셰이더 모델의 타깃 레벨 버전을 3.5로 업데이트해야 한다.

 셰이더 컴파일 타깃 레벨에 대한 자세한 정보는 다음 링크를 참고하자.
https://docs.unity3d.com/Manual/SL-ShaderCompileTargets.html

4. 이제 텍스처 속성이 생겼고 그것을 SubShader{} 함수에 전달한다. 사용자가 텍스처 단위로 타일링 비율을 변경할 수 있도록 하기 위해 Input 구조체를 수정해야 한다. 이렇게 하면 각 텍스처에 타일링 및 오프셋 파라미터를 사용할 수 있다.

```
struct Input
{
  float2 uv_RTexture;
  float2 uv_GTexture;
  float2 uv_BTexture;
  float2 uv_ATexture;
  float2 uv_BlendTex;
};
```

5. surf( ) 함수에서 텍스처 정보를 얻고 자체 변수에 저장하면 깨끗하고 이해하기 쉬운 방식으로 데이터를 사용해 작업할 수 있다.

```
void surf (Input IN, inout SurfaceOutput o) {
    // 혼합 텍스처로부터 픽셀 데이터를 얻는다
    // 텍스처는 R, G, B, A 혹은 X, Y, Z, W를 반환하므로 float4가 필요하다
```

```
float4 blendData = tex2D(_BlendTex, IN.uv_BlendTex);
// 혼합하려는 텍스처로부터 데이터를 얻는다
float4 rTexData = tex2D(_RTexture, IN.uv_RTexture);
float4 gTexData = tex2D(_GTexture, IN.uv_GTexture);
float4 bTexData = tex2D(_BTexture, IN.uv_BTexture);
float4 aTexData = tex2D(_ATexture, IN.uv_ATexture);
```

 TIP Lambert를 사용하기 때문에 surf 함수에서 SurfaceOutputStandard 대신 SurfaceOutput을 사용한다는 것을 기억하자.

6. lerp( ) 함수를 사용해 각각의 텍스처를 하나로 혼합하자. lerp(value : a, value : b, and blend: c)로 인수가 세 개 필요하다. lerp( ) 함수는 두 텍스처를 받아 마지막 인자에 주어진 float 값과 혼합한다.

```
// 새로운 RGBA 값을 만들고 다른 모든 혼합된 텍스처를 추가해야 한다
float4 finalColor;
finalColor = lerp(rTexData, gTexData, blendData.g);
finalColor = lerp(finalColor, bTexData, blendData.b);
finalColor = lerp(finalColor, aTexData, blendData.a);
finalColor.a = 1.0;
```

7. 마지막으로, 색조 값에 혼합된 텍스처를 곱하고 빨간색 채널을 사용해 두 가지 다른 지형 색조가 위치하는 곳을 결정하는 데 사용한다.

```
// 지형에 색을 추가한다
float4 terrainLayers = lerp(_ColorA, _ColorB, blendData.r);
finalColor *= terrainLayers;    finalColor = saturate(finalColor);
o.Albedo = finalColor.rgb * _MainTint.rgb;
o.Alpha = finalColor.a;
}
```

8. 스크립트를 저장하고 유니티로 돌아가자. 거기서 **Blend Texture** 속성에 **Terrain Blend** 텍스처를 할당할 수 있다. 할당한 후에는 스크립트 실행을 보기 위해 순서대로 다른 채널에 다른 텍스처를 배치하자.

9. 이 효과는 최소한의 노력으로 멋지게 보이는 지형을 만들기 위해 다른 텍스처와 지형 색조를 사용하므로 시간이 훨씬 오래 걸릴 수 있다. 네 개의 지형 텍스처를 합치고 지형 채색^{terrian tinting} 테크닉을 생성한 결과는 다음 스크린샷에서 볼 수 있다.

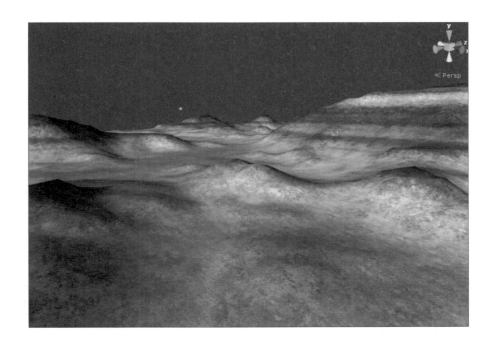

예제 분석

몇 줄의 코드로 보일 수도 있지만, 블렌딩 뒤의 개념은 실제로 매우 간단하다. 테크닉이 작동하게 하기 위해서는 CgFX 표준 라이브러리에 내장된 lerp( ) 함수를 사용해야 한다. 이 함수는 인수 3을 혼합 값으로 사용해 인수 1과 인수 2 사이의 값을 선택하도록 한다.

함수	설명
lerp(a, b, f)	여기에는 선형 보간이 포함된다. (1 − f) * a + b * f 여기서 a와 b는 벡터 혹은 스칼라 타입과 일치한다. f 파라미터는 a와 b 같은 타입인 스칼라 혹은 벡터일 수 있다.

예를 들어 1과 2 사이의 중간 값을 찾길 원한다면, 0.5를 lerp( ) 함수의 세 번째 함수로 줄 수 있으며 1.5를 반환할 것이다. RGBA 텍스처의 개별 채널 값은 일반적으로 0에서 1 사

이의 단일 float 값이므로 블렌딩 요구 사항에 완벽하게 적용된다.

셰이더에서는 블렌드 텍스처로부터 채널 하나를 가져온 후 각 픽셀에 대한 lerp( ) 함수에서 선택한 색상을 드라이브하기 위해 사용한다. 예를 들어 풀 텍스처와 진흙 텍스처를 가져오고 블렌딩 텍스처에서 빨간색 채널을 사용해 lerp( ) 함수에 제공한다. 이렇게 하면 표면의 각 픽셀에 대해 올바른 혼합된 색 결과를 얻을 수 있다.

lerp( ) 함수를 사용할 때 발생하는 것을 좀 더 시각적으로 표현하면 다음 다이어그램과 같다.

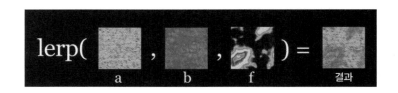

셰이더 코드는 단순히 블렌드 텍스처의 채널 네 개와 모든 컬러 텍스처를 사용해 최종 혼합 텍스처를 만들었다. 이 최종 텍스처는 디퓨즈 라이팅과 함께 곱이 가능한 색상이 됐다.

▌ 지형 주변에 원 만들기

많은 RTS 게임은 선택된 유닛 주변에 원을 그려서 거리(공격 범위, 이동 범위, 시야 등)를 표시한다. 지형이 평평한 경우 원 텍스처로 쿼드를 늘리면 된다. 그렇지 않은 경우 쿼드는 언덕이나 다른 지오메트리 뒤에 가려져 잘릴 수 있다. 이 레시피는 임의의 복잡성을 가진 오브젝트 주변에 원을 그리도록 하는 셰이더를 생성하는 방법을 보여준다. 원을 이동하거나 움직이게 하고 싶다면 셰이더와 C# 스크립트 둘 다 필요하다.

다음 스크린샷은 셰이더를 사용해 언덕 지형에서 원을 그리는 예제를 보여준다.

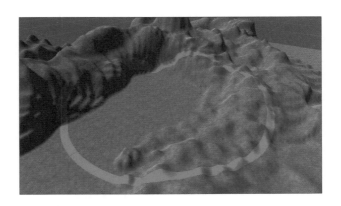

준비

모든 지오메트리 조각에 대해 작업하지만 이 테크닉은 지형을 목표로 한다. 따라서 첫 번째 단계는 유니티에서 지형을 설정하는 것이다. 그러나 모델을 사용하는 것 대신 유니티 에디터 내에서 하나를 만들 것이다.

1. 새로운 셰이더인 RadiusShader와 여기서 사용할 머티리얼 RadiusMat을 생성하자.
2. 오브젝트용 캐릭터를 준비하자. 주변에 원을 그릴 것이다.
3. 메뉴에서 GameObject ➤ 3D Object ➤ Terrain으로 새 지형을 만든다.
4. 지형의 지오메트리를 생성한다. 기존 것을 가져오거나 사용 가능한 도구(Raise/Lower Terrain, Paint Height, Smooth Height)를 사용해 직접 만들 수도 있다.
5. 지형은 유니티에서 특별한 오브젝트며, 텍스처 매핑의 작동 방식이 기존의 3D 모델과는 다르다. _MainTex는 지형 자체에서 직접 제공해야 하기 때문에 셰이더에서 제공할 수 없다. 이를 위해 Paint Texture를 선택하고 Add Texture...를 클릭한다.

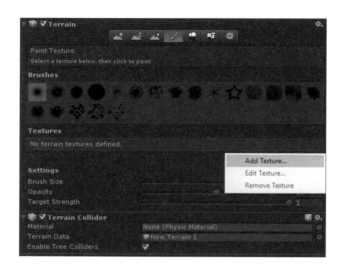

지형의 생성은 이 책에서 다루지 않지만, 자세한 내용을 배우고 싶다면 다음 링크를 참고하자.

https://docs.unity3d.com/Manual/terrain-UsingTerrains.html

6. 이제 텍스처가 설정됐으니 커스텀 셰이더가 제공될 수 있도록 지형의 머티리얼을 변경해야 한다. Terrain Settings에서 Material 속성을 Custom으로 변경하고 RadiusMat 머티리얼을 Custom Material 박스에 드래그한다.

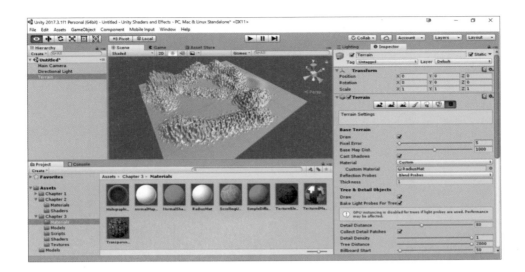

이제 셰이더를 만들 준비가 됐다.

예제 구현

RadiusShader 파일을 수정하는 것부터 시작하자.

1. 새로운 셰이더에서 _Glossiness와 _Metallic 속성을 제거하고 다음의 네 가지 속성을 추가한다.

```
_Center("Center", Vector) = (200,0,200,0)
_Radius("Radius", Float) = 100
_RadiusColor("Radius Color", Color) = (1,0,0,1)
_RadiusWidth("Radius Width", Float) = 10
```

2. _Glossiness와 _Metallic의 선언을 제거한 것을 기억하면서 CGPROGRAM 섹션에 각각의 변수를 추가하자.

```
float3 _Center;
```

```
float _Radius;
fixed4 _RadiusColor;
float _RadiusWidth;
```

3. 표면 함수의 Input은 텍스처의 UV뿐만 아니라 지형의 모든 점의 위치(월드 좌표에서)를 필요로 한다. 다음과 같이 Input 구조체를 변경해 이 파라미터를 전달할수 있다.

```
struct Input
{
    float2 uv_MainTex; // 지형 텍스처의 UV
    float3 worldPos;   // 월드 내 위치
};
```

4. 마지막으로 다음의 표면 함수를 사용한다.

```
void surf(Input IN, inout SurfaceOutputStandard o)
{
    // 그리려는 곳의 중심과 input의 월드 좌표 사이의 거리 구하기

    float d = distance(_Center, IN.worldPos);

    // 거리가 반지름보다 크고 반지름 + 너비보다 작으면 색을 변경한다

    if ((d > _Radius) && (d < (_Radius + _RadiusWidth)))
    {
        o.Albedo = _RadiusColor;
    }
    // 아니라면 일반 색상을 사용한다
    else
    {
        o.Albedo = tex2D(_MainTex, IN.uv_MainTex).rgb;
    }
}
```

이 단계는 지형에 원을 그리는 데 필요한 모든 것이다. 머티리얼의 **Inspector** 탭을 사용해 위치, 반지름, 원의 색상을 변경할 수 있다.

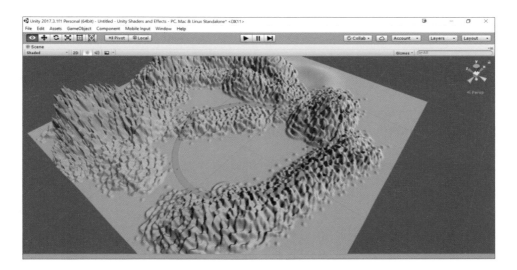

원 이동하기

잘됐지만, 코드를 통해 실행 중에 원이 있는 곳을 변경하고 싶을 수도 있다. 원이 캐릭터를 따라가게 하고 싶다면 다른 단계가 필요하다.

1. SetRadiusProperties라는 C# 스크립트를 만들자.
2. 게임 내외부에서 이 변화를 보고 싶을 수 있으므로 클래스 상단에 태그를 추가해 에디터 내에서 이 코드가 실행됨을 알린다.

```
[ExecuteInEditMode]
public class SetRadiusProperties : MonoBehaviour
```

3. 스크립트에 다음 속성을 추가한다.

```
public Material radiusMaterial;
```

```
public float radius = 1;
public Color color = Color.white;
```

4. Update( ) 메소드에서 다음 코드를 추가한다.

```
if(radiusMaterial != null)
{
  radiusMaterial.SetVector("_Center", transform.position);
  radiusMaterial.SetFloat("_Radius", radius);
  radiusMaterial.SetColor("_RadiusColor", color);
}
```

5. 주변에 원을 그리려는 오브젝트에 스크립트를 연결하자.
6. 마지막으로 스크립트의 Radius Material 슬롯에 RadiusMat 머티리얼을 드래그
   하자.

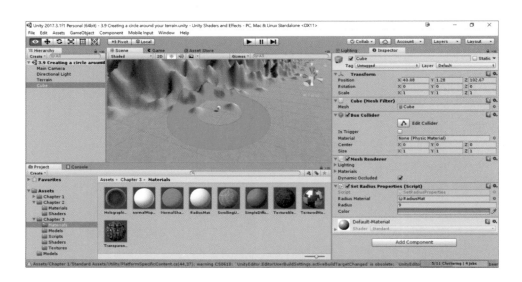

이제 캐릭터를 움직일 수 있으며 주변에 멋진 원이 생긴다.

스크립트의 Radius 속성을 변경하면 반경도 변할 것이다.

예제 분석

원을 그리는 데 관련된 파라미터는 중심, 반지름, 색상이며, 셰이더에서 _Center, _Radius, _RadiusColor라는 이름으로 사용 가능하다. Input 구조체에 worldPos 변수를 추가함으로써 월드 좌표계에서 그릴 픽셀의 위치를 유니티가 제공하도록 요청한다. 이것은 에디터에서 오브젝트의 실제 위치다.

surf() 함수는 실제 원이 그려지는 곳이다. 그리려는 위치와 반지름의 중심으로부터의 거리를 계산한 후, 그 값이 _Radius와 _Radius + _RadiusWidth 사이에 있는지의 여부를 확인한다. 사이에 있을 경우 선택한 색상이 사용된다. 사이에 없을 경우 지금까지 본 다른 셰이더와 마찬가지로 텍스처 맵을 샘플링한다.

04

라이팅 모델 이해하기

3장에서는 표면 셰이더에 대해 소개하고 물리적 속성(알베도와 스페큘러 같은)을 변경해 다른 머티리얼을 시뮬레이트하는 방법을 설명했다. 이는 실제로 어떻게 동작할까? 모든 표면 셰이더의 핵심에는 라이팅 모델lighting model이 있다. 이것은 속성을 가져와서 각 픽셀의 최종 음영을 계산하는 함수다. 유니티는 일반적으로 이것을 개발자에게는 숨기는데, 라이팅 모델을 작성하기 위해 빛의 반사와 표면 굴절의 방법을 이해해야 하기 때문이다. 4장은 라이팅 모델이 작동하는 방법을 보여주고 자신만의 모델을 만드는 기본을 제공한다.

4장에서는 다음 내용을 배운다.

- 커스텀 디퓨즈 라이팅 모델 만들기
- 툰 셰이더toon shader 만들기
- 퐁 스페큘러 타입 생성하기

- 블린퐁 스페큘러 타입 만들기
- 비등방성 스페큘러 타입 생성하기

▌ 소개

빛의 작동 방식을 시뮬레이트하는 것은 매우 힘들고 자원을 많이 소모하는 작업이다. 수년 동안 비디오 게임은 현실감이 부족함에도 불구하고 매우 믿음직한 간단한 라이팅 모델을 사용해왔다. 대부분의 3D 엔진이 현재 물리 기반 렌더러를 사용 중이라고는 하지만, 간단한 테크닉에 대해 둘러볼 가치는 있다. 4장에서 보여주는 것은 합리적이면서 현실적이며 휴대폰처럼 자원이 적은 장치에서 널리 채택된다. 자신만의 모델을 만들고 싶다면 이 간단한 라이팅 모델을 필히 이해해야 한다.

▌ 커스텀 디퓨즈 라이팅 모델 만들기

유니티 4에 익숙하다면, 제공되는 기본 셰이더가 램버시안 반사율Lambertian reflectance이라는 라이팅 모델을 기반으로 했다는 것을 알 수도 있다. 이 레시피는 커스텀 라이팅 모델로 셰이더를 만드는 것이 어떻게 가능한지와 수반되는 수학 및 구현을 설명한다. 다음 다이어그램은 표준 셰이더(오른쪽)와 디퓨즈 램버트(왼쪽)로 렌더링된 같은 지오메트리를 보여준다.

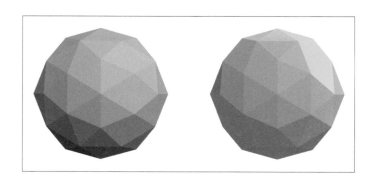

램버시안 반사율을 기반으로 한 셰이더는 비사실적으로 분류된다. 어떤 물체도 실제로 저렇게 보이지는 않는다. 그러나 램버트 셰이더는 복잡한 지오메트리의 면 사이에 깔끔한 대비를 만들어내기 때문에 여전히 저폴리곤 게임에서 종종 사용된다. 램버시안 반사율을 계산하는 데 사용되는 라이팅 모델은 매우 효율적이므로 모바일 게임을 만들기에 완벽하다.

유니티는 셰이더에서 사용할 수 있는 라이팅 함수를 이미 제공한다. 이것은 램버시안 라이팅 모델이라고 한다. 이것은 오늘날까지의 많은 게임에서 찾을 수 있는 반사의 기본적이고 효율적인 형태 중 하나다. 이미 유니티 표면 셰이더 언어로 빌드됐으므로 우선 이것으로 시작하면서 빌드하는 것이 가장 좋다. 유니티 레퍼런스 매뉴얼에서 예제를 찾을 수도 있지만, 좀 더 깊이 들어가 데이터가 어디에서 오는지, 어떻게 작동하는지를 설명할 것이다. 이렇게 하면 4장의 이후 레시피에서 이 지식이 사용자 라이팅 모델을 설정하는 기반을 마련하는 데 도움을 줄 것이다.

준비

다음 단계를 수행하자.

1. 새로운 셰이더를 만들고 이름을 붙이자(SimpleLambert).
2. 새로운 머티리얼을 만들고 이름을 붙이자(SimpleLambertMat). 그리고 셰이더 속성에 새로운 셰이더를 할당하자.
3. 그다음에는 구체 오브젝트를 생성하고 씬 중간 즈음에 배치한 후에 새 머티리얼을 할당하자.
4. 마지막으로 방향성 라이트가 없다면 생성해서 오브젝트에 빛을 뿌리게 하자.
5. 유니티에서 에셋이 설정됐을 때, 다음 스크린샷과 유사한 씬이 있어야 한다.

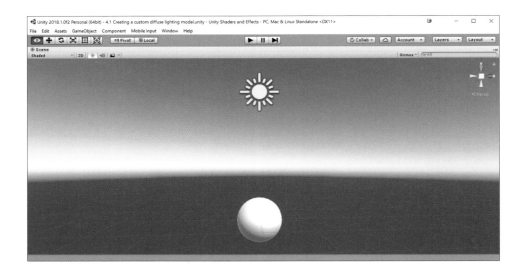

예제 구현

램버시안 반사율은 셰이더를 다음과 같이 변경해 얻을 수 있다.

1. 셰이더의 Properties 블록을 다음과 같이 변경하는 것부터 시작하자.

```
Properties
{
  _MainTex("Texture", 2D) = "white"
}
```

2. Properties의 다른 모든 속성을 제거했으므로 SubShader 섹션 내부의 _Glossiness, _Metallic, _Color 선언을 없애자.

3. 셰이더의 #pragma 지시문을 변경해 표준 대신에 커스텀 라이팅 모델을 사용하도록 한다.

```
#pragma surface surf SimpleLambert
```

> ℹ️ 지금 스크립트를 실행하면 스크립트는 SimpleLambert 라이팅 모델이 무엇인지 알지 못한다고 불평할 것이다. 이 레시피에서 나중에 작성할 Lighting + 오브젝트의 조명 방식에 대한 설명으로 불리는 함수를 만들어야 한다. 이 경우 이름은 LightingSimpleLambert가 된다.

4. UV 데이터에 따라 텍스처를 샘플링하는 매우 간단한 표면 함수를 만들자.

```
void surf(Input IN, inout SurfaceOutput o) {
  o.Albedo = tex2D(_MainTex, IN.uv_MainTex).rgb;
}
```

5. 램버시안 반사율을 위한 다음 코드를 포함하는 LightingSimpleLambert( )라는 함수를 추가하자.

```
// SimpleLambert 라이트 모드를 사용하도록 한다
half4 LightingSimpleLambert (SurfaceOutput s, half3 lightDir, half atten)
{
  // 우선 빛의 방향과 표면의 법선에 대한 내적을 계산한다

  half NdotL = dot(s.Normal, lightDir);

  // 그다음에는 반환할 색상을 설정한다
  half4 color;
  color.rgb = s.Albedo * _LightColor0.rgb * (NdotL * atten);
  color.a = s.Alpha;

  // 계산한 색을 반환한다
  return color;
}
```

6. 스크립트를 저장하고 유니티 에디터로 돌아가자. 이전의 것과는 약간 다르게 보일 것이다.

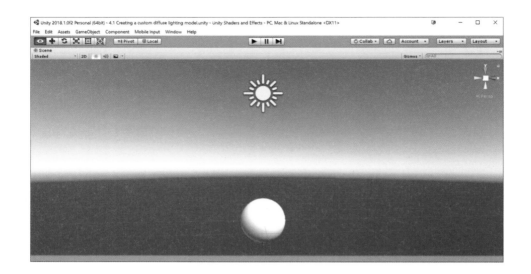

7. 3장, '표면 셰이더와 텍스처 매핑'에서 사용한 실린더를 사용한다면 효과를 더 쉽게 볼 수 있다.

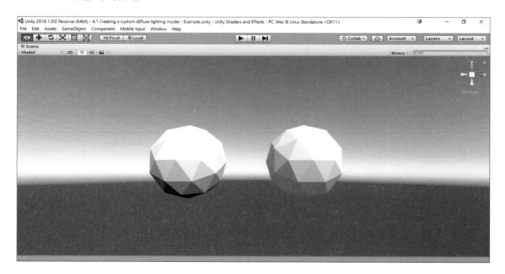

예제 분석

2장에서 봤듯이 #pragma 지시문은 사용할 표면 함수를 지정하는 데 사용된다. 다른 라이팅 모델을 선택하는 것은 비슷한 방식으로 작동한다. SimpleLambert는 Cg가 Lighting SimpleLambert( )라는 함수를 찾게 한다. 지시문에서 생략된 시작 부분의 Lighting에 주의하자.

Lighting 함수는 세 가지 파라미터를 가진다. 표현 출력(알베도나 투명도와 같은 물리적인 속성을 포함한), 빛이 오는 방향과 감쇠다.

램버시안 반사율에 따르면 표면이 반사하는 빛의 양은 입사광과 표면 법선 사이의 각도에 따라 달라진다. 당구 게임을 해봤다면 이 개념에 대해 잘 알 것이다. 공의 방향은 벽에 대한 입사각에 달려 있다. 90도의 각도로 벽을 치면 공은 돌아올 것이다. 매우 낮은 각으로 치면 방향은 거의 변하지 않을 것이다. 램버시안 모델은 동일한 가정을 한다. 빛이 삼각형에 90도로 부딪히면, 모든 빛이 반사된다. 각도가 낮을수록 좀 더 적은 빛이 반사될 것이다. 이 개념은 다음 다이어그램에 표시된다.

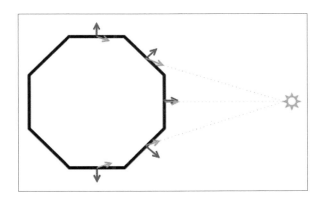

이 간단한 콘셉트는 수학적인 형태로 변환돼야 한다. 벡터 대수학에서 두 유닛 벡터 간의 각도는 내적(점곱)이라는 연산을 통해 계산할 수 있다. 내적이 0일 때 두 벡터는 직각을 이루며, 이는 두 벡터가 90도를 이룬다는 것을 의미한다. 1(또는 −1)일 때는 서로 평행하다는 뜻이다. Cg에는 dot( )이라는 매우 효율적으로 내적을 구현한 함수가 있다.

다음 다이어그램은 복잡한 표면에서 빛나는 광원(태양)을 보여준다. L은 빛의 방향(셰이더에서 lightDir)이며, N은 표면의 법선이다. 빛은 표면에 닿는 각도와 동일한 각도로 반사된다.

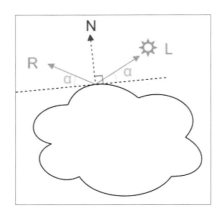

램버시안 반사율은 단순히 NdotL 내적을 빛의 강도에 대한 곱셈 계수로 사용한다.

$$I = N \cdot L$$

N과 L이 평행하면 모든 빛이 광원으로 반사되며, 지오메트리가 더 밝게 될 것이다. _LightColor0 변수는 계산된 빛의 색상을 포함한다.

유니티 5 이전에는 빛의 강도가 달랐다. 램버시안(Lambertian) 모델을 기반으로 한 오래된 디퓨즈 셰이더를 사용하는 경우 NdotL에 (NdotL * atten) 대신에 (NdotL * atten * 2)를 곱한 것을 알 수 있다. 유니티 4에서 커스텀 셰이더를 임포트하는 경우 이것을 직접 수정해야 한다. 그러나 레거시 셰이더는 이미 이런 측면을 감안해 디자인됐다.

내적이 음수일 때 빛은 삼각형의 반대쪽에서 들어온다. 불투명한 지오메트리의 경우 문제가 되지 않는데, 카메라 앞을 향하고 있지 않은 삼각형은 컬링(버려짐)되고 렌더링되지 않기 때문이다.

이 기본 램버트는 셰이더를 프로토타이핑할 때 좋은 시작점이다. 기본 라이트 함수에 대해 걱정할 필요 없이 셰이더의 핵심 기능을 작성하는 측면에서 많은 성과를 얻을 수 있기 때문이다.

유니티는 이미 램버트 라이트를 만드는 작업을 수행한 라이팅 모델을 제공한다. 유니티의 설치 디렉터리에서 Data 폴더 아래에 있는 UnityCG.cginc 파일을 보면 램버트와 블린퐁^{BlinnPhong} 라이팅 모델을 사용할 수 있다는 것을 알 수 있다. #pragma surface surf Lambert로 셰이더를 컴파일하는 순간, 셰이더가 UnityCG.cginc 파일에 있는 유니티의 램버트 라이팅 함수 구현을 활용하도록 하고 있으므로 이 코드를 반복해서 작성할 필요가 없다. 4장의 뒷부분에서 블린퐁 모델의 작동 방식을 살펴볼 것이다.

▌ 툰 셰이더 만들기

게임에서 가장 많이 사용되는 효과 중 하나는 툰 셰이딩^{toon shading}이며, 셀룰로이드(CEL) 셰이딩으로도 알려져 있다. 이것은 3D 모델을 평면으로 보이게 하는 비사실적 렌더링 테크닉이다. 많은 게임들이 그래픽을 3D 모델링하는 대신 손으로 그린다는 환상을 주기 위해 사용한다. 다음 다이어그램에서 툰 셰이더(왼쪽)와 표준 셰이더(오른쪽)로 렌더링된 구체를 볼 수 있다.

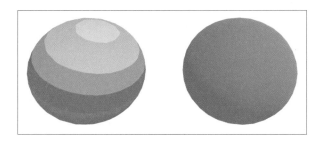

표면 함수만을 사용해 이 효과를 구현하는 것도 불가능하지는 않지만, 매우 큰 비용이 들고 시간이 오래 걸릴 것이다. 사실 표면 함수는 실제 라이트 조건이 아니라 머티리얼의 속성에만 작동한다. 툰 셰이딩은 빛이 반사되는 방식을 변경해야 하므로 커스텀 라이팅 모델을 대신 만들어야 한다.

준비

다음을 따라 셰이더와 머티리얼을 생성하고 특별한 텍스처를 가져오는 것으로 이 레시피를 시작하자.

1. 새로운 셰이더를 생성하자. 이전 레시피에서 만든 셰이더를 복제할 것이다. Project 탭에서 선택하고 Ctrl+D를 누르자. 이름은 ToonShader로 변경할 것이다.

 프로젝트 창에서 이름을 한 번 클릭해 오브젝트의 이름을 재설정할 수 있다.

2. 셰이더용으로 새로운 머티리얼(ToonShaderMat)을 만들고 3D 모델에 할당하자. 툰 셰이딩은 곡면curved surface에서 가장 잘 동작한다.

3. 이 레시피에는 램프 맵이라는 추가 텍스처가 필요하다. 이것은 받은 그림자에 따라 특정 색상을 사용하려고 할 때를 지정하는 데 사용한다.

4. Chapter 4 ➤ Textures 폴더에 예제 텍스처가 있다. 직접 임포트하려고 한다면 그 다음 텍스처를 선택하고 Inspector 탭에서 램프 맵의 Wrap Mode를 Clamp로 변경한다. 색상 사이의 가장자리를 선명하게 하려면 Filter Mode가 Point로 설정돼야만 한다.

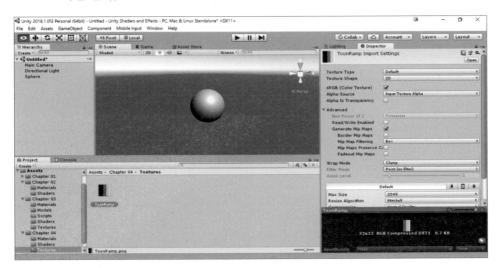

 Assets ➤ Chapter 4 ➤ Texture ➤ ToonRamp에 있는 파일은 이미 이 단계를 완료했지만 앞으로 나아가기 전에 이런 식으로 진행된다는 점을 확인하는 것은 좋은 생각이다.

예제 구현

툰 미학toon aesthetic은 셰이더를 다음 단계를 따라 변경해 얻을 수 있다.

1. _RampTex라는 텍스처를 Properties에 추가한다.

```
_RampTex ("Ramp", 2D) = "white" {}
```

2. 관련된 변수를 CGPROGRAM 섹션에 추가한다.

```
sampler2D _RampTex;
```

3. LightingToon( ) 함수를 가리키도록 #pragma 지시문을 변경한다.

```
#pragma surface surf Toon
```

4. LightingSimpleLambert 함수를 다음 함수로 대체한다.

```
fixed4 LightingToon (SurfaceOutput s, fixed3 lightDir, fixed atten)
{
    // 우선 빛의 방향과 표면의 법선에 대한 내적을 계산한다

    half NdotL = dot(s.Normal, lightDir);
    // NdotL을 램프 맵의 값으로 다시 매핑한다
    NdotL = tex2D(_RampTex, fixed2(NdotL, 0.5));

    // 그다음에는 반환할 색상을 설정한다
    half4 color;

    color.rgb = s.Albedo * _LightColor0.rgb * (NdotL * atten );
    color.a = s.Alpha;

    // 계산한 색을 반환한다
    return color;
}
```

5. 스크립트를 저장하고 ToonShaderMat을 연 뒤에 램프 맵에 Ramp 속성을 할당한다. 모두 다 잘됐다면 씬에서 다음과 같은 것을 볼 수 있다.

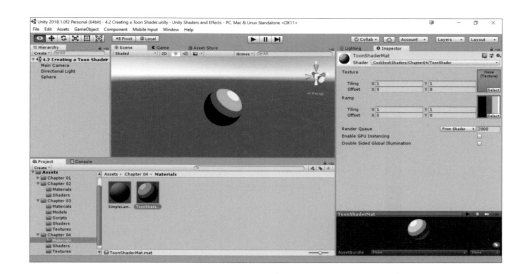

예제 분석

툰 셰이딩의 주요 특징은 빛이 렌더링되는 방식이다. 표면은 균일하게 음영 처리되지 않는다. 이 효과를 얻으려면 램프 맵이 필요하다. 이것의 목적은 램버시안 빛의 강도 NdotL 을 다른 값으로 다시 매핑하는 것이다. 그래디언트 없이 램프 맵을 사용하면 라이트를 강제로 단계별로 렌더링할 수 있다. 다음 다이어그램은 빛의 강도를 보정하는 데 램프 맵이 사용되는 방식을 보여준다.

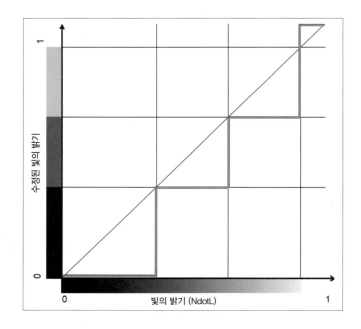

부연 설명

툰 셰이딩 효과를 얻을 수 있는 방법에는 여러 가지가 있다. 다른 램프의 사용은 모델이 보이는 방식에 큰 변화를 줄 수 있으므로, 최고의 결과를 찾기 위해서는 실험해야 한다.

램프 텍스처의 대안으로 빛의 강도 **NdotL**을 스냅해 0에서 1까지의 동일한 간격으로 샘플링된 특정 수의 값을 취할 수 있다.

```
half4 LightingCustomLambert (SurfaceOutput s, half3 lightDir, half3 viewDir, half
atten)
{
  half NdotL = dot (s.Normal, lightDir);

  // 대신 스냅하기
  half cel = floor(NdotL * _CelShadingLevels) / (_CelShadingLevels - 0.5);
```

```
// 그다음에는 반환할 색상을 설정한다
half4 color;

color.rgb = s.Albedo * _LightColor0.rgb * (cel * atten );
color.a = s.Alpha;

// 계산한 색을 반환한다
return color;
}
```

숫자를 스냅하려면 우선 NdotL에 _CelShadingLevels 변수를 곱하고 floor 함수를 통해 정수로 반올림한 후 다시 나눈다. 이 반올림은 숫자에서 소수점을 효과적으로 제거하는 floor 함수로 수행한다. 이렇게 해서 cel 양은 0에서 1까지로부터의 _CelShadingLevels 등거리 값의 하나로 강제된다. 이것은 램프 텍스처의 필요성을 없애고 동일한 크기의 모든 색상 단계를 만든다. 이 구현을 수행하려면 셰이더에 _CelShadingLevels라는 속성을 추가해야 한다. 4장의 예제 코드에서 이것에 대한 예제를 찾을 수 있다. Levels 속성을 드래깅해 스크린샷이 어떻게 표시되는지 확인하자.

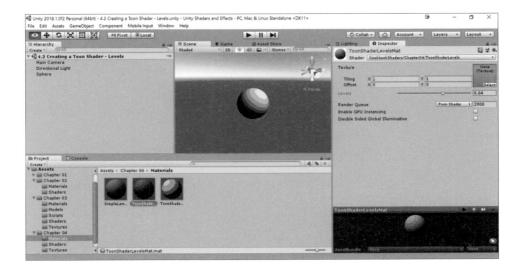

▌ 퐁 스페큘러 타입 생성하기

오브젝트 표면의 반사는 오브젝트가 얼마나 반짝이는지를 간단히 기술한다. 이런 종류의 효과는 셰이더 세계에서 뷰 종속 효과라고 한다. 셰이더에서 사실적인 스페큘러 효과를 얻으려면 카메라의 방향이나 오브젝트의 표면을 향하는 사용자의 방향을 포함시켜야 하기 때문이다. 가장 기본적이고 성능 친화적인 스페큘러 타입은 퐁 스페큘러Phong Specular 효과다. 사용자의 시야 방향과 비교해 표면으로부터 반사되는 빛의 방향을 계산한다. 이것은 게임에서 영화까지 많은 응용프로그램에서 사용되는 일반적인 스페큘러 모델이다. 반사된 스페큘러를 정확하게 모델링한다는 측면에서 가장 현실적인 것은 아니지만, 대부분의 상황에서 잘 수행되는 빛을 기대하는 것은 굉장한 근사함을 제공한다. 추가적으로 오브젝트가 카메라에서 멀리 떨어져 있고 매우 정확한 스페큘러가 필요 없을 경우 셰이더에 스페큘러 효과를 제공하는 매우 좋은 방법이 있다.

이 레시피에서는 표면 셰이더의 Input 구조체에서 몇몇 파라미터를 사용해 셰이더의 버텍스 단위 버전과 픽셀 단위 버전을 구현하는 방법을 다룰 것이다. 둘의 차이점을 보고 다양한 상황에서 이 두 가지 다른 구현을 언제 그리고 왜 사용해야 하는지에 대해 토론할 것이다.

시작하기

이 레시피를 시작하려면 다음 단계를 수행하자.

1. 새로운 셰이더(Phong), 머티리얼(PhongMat)과 구체 밑에 평면(GameObject > 3D Objects > Plane)이 있는 새로운 씬을 생성한다.

2. 셰이더를 머티리얼과 연결한 후 머티리얼을 오브젝트에 연결한다. 새로운 씬을 완성하기 위해 디렉셔널directional 라이트가 없으면 새로 하나를 만들자. 그래야 스페큘러 효과를 코딩할 때 볼 수 있다.

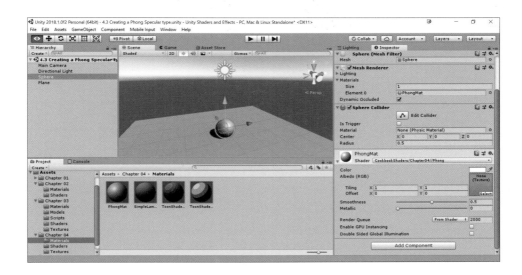

예제 구현

퐁 라이팅 모델을 생성하기 위해 다음을 수행하자.

1. 이 시점에서 무엇을 하게 될지 감이 왔을 수도 있겠지만, 셰이더 작성 과정의 가장 기본적인 부분인 Properties 생성부터 시작할 것이다. SubShader 블록의 정의를 포함해 현재 속성들을 모두 삭제하고 다음 속성을 셰이더에 추가하자.

```
Properties
{
  _MainTint ("Diffuse Tint", Color) = (1,1,1,1)
  _MainTex ("Base (RGB)", 2D) = "white" {}
  _SpecularColor ("Specular Color", Color) = (1,1,1,1)
  _SpecPower ("Specular Power", Range(0,30)) = 1
}
```

2. 이어서 SubShader{} 블록의 CGPROGRAM 블록에 해당 변수를 추가해야 한다.

```
float4 _SpecularColor;
sampler2D _MainTex;
float4 _MainTint;
float _SpecPower;
```

3. 이제 직접 만들 퐁 스페큘러의 계산을 할 수 있도록 커스텀 라이팅 모델을 추가
   해야 한다. 이 시점에서 말이 안 된다고 너무 걱정하지는 말자. 이 레시피의 '예
   제 분석' 절에서 각각의 코드 라인을 다룰 것이다. 셰이더의 SubShader{} 함수에
   다음 코드를 추가하자.

```
fixed4 LightingPhong (SurfaceOutput s, fixed3 lightDir, half3 viewDir,
fixed atten)
{
  // 반사
  float NdotL = dot(s.Normal, lightDir);
  float3 reflectionVector = normalize(2.0 * s.Normal * NdotL - lightDir);

  // 스페큘러
  float spec = pow(max(0, dot(reflectionVector, viewDir)), _SpecPower);
  float3 finalSpec = _SpecularColor.rgb * spec;

  // 최종 효과
  fixed4 c;
  c.rgb = (s.Albedo * _LightColor0.rgb * max(0,NdotL) * atten) + (_
LightColor0.rgb * finalSpec);
  c.a = s.Alpha;
  return c;
}
```

4. 다음으로 CGPROGRAM 블록에 내장 라이트 함수 대신 커스텀 라이트 함수를 사용
   해야 한다는 것을 알려야 한다. 다음과 같이 #pragma 상태문을 변경하면 된다.

```
CGPROGRAM
#pragma surface surf Phong
```

5. 마지막으로 다음과 같이 surf 함수를 업데이트하자.

```
void surf (Input IN, inout SurfaceOutput o)
{
  half4 c = tex2D (_MainTex, IN.uv_MainTex) * _MainTint;
  o.Albedo = c.rgb;
  o.Alpha = c.a;
}
```

6. 다음 스크린샷은 커스텀 반사 벡터를 사용한 커스텀 퐁 라이팅 모델의 결과를 보
   여준다.

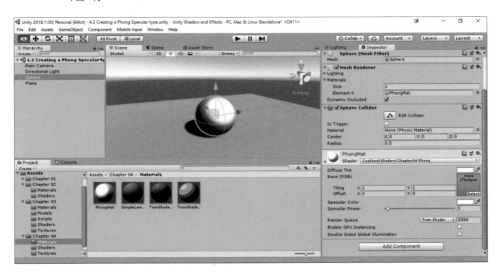

💡 TIP Specular Power 속성을 변경하고 보이는 효과를 확인해보자.

예제 분석

셰이더의 나머지 부분은 지금 시점에서 익숙할 것이므로 라이트 함수를 들여다보자.

이전 레시피에서는 lightDir이라는 빛의 방향만 제공하는 라이트 함수를 사용했다.

유니티는 뷰 방향을 제공하는 viewDir을 포함해서 사용할 수 있는 라이트 함수 세트를 제공한다.

커스텀 라이팅 모델을 작성하는 방법을 이해하려면 다음 테이블에서 NameYouChoose를 #pragma 상태문에서 지정한 라이트 함수 이름으로 변경하거나 http://docs.unity3d.com/Documentation/Components/SLSurfaceShaderLighting.html에서 자세한 내용을 참고하자.

뷰 비종속적	half4 LightingNameYouChoose (SurfaceOutput s, half3 lightDir, half atten);
뷰 종속적	half4 LightingNameYouChoose (SurfaceOutput s, half3 lightDir, half3 viewDir, half atten);

이번 경우에는 스페큘러 셰이더를 사용하므로 뷰 종속적 라이트 함수 구조가 필요하다. 다음을 작성해야 한다.

```
CPROGRAM
#pragma surface surf Phong
fixed4 LightingPhong (SurfaceOutput s, fixed3 lightDir, half3 viewDir, fixed
atten)
{
  // ...
}
```

이는 셰이더에게 커스텀 뷰 종속 셰이더를 만들고 싶다고 말하는 것이다. 라이트 함수 선언 및 #pragma 상태문의 것과 같은 라이트 함수 이름을 사용해야 한다. 그렇지 않으면 유니티는 라이팅 모델을 발견하지 못할 것이다.

160

Phong 모델에서 역할을 하는 컴포넌트는 다음 이미지에 설명돼 있다.

빛의 방향 L(완벽한 반사 R과 결합되는)과 법선 방향 N이 있다. 이들은 뷰 방향인 V를 제외하고 램버시안 모델에서 이미 만났다.

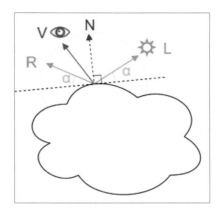

퐁 모델은 반사하는 표면의 최종 광도가 다음과 같이 디퓨즈 색상과 스페큘러 값에 의해 주어진다고 가정한다.

$$I = D + S$$

디퓨즈 컴포넌트 D는 램버시안 모델에서 변경되지 않은 채로 남아있다.

$$D = N \cdot L$$

스페큘러 컴포넌트 S는 다음과 같이 정의된다.

$$S = (R \cdot V)^p$$

여기서 p는 셰이더에서 _SpecPower로 정의된 스페큘러 파워다. R은 N에 따른 L의 반사 파라미터다. 벡터 대수학에서 이것은 다음과 같이 계산할 수 있다.

$$R = 2N \cdot (N \cdot L) - L$$

이것은 정확히 다음과 같이 계산된다.

```
float3 reflectionVector = normalize(2.0 * s.Normal * NdotL - lightDir);
```

이것은 법선을 빛의 방향으로 구부리는 효과가 있다. 꼭지점에서 법선은 빛으로부터 먼 곳을 가리키므로 이 식은 빛을 강제로 바라보게 한다. 좀 더 시각적인 표현은 다음 다이어그램을 참고하자. 이 디버그 효과를 생성하는 스크립트는 https://www.packtpub.com/books/content/support에 있는 이 책의 지원 페이지에 포함돼 있다.

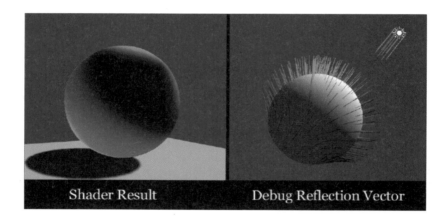

다음 다이어그램은 셰이더에서 분리된 퐁 스페큘러 계산의 최종 결과를 보여준다.

▎블린퐁 스페큘러 타입 만들기

블린Blinn은 반사를 계산하고 추산하는 또 다른 좀 더 효율적인 방법이다. 이것은 뷰 방향과 빛의 방향으로부터 반각 벡터half vector를 가져옴으로써 수행된다. 짐 블린Jim Blinn이 이것을 Cg의 세계로 가져왔다. 반사 벡터를 계산하는 대신, 반각 벡터를 얻는 것이 훨씬 더 효율적이라는 사실을 발견했다. 이것은 코드의 양과 처리 시간을 줄였다. UnityCG.cginc 파일에 포함된 내장 블린퐁 라이팅 모델을 실제로 살펴보면, 반각 벡터도 사용하고 있음을 알 수 있다. 따라서 블린퐁BlinnPhong이라고 명명됐다. 이것은 전체 퐁 계산의 단순화된 버전이다.

준비

이 레시피를 시작하려면 다음 단계를 수행하자.

1. 이번에는 완전히 새로운 씬을 생성하는 대신 File ➤ Save Scene As...를 사용해 이미 있는 씬과 오브젝트를 사용해보자. 셰이더(BlinnPhong)와 머티리얼(BlinnPhongMat)은 새로 생성한다.

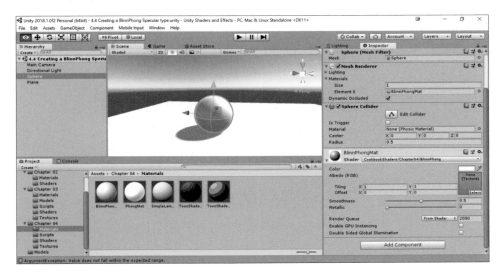

2. 새로운 셰이더를 만들었다면 더블 클릭해 셰이더를 편집할 수 있는 IDE를 실행하자.

예제 구현

블린퐁 라이팅 모델을 만들려면 다음 단계를 수행하자.

1. 우선 현재의 모든 속성과 SubShader 블록의 정의를 제거하자. 이어서 스페큘러 하이라이트의 모양을 컨트롤할 수 있도록 Properties 블록에 속성을 추가하자.

```
Properties
{
  _MainTint ("Diffuse Tint", Color) = (1,1,1,1)
  _MainTex ("Base (RGB)", 2D) = "white" {}
  _SpecularColor ("Specular Color", Color) = (1,1,1,1)
  _SpecPower ("Specular Power", Range(0.1,60)) = 3
}
```

2. 그다음에는 CGPROGRAM 블록에서 해당 변수를 생성해 SubShader에서 Properties 블록의 데이터에 접근할 수 있도록 해야 한다.

```
sampler2D _MainTex;
float4 _MainTint;
float4 _SpecularColor;
float _SpecPower;
```

3. 이제 디퓨즈와 스페큘러 계산을 처리할 커스텀 라이팅 모델을 만들 차례다. 코드는 다음과 같다.

```
fixed4 LightingCustomBlinnPhong (SurfaceOutput s, fixed3 lightDir, half3
viewDir, fixed atten)
{
```

```
float NdotL = max(0,dot(s.Normal, lightDir));

float3 halfVector = normalize(lightDir + viewDir);
float NdotH = max(0, dot(s.Normal, halfVector));
float spec = pow(NdotH, _SpecPower) * _SpecularColor;

float4 color;
color.rgb = (s.Albedo * _LightColor0.rgb * NdotL) + (_LightColor0.rgb
* _SpecularColor.rgb * spec) * atten;
color.a = s.Alpha;
return color;
}
```

4. 그러고 나서 surf 함수를 다음과 같이 업데이트하자.

```
void surf (Input IN, inout SurfaceOutput o)
{
  half4 c = tex2D (_MainTex, IN.uv_MainTex) * _MainTint;
  o.Albedo = c.rgb;
  o.Alpha = c.a;
}
```

5. 셰이더를 완성하기 위해 CGPROGRAM 블록에 #pragma 지시문을 다음 코드와 같이 변경해 내장된 라이팅 모델이 아닌 커스텀 라이팅 모델을 사용하도록 알려야 한다.

```
CPROGRAM
#pragma surface surf CustomBlinnPhong
```

6. 다음 스크린샷은 블린퐁 라이팅 모델의 결과를 보여준다.

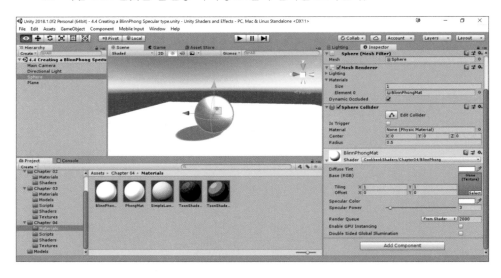

예제 분석

블린퐁 스페큘러는 퐁 스페큘러와 거의 비슷하지만, 거의 비슷한 효과를 얻기 위해 좀 더 적은 코드를 사용하므로 좀 더 효율적이다. 물리 기반 렌더링이 도입되기 전에는 이러한 접근법이 유니티 4에서 스페큘러 반사의 기본 선택이었다.

반사 벡터 R의 계산은 일반적으로 비싸다. 블린퐁 스페큘러는 이것을 뷰 방향 V와 빛의 방향 L의 중간인 반각 벡터 H로 바꾼다.

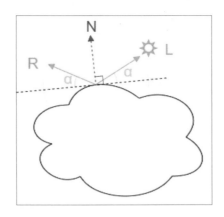

자신의 반사 벡터를 계산하는 대신에 단순히 뷰 방향과 빛 방향 간의 중간 벡터를 얻어 단순하게 반사 벡터를 시뮬레이팅한다. 실제로 이 접근법이 이전 접근법보다 물리적으로 훨씬 정확하다는 것이 밝혀졌지만, 모든 가능성을 보여줘야 할 필요가 있다고 생각했다.

$$S_{\text{퐁}} = (R \cdot V)^p, \ S_{\text{블린퐁}} = (N \cdot H)^p$$

벡터 대수학에 따르면, 반각 벡터는 다음과 같이 계산할 수 있다.

$$H = \frac{V + L}{|V + L|}$$

여기서 |V+L|은 벡터 V+L의 길이다. CG에서는 뷰 방향과 빛의 방향을 더하고 결과를 단일 벡터로 정규화해야 한다.

```
float3 halfVector = normalize(lightDir + viewDir);
```

그다음에는 새로운 반각 벡터로 메인 스페큘러 값을 얻기 위해 꼭지점 법선에 내적하기만 하면 된다.

이후 이것을 _SpecPower의 제곱power으로 가져와서 스페큘러 컬러Specular color 변수와 곱한다. 코드와 수학은 훨씬 가볍지만 다양한 실시간 상황에서 작동하는 멋진 스페큘러 하이라이트를 제공한다.

참고 사항

4장에서 나오는 라이팅 모델은 매우 간단하다. 어떤 실제 소재도 완벽하게 울퉁불퉁하거나 완벽하게 매끄럽지는 않다. 또한 옷, 나무, 피부 같은 복잡한 소재의 경우에는 표면 아래의 레이어에서 빛이 어떻게 뿌려지는지에 대한 지식이 필요하다. 다음 표를 사용해 지금까지 접한 다양한 라이팅 모델을 다시 요약하자.

테크닉	타입	광도 (I)
Lambertian	디퓨즈	$I = N \cdot L$
Phong	스페큘러	$I = N \cdot L + (R \cdot V)^p$ $R = 2N \cdot (N \cdot L) - L$
BlinnPhong	스페큘러	$I = N \cdot L + (N \cdot H)^p$ $H = \dfrac{V + L}{|V + L|}$

거친 표면을 위한 Oren—Nayar 라이팅 모델(https://en.wikipedia.org/wiki/Oren%E2%80%93Nayar_reflectance_model)과 같은 다른 흥미로운 모델이 있다.

▌ 비등방성 스페큘러 타입 생성하기

비등방성Anisotropic은 표면의 홈의 방향을 시뮬레이트하고 수직 방향으로 스페큘러를 변형하는modify(또는 신장하는stretch) 스페큘러 혹은 반사 타입이다. 깨끗하고 매끈해 잘 닦인 표면을 가진 금속이 아니라 결이 있는 금속을 시뮬레이트하길 원할 때 매우 유용하다. CD나 DVD의 데이터 면을 살펴볼 때의 스페큘러, 혹은 스페큘러가 냄비나 프라이팬의 바닥에 형성되는 방식을 상상해보자. 조심스럽게 표면을 살펴보면 홈의 방향, 보통 금속의 결의 방향인 것을 알게 될 것이다. 이 표면에 스페큘러를 적용할 때, 스페큘러는 수직 방향으로 늘어난다.

이 레시피에서는 다양한 종류의 결의 표면을 얻기 위해 스페큘러 하이라이트를 보강하는 개념을 소개한다. 앞으로의 레시피에서는 이 레시피의 콘셉트를 사용해 신장된 반사와 머리카락 같은 다른 효과를 얻는 방법을 살펴볼 것이다. 그러나 여기서는 우선 테크닉의 기본 사항을 배울 것이다. 다음 링크의 셰이더를 커스텀 비등방성 셰이더의 레퍼런스로 사용할 것이다.

http://wiki.unity3d.com/index.php?title=Anisotropic_Highlight_Shader

다음 다이어그램은 유니티에서 비등방성 셰이더를 사용해 얻을 수 있는 다양한 종류의 스페큘러 효과의 예를 보여준다.

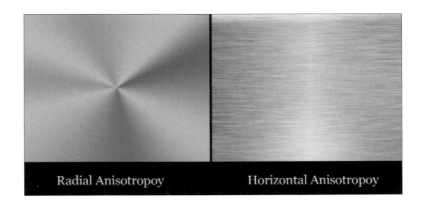

Radial Anisotropoy   Horizontal Anisotropoy

준비

셰이더와 머티리얼, 씬에 빛을 생성하는 것으로 레시피를 시작해보자.

1. 시각적으로 셰이더를 디버깅할 수 있도록 새로운 씬과 몇몇 오브젝트를 생성하자. 이 경우에는 캡슐, 구체, 원통을 사용했다.
2. 이어서 새 셰이더와 머티리얼을 생성하고 오브젝트에 연결하자.

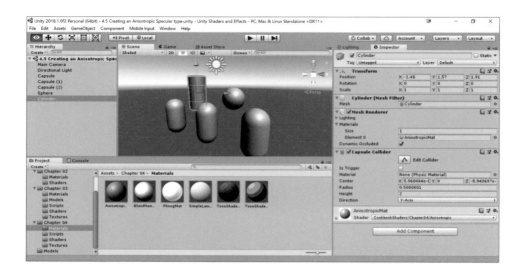

3. 마지막으로 비등방성 스페큘러 하이라이트의 방향성을 나타낼 일정의 노멀 맵이 필요하다.

4. 다음 스크린샷은 이 레시피에서 사용될 비등방성 노멀 맵을 보여준다. 이것은 이 책의 지원 페이지 https://www.packtpub.com/books/content/support에서 구할 수 있다.

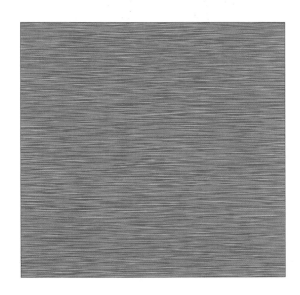

예제 구현

비등방성 효과를 만들려면 이전에 만든 셰이더를 다음과 같이 변경해야 한다.

1. 먼저 이전 속성을 제거한 후 셰이더에 필요한 속성을 추가한다. 이것은 표면의 최종 외관에 대한 많은 예술적인 제어를 허용한다.

```
Properties
{
  _MainTint ("Diffuse Tint", Color) = (1,1,1,1)
  _MainTex ("Base (RGB)", 2D) = "white" {}
  _SpecularColor ("Specular Color", Color) = (1,1,1,1)
  _Specular ("Specular Amount", Range(0,1)) = 0.5
  _SpecPower ("Specular Power", Range(0,1)) = 0.5
  _AnisoDir ("Anisotropic Direction", 2D) = "" {}
  _AnisoOffset ("Anisotropic Offset", Range(-1,1)) = -0.2
}
```

2. Properties 블록에서 제공하는 데이터를 사용할 수 있도록 Properties 블록과 SubShader{} 블록 간의 연결을 만들어야 한다.

```
sampler2D _MainTex;
sampler2D _AnisoDir;
float4 _MainTint;
float4 _SpecularColor;
float _AnisoOffset;
float _Specular;
float _SpecPower;
```

3. 이제 표면에서 올바른 비등방성 효과를 만들어낼 라이트 함수를 만들 수 있다. 라이트 함수로는 다음 코드를 사용할 것이다.

```
fixed4 LightingAnisotropic(SurfaceAnisoOutput s, fixed3 lightDir, half3
viewDir, fixed atten)
{
  fixed3 halfVector = normalize(normalize(lightDir) +
normalize(viewDir));
  float NdotL = saturate(dot(s.Normal, lightDir));

  fixed HdotA = dot(normalize(s.Normal + s.AnisoDirection), halfVector);
  float aniso = max(0, sin(radians((HdotA + _AnisoOffset) * 180)));
  float spec = saturate(pow(aniso, s.Gloss * 128) * s.Specular);

  fixed4 c;
  c.rgb = ((s.Albedo * _LightColor0.rgb * NdotL) + (_LightColor0.rgb * _
SpecularColor.rgb * spec)) * atten;
  c.a = s.Alpha;
  return c;
}
```

4. 이 새로운 라이트 함수를 사용하기 위해 SubShader의 #pragma 상태문에게 기존의 내장된 라이트 함수 대신에 새로운 것을 사용하라고 말해야 한다.

```
CGPROGRAM
#pragma surface surf Anisotropic
```

5. 또한 Input 구조체에 다음 코드를 선언해 비등방성 노멀 맵에 자체 UV를 부여
   했다. 메인 텍스처의 UV를 사용하므로 이것이 필요하지는 않다. 그러나 이것은
   결이 있는 금속 효과의 타일링을 독립적으로 제어할 수 있도록 해서 원하는 크기
   로 스케일할 수 있다.

```
struct Input
{
    float2 uv_MainTex;
    float2 uv_AnisoDir;
};
```

6. 또한 SurfaceAnisoOutput 구조체를 추가해야 한다.

```
struct SurfaceAnisoOutput
{
    fixed3 Albedo;
    fixed3 Normal;
    fixed3 Emission;
    fixed3 AnisoDirection;
    half Specular;
    fixed Gloss;
    fixed Alpha;
};
```

7. 마지막으로 surf( ) 함수를 사용해 라이트 함수에 올바른 데이터를 전달해야 한
   다. 그러므로 픽셀당 정보를 비등방성 노멀 맵으로부터 가져와서 스페큘러 파라
   미터로 설정한다.

```
void surf(Input IN, inout SurfaceAnisoOutput o)
{
  half4 c = tex2D(_MainTex, IN.uv_MainTex) * _MainTint;
  float3 anisoTex = UnpackNormal(tex2D(_AnisoDir, IN.uv_AnisoDir));

  o.AnisoDirection = anisoTex;
  o.Specular = _Specular;
  o.Gloss = _SpecPower;
  o.Albedo = c.rgb;
  o.Alpha = c.a;
}
```

8. 스크립트를 저장하고 유니티 에디터로 돌아가자. AnisotropicMat 머티리얼을 선택하고 이 레시피의 '준비' 절에서 이야기한 Anisotropic Direction 속성에 할당하자. 이어서 슬라이더를 사용해 Anisotopic Offset 속성을 조정하고 변경점을 확인하자.

비등방성 노멀 맵은 표면 방향을 제공하며 표면 주변에 반사 하이라이트를 분산시킨다. 다음 스크린샷은 비등방성 셰이더의 결과를 보여준다.

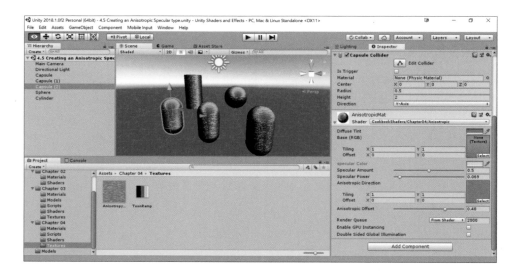

예제 분석

이 셰이더를 핵심 컴포넌트로 분리해 이 효과를 얻는 방법을 설명하겠다. 셰이더의 나머지 부분은 매우 자명해야 하므로 여기서는 커스텀 라이트 함수를 대부분 다룰 것이다.

먼저 SurfaceAnisoOutput 구조체를 선언하는 것부터 시작했다. 비등방성 노멀 맵에서 픽셀당 정보를 얻기 위해서는 이것을 해야 하며, 표면 셰이더에서 정보를 얻는 유일한 방법은 surf( ) 함수에서 tex2D( ) 함수를 사용하는 것이다. 다음 코드는 셰이더에서 사용되는 커스텀 표면 출력 구조체를 보여준다.

```
struct SurfaceAnisoOutput
{
    fixed3 Albedo;
    fixed3 Normal;
    fixed3 Emission;
    fixed3 AnisoDirection;
    half Specular;
    fixed Gloss;
    fixed Alpha;
};
```

SurfaceAnisoOutput 구조체를 라이트 함수와 표면 함수 간의 상호작용 방식으로 사용할 수 있다. 이 경우에는 surf( ) 함수의 anisoTex 변수에 픽셀당 텍스처 정보를 저장하고, 이 데이터를 AnisoDirection 변수에 저장해 SurfaceAnisoOutput 구조체로 전달한다. 일단 이것을 얻으면 라이트 함수에서 s.AnisoDirection을 사용해 픽셀당 정보를 사용할 수 있다.

이 데이터 연결을 설정한 채로 실제 라이트 계산으로 이동할 수 있다. 이것은 반각 벡터를 얻는 것부터 시작한다. 정정 법선과 빛의 벡터 혹은 방향과 내적하는 전체 반사 계산과 디퓨즈 라이트를 할 필요가 없다. 이것은 Cg에서 다음 코드를 통해 실행된다.

```
fixed3 halfVector = normalize(normalize(lightDir) + normalize(viewDir));
float NdotL = saturate(dot(s.Normal, lightDir));
```

그다음에는 올바른 모양을 얻기 위해 스페큘러에 대한 실제 수정을 시작한다. 이전 단계에서 계산된 halfVector를 사용해 비등방성 노멀 맵으로부터 꼭지점 법선과 픽셀당 벡터의 정규화된 합을 우선 내적한다. 이것은 비등방성 노멀 맵에 의해 수정돼 halfVector와 평행해지고 수직 방향으로는 0이 되는 표면 법선으로 1의 값을 제공하는 float 값을 제공한다. 마지막으로 sin() 함수를 통해 이 값을 수정함으로써 기본적으로 좀 더 어두운 중간 하이라이트와 궁극적으로 halfVector를 기반으로 하는 링 효과를 얻을 수 있다. 앞서 언급한 모든 작업은 다음 Cg 코드 두 줄에 요약돼 있다.

```
fixed HdotA = dot(normalize(s.Normal + s.AnisoDirection), halfVector);
float aniso = max(0, sin(radians((HdotA + _AnisoOffset) * 180)));
```

마지막으로 aniso 값을 s.Gloss만큼 제곱해 값의 효과를 조절하고, s.Specular를 곱해 강도를 전체적으로 줄인다.

```
float spec = saturate(pow(aniso, s.Gloss * 128) * s.Specular);
```

이 효과는 좀 더 심화된 금속 타입 표면, 특히 브러시돼 방향성을 갖는 표면을 생성하는 데 적합하다. 이것은 또한 머리카락이나 방향성을 가진 부드러운 표면 종류에 대해 잘 동작한다. 다음 스크린샷은 최종 비등방성 라이트 계산의 결과를 보여준다.

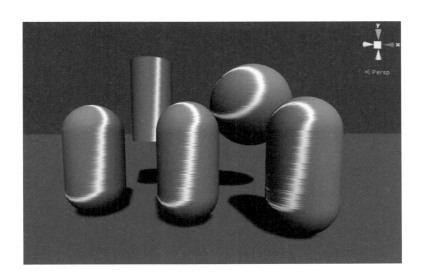

05

물리 기반 렌더링

유니티 5에서 소개된 물리 기반 렌더링PBR, Physically-Based Rendering은 빛이 실제 세계에서 작동하는 방식과 비슷한 방법으로 그래픽을 렌더링하는 셰이딩 모델이다. 4장에서는 이것을 많이 다루지 않고 조금 언급하기만 했다. PBR의 작동 방식뿐만 아니라 최대한 활용하는 방법까지 이해하려고 한다면 5장을 꼭 읽어야 한다. 5장에서는 다음 내용을 배운다.

- 메탈릭 설정 이해하기
- PBR에 투명도 추가하기
- 거울 및 반사 표면 만들기
- 씬에서 라이트 굽기

소개

4장에서 접한 모든 라이팅 모델은 빛이 동작하는 방법에 대한 매우 원시적인 설명이었다. 제작에서 가장 중요한 부분은 효율성이었다. 실시간 셰이딩은 비싸며, 램버시안이나 블린 퐁 같은 기법은 계산 비용과 사실주의^{realism} 사이의 절충안이다.

좀 더 강력한 GPU의 보유는 빛이 실제로 작동하는 방식을 시뮬레이팅할 목적을 가진 좀 더 정교한 라이팅 모델과 렌더링 엔진의 점진적인 작성을 허용했다. 요컨대, PBR의 철학이다. 이름에서 알 수 있듯이, 이것은 각 머티리얼을 고유한 모습으로 제공하는 과정 뒤의 물리를 가능한 한 가깝게 제공하려고 한다. 그럼에도 불구하고 PBR이라는 용어는 마케팅 캠페인에서 넓게 사용됐으며 잘 정의된 기술보다는 최첨단 렌더링에 더 가깝다.

유니티는 PBR을 두 가지 주요 방법으로 구현한다.

- 첫 번째는 완전히 새로운 라이팅 모델이다(Standard라고 한다). 표면 셰이더는 개발자가 머티리얼의 물리적 속성을 지정할 수 있지만 실제 물리적 제약을 두지는 않는다. PBR은 에너지 보존(물체는 받는 양보다 더 많은 빛을 반사할 수 없다.), 미세 표면 산란(거친 표면은 매끄러운 표면에 비해 빛을 예측할 수 없도록 반사한다.), 프레넬 반사율(스페큘러 반사는 입사각으로 나타남), 표면 오클루전(빛나기 힘든 코너와 다른 지오메트리의 어두워짐) 같은 물리학 원리를 적용하는 라이팅 모델을 사용해 틈을 채운다. 이러한 모든 점과 기타 많은 점이 표준 라이팅 모델을 계산하는 데 사용된다.

- PBR을 매우 사실적으로 만드는 두 번째 측면을 글로벌 일루미네이션^{GI, Global Illumination}이라 한다. 이는 물리 기반의 빛 전송 시뮬레이션이며, 오브젝트가 별도의 개체인 것처럼 씬에서 그려지지 않는다는 것을 뜻한다. 빛이 다른 것과 부딪히기 전에 빛이 반사될 수 있으므로 최종 렌더링에 모두 반영한다. 이 부분은 셰이더 자체에서는 캡처되지 않지만, 렌더링 엔진이 작동하는 방식의 핵심 부분이다. 불행하게도 실시간으로 빛이 실제로 표면에서 반사되는 방식을 정확하게 시뮬레이션하는 것은 최신 GPU의 기능을 뛰어넘는다. 유니티는 성능을 희생하지 않고도 시각적 충실도를 유지할 수 있는 영리한 최적화를 만들었다. 그러나 몇몇 가장

진보된 기술(반사와 같은)에는 사용자 입력이 필요하다.

이 모든 측면에 대해서는 5장에서 다룰 것이다. PBR과 GI는 게임이 포토리얼리즘한 것을 자동으로 보장하지 않는다는 점을 기억하는 것이 중요하다. 포토리얼리즘 달성은 매우 어려운 일이며, 모든 예술처럼 뛰어난 전문 지식과 특별한 스킬을 필요로 한다.

▌ 메탈릭 설정 이해하기

유니티는 세 가지 다른 종류의 PBR 셰이더를 제공한다. Standard, Standard (Roughness Setup), Standard (Specular setup)이며 머티리얼의 Inspector 탭의 드롭다운 메뉴에서 참조된다. 가장 큰 차이점은 Standard 및 Standard (Roughness Setup)은 Metallic 속성을 노출하지만, Standard는 Smoothness 속성을 포함하는 반면에 뒤의 것은 Smoothness를 Roughness로 대체했다는 점이다. Standard (Specular setup)은 Smoothness를 포함하지만 Metallic 속성을 Specular로 대체했다. Smoothness와 Roughness는 각자 상반되므로 1 Smoothness는 0 Roughness를 뜻하며, 그 반대도 유효하다. 어떤 셰이더를 사용하는지와 상관없이 일반적으로 같은 결과를 얻을 수 있으므로 대부분 개인적인 취향에 따라 달라진다.

이런 설정은 PBR 머티리얼을 초기화할 수 있는 다양한 방법을 나타낸다. PBR을 주도한 개념 중 하나는 아티스트와 개발자가 같이 조정하고 플레이할 수 있는 물리 기반 속성을 제공할 수 있는 능력이다. 일부 머티리얼의 속성은 메탈릭 수준을 나타내는 것을 표현하기가 쉽다. 다른 경우에는 스페큘러리티speculary를 통해 직접 빛을 반사하는 방식을 지정하는 것이 좀 더 중요하다. 이 레시피는 메탈릭 설정을 효과적으로 사용하는 방법을 보여준다. 메탈릭 워크플로는 금속 머티리얼만을 위한 것이 아니라는 점을 기억하자. 표면이 금속이거나 비금속일 때 머티리얼이 보이는 방식을 정의하는 방법이다. 두 가지 다른 타입의 셰이더로 제공되기는 하지만, 메탈릭과 스페큘러 설정은 일반적으로 똑같이 표현된다. http://docs.unity3d.com/Manual/StandardShaderMetallicVsSpecular.html의 유니티 문서에서 보여주는 것과 이전에 언급했던 것처럼 동일한 머티리얼은 일반적으로 양쪽 설정으로 재창조될 수 있다(다음 스크린샷을 보자).

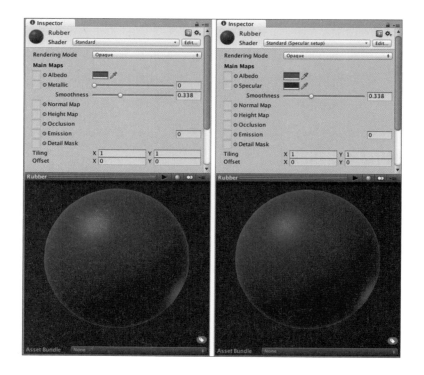

준비

이 레시피는 표준 셰이더를 사용하므로 새로 만들 필요가 없다. 레시피를 시작하는 단계는 다음과 같다.

1. 새 머티리얼(MetallicMat)을 만들자.
2. Inspector 탭의 Shader 드롭다운 메뉴에서 Standard를 선택하자.
3. 또한 텍스처가 있는 3D 모델이 필요할 것이다. 이전에 사용해온 기본 캐릭터는 완벽하게 동작할 것이다. 씬으로 끌어다 놓자. 그리고 나서 MetallicMat 머티리얼을 캐릭터의 각 부분으로 끌어다 놓자. 또한 머티리얼에 대한 텍스처를 Albedo

속성에 할당하자.

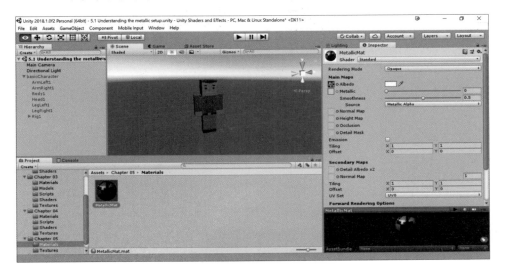

예제 구현

표준 셰이더에는 설정해야 할 두 개의 주요 텍스처가 있다. 알베도^{Albedo}와 메탈릭^{Metallic}이다. 메탈릭 워크플로를 효과적으로 사용하기 위해서는 다음 맵을 올바르게 초기화해야한다.

1. 알베도 맵은 3D 모델의 텍스처가 꺼진 채로 초기화해야 한다.
2. 메탈릭 맵을 만들려면 Albedo 맵에 대한 파일을 복제하는 것부터 시작하자. 프로젝트 탭에서 맵을 선택하고 Ctrl+D를 눌러 복제할 수 있다.
3. 흰색(#ffffff)을 사용해 순수한 금속으로 이뤄진 머티리얼에 해당되는 맵 영역을 색칠한다. 검은색(#000000)은 다른 모든 색상에 사용한다. 먼지, 풍화, 마모된 금속 표면, 녹, 긁힌 페인트 등에는 회색 음영을 사용한다. 사실 유니티는 메탈릭 값을 저장하는 데 빨간색 채널만 사용한다. 초록색과 파란색 채널은 무시된다.

4. 이미지의 알파 채널을 사용해 머티리얼의 매끄러움에 대한 정보를 제공한다.

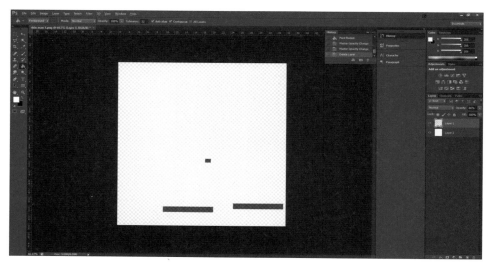

포토샵에서 연 메탈릭 맵의 예제

단순한 캐릭터의 경우 벨트와 후드의 작은 끝부분이 메탈릭이 돼야 하는 유일한 부분이다. 또한 메인 캐릭터의 불투명도는 55%로, 벨트는 좀 더 높은 80%로 설정했다.

5. 메탈릭 맵을 머티리얼에 할당한다. Metallic 슬라이더는 사라진다. 두 속성이 이제는 맵에서 제어되기 때문이다. Smoothness 슬라이더를 사용해 제공된 맵에 수정자를 제공할 수도 있다.

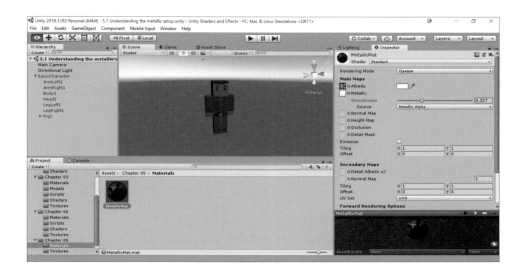

예제 분석

금속은 전기의 전도체로 알려져 있다. 빛은 전자기파의 형태로, 비전도체(종종 절연체라고 함)와 비교해 대부분의 금속 행동이 비슷한 방식이라는 것을 뜻한다. 도체는 대부분의 광자를 반사하는 경향이 있어 반사율이 높다(70~100%). 나머지 빛은 확산되기보다는 흡수되며, 도체에는 매우 어두운 디퓨즈 컴포넌트가 있음을 나타낸다. 반대로 절연체는 반사율이 낮다(4%). 나머지 빛은 표면에서 흩어지며, 확산되는 모양에 기여한다.

표준 셰이더에서 순수 금속 머티리얼은 어두운 디퓨즈 컴포넌트를 가지며, 스페큘러 반사의 색상은 알베도 맵에 의해 결정된다. 반대로 순수 비금속 재질의 디퓨즈 컴포넌트는 알베도 맵에 의해 결정된다. 스페큘러 하이라이트의 색상은 들어오는 빛의 색에 따라 결정된다. 이러한 원리를 따르면, 알베도 맵에서 알베도와 스페큘러를 합치기 위한 메탈릭 워크플로를 허용해 물리적으로 정확한 동작을 수행할 수 있다. 또한 많은 공간을 절약할 수 있으므로 머티리얼을 살펴보는 것에 대한 컨트롤이 줄어들어 상당한 속도 증가가 이뤄진다.

참고 사항

메탈릭 설정에 대한 자세한 정보는 다음 링크를 참고하자.

- 보정 차트: 금속 재료를 보정하는 방법(http://blogs.unity3d.com/wp-content/uploads/2014/11/UnityMetallicChart.png)
- 머티리얼 차트: 일반 머티리얼을 위한 표준 셰이더 파라미터 초기화 방법(http://docs.unity3d.com/Manual/StandardShaderMaterialCharts.html)
- Quixel MEGASCANS: 텍스처와 PBR 파라미터를 포함하는 머티리얼의 방대한 라이브러리(https://megascans.se/)
- PBR 텍스처 변환: 전통적인 셰이더를 PBR 셰이더로 변환할 수 있는 방법(http://www.marmoset.co/toolbag/learn/pbr-conversion)
- Substance Designer: PBR과 작업하기 위한 노드 기반의 소프트웨어(https://www.allegorithmic.com/products/substance-designer)
- 물리 기반 렌더링의 이론: PBR에 대한 완벽한 가이드(https://www.allegorithmic.com/pbr-guide)

▍ PBR에 투명도 추가하기

투명도transparency는 표준 셰이더가 세 가지 다른 방법으로 지원하는, 게임에서 중요한 부분이다. 이 레시피는 투명하거나 반투명한 속성을 가진 사실적인 머티리얼이 필요할 때 유용하다. 안경, 병, 창문, 크리스탈은 PBR 투명 셰이더의 좋은 후보다. 이는 투명하거나 반투명한 효과를 추가로 가지면서도 PBR이 도입한 사실감을 여전히 가질 수 있기 때문이다. UI 요소나 픽셀 아트와 같은 다른 것에 대해 투명도가 필요한 경우 3장의 '투명 머티리얼 만들기' 레시피에서 좀 더 효율적인 대안을 확인할 수 있다.

투명 표준 머티리얼을 얻기 위해서는 Albedo color 속성의 알파 채널을 변경하는 것만으로는 충분하지 않다. Rendering Mode를 올바르게 설정하지 않으면 머티리얼은 투명해지지 않는다.

준비

이 레시피는 표준 셰이더를 사용하므로 새로 만들 필요가 없다.

1. 새 머티리얼(TransparencyMat)을 만든다.
2. 머티리얼의 Inspector 탭에서 Shader 속성이 Standard 또는 Standard (Specular setup)으로 설정됐는지 확인하자.
3. 새롭게 생성한 머티리얼을 투명하게 하려는 3D 오브젝트에 할당하자.

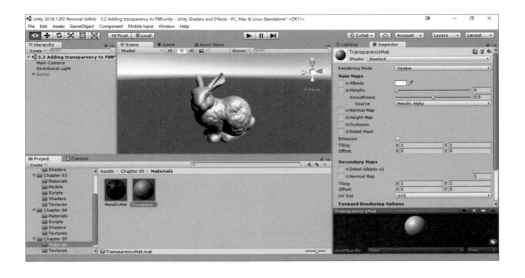

예제 구현

표준 셰이더는 세 가지 타입의 투명을 제공한다. 매우 유사하기는 하지만, 미묘한 차이를 가지며 각각 다른 곳에서 적합하다.

반투명 머티리얼

맑은 플라스틱, 크리스탈, 유리와 같은 머티리얼은 반투명하다. 이는 PBR의 모든 실제적인 효과(스페큘러 하이라이트와 프레넬 굴절 및 반사)를 필요로 하지만 머티리얼이 연결된 오브젝트 뒤의 지오메트리가 보이도록 해야 한다는 것을 의미한다. 이것이 필요한 경우 다음 단계를 수행하자.

1. 머티리얼의 Inspector 탭에서 Rendering Mode를 Transparent로 설정하자.
2. 투명도는 알베도 색상 또는 알베도 맵(있는 경우)의 알파 채널에 의해 결정된다. Albedo 섹션의 오른쪽 박스를 클릭하면 Color 메뉴가 나올 것이다. A 채널을 조절하면 항목을 더 잘 보이게 하거나 더 투명하게 할 것이다.

3. A 채널을 44로 설정하면 다음의 효과가 제공된다.

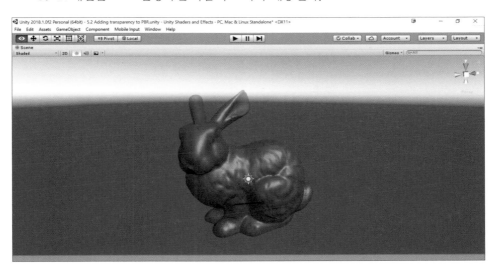

4. 다음 스크린샷은 고도로 연마된 네 가지 종류의 플라스틱 구체가 있는 Unity Calibration Scene을 보여준다. 왼쪽에서 오른쪽으로 갈수록 투명도가 증가한다. 마지막 구체는 완전히 투명하지만 추가된 PBR 효과를 유지한다.

TIP Unity Calibration Scene은 에셋 스토어 https://www.assetstore.unity3d.com/en/#!/content/25422에서 무료로 다운로드할 수 있다.

투명 렌더링 모드는 창, 병, 보석, 헤드셋에 적합하다.

 많은 투명한 머티리얼이 그림자를 투영하지 않는다. 또한 머티리얼의 Metallic과 Smoothness 속성은 투명 효과를 방해할 수 있다. 거울 같은 표면은 알파를 0으로 설정할 수 있지만, 오는 빛을 전부 반사한다면 투명해 보이지 않을 것이다.

오브젝트 페이딩

때때로 오브젝트가 페이딩fading 효과로 완전히 사라지길 원할 것이다. 이 경우 스페큘러 반사와 프레넬 반사는 사라져야 한다. 페이딩 오브젝트가 완전히 투명해질 때 보이지 않아야 한다. 이를 위해 다음 단계를 수행하자.

1. 머티리얼의 Inspector 탭에서 Rendering Mode를 Fade로 설정한다.
2. 이전과 마찬가지로 알베도 색 또는 맵의 알파 채널을 사용해 최종 투명도를 결정한다.

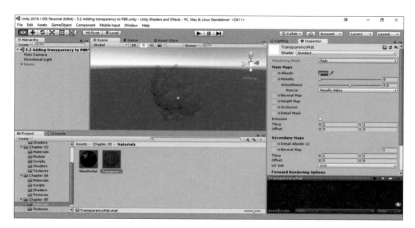

3. 다음 스크린샷은 네 가지 페이딩 구체를 보여준다. 스크린샷에서도 PBR 효과가 구체와 함께 사라지는 것을 볼 수 있다. 다음 이미지에서 볼 수 있듯이, 맨 오른쪽의 마지막 것은 거의 보이지 않는다.

4. 이 렌더링 모드는 홀로그램, 레이저 빛, 가벼운 불빛, 유령, 파티클 효과 같은 비사실적인 오브젝트에서 가장 적합하다.

구멍이 있는 솔리드 지오메트리

게임에서 접하는 대부분의 머티리얼은 고체solid다. 즉 빛이 통과하지 못하게 한다. 동시에 많은 오브젝트는 매우 복잡한 (그러나 평평한) 지오메트리를 가진다. 잎과 잔디를 3D 오브젝트로 모델링하는 것은 과하다. 좀 더 효율적인 방법은 잎 텍스처가 있는 쿼드(사각형)를 사용하는 것이다. 잎 자체는 고체지만 나머지 텍스처는 완전히 투명해야 한다. 이것을 원한다면 다음 단계를 수행하자.

1. 머티리얼의 Inspector 탭에서 Rendering Mode를 Cutout으로 설정하자.
2. Alpha Cutoff 슬라이더를 사용해 컷오프 임계cutoff threshold를 결정하자. Alpha Cutoff 이하의 알파 값을 가진 알베도 맵의 모든 픽셀은 숨겨진다.

유니티 공식 튜토리얼의 PBR(https://www.youtube.com/watch?v=fD_ho_ofY6A)에서 가져온 다음 이미지는 컷아웃^{Cutout} 렌더링 모드 효과가 지오메트리^{geometry}에서 구멍을 만드는 데 사용되는 방법을 보여준다.

컷아웃이 지오메트리의 뒷면을 볼 수 없도록 하는 것에 주의하자. 이전 예제에서는 구의 내부 볼륨을 볼 수 없었다. 이런 효과가 필요하다면 직접 셰이더를 만들어 뒷면 지오메트리가 제거되지 않았는지 확인해야 한다.

참고 사항

- 앞서 언급했듯이 이 레시피의 예제 일부는 에셋 스토어 https://www.assetstore.unity3d.com/en/#!/content/25422에서 무료로 받을 수 있는 Unity Shader Calibration Scene을 사용해 만들어졌다.

- 알베도와 투명에 대한 자세한 내용은 다음 링크에서 확인할 수 있다.
  http://docs.unity3d.com/Manual/StandardShaderMaterialParameterAlbedoColor.html

▌ 거울 및 반사 표면 만들기

스페큘러 머티리얼은 특정 각도에서 오브젝트를 볼 때 빛을 반사한다.

불행하게도 가장 정확환 모델 중 하나인 프레넬 반사조차 가까운 오브젝트의 빛을 정확하게 반사하지 않는다. 4장에서 조사한 라이팅 모델은 광원만을 고려하고 다른 표면으로부터 반사된 빛은 무시했다. 지금까지 셰이더에 대해 배운 것만 가지고 거울을 만드는 것은 불가능하다.

전역 일루미네이션은 PBR 셰이더에게 주변에 대한 정보를 전달해 이를 가능하게 한다. 이러면 오브젝트가 스페큘러 하이라이트뿐만 아니라 주변의 오브젝트에 의존하는 실제 반사를 가지도록 한다. 실시간 반사는 매우 많은 비용이 들고 작동하기 위해 수동 설정 및 조정이 필요하다. 제대로 실행됐을 때 다음 다이어그램과 같이 거울처럼 보이는 표면으로 사용할 수 있다.

준비

이 레시피는 새로운 셰이더를 만들지 않는다. 오히려 대부분의 작업은 에디터에서 직접 할 것이다. 다음 단계를 수행하자.

1. 새로운 씬을 만든다.

2. 거울 역할을 할 쿼드(GameObject ➤ 3D Object ➤ Quad)를 만든다. 여기서는 Y축에서 −65만큼 회전해 보기 쉽게 했다.

3. 새로운 머티리얼(MirrorMat)을 만들고 거울에 연결했다.

4. 다른 오브젝트와 함께 씬에 쿼드를 배치하자.

5. GameObject ➤ Light ➤ Reflection Probe에서 새로운 리플렉션 프로브Reflection Probe 를 만들고 쿼드 앞에 두자.

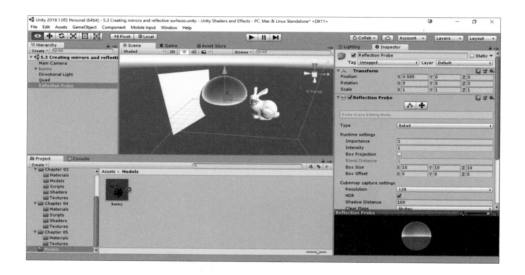

예제 구현

이전 단계를 올바르게 따라 했다면 씬의 중간, 리플렉션 프로브 근처에 쿼드가 있어야 한다. 이것을 거울로 만들려면 몇 가지 변경을 해야 한다.

1. 머티리얼의 셰이더를 Standard로, Rendering Mode를 Opaque로 변경한다.
2. Metallic 및 Smoothness 속성을 1로 설정한다. 머티리얼이 하늘을 반사하는 것을 좀 더 명확히 볼 수 있다.
3. 리플렉션 프로브를 선택하고 크기와 원점을 쿼드 앞이면서 반사시키려고 하는 오브젝트를 모두 둘러쌀 때까지 변경한다.
4. 항목을 더 선명하게 하려면 Cubemap capture 설정 아래에서 Resolution을 2048로 변경한다.
5. 마지막으로 Type을 Realtime으로, Refresh Mode를 Every frame으로 변경한다. 또한 Culling Mask가 Everything으로 설정됐는지 확인하자.
6. 리플렉션 프로브는 다음 스크린샷과 같이 설정돼야 한다.

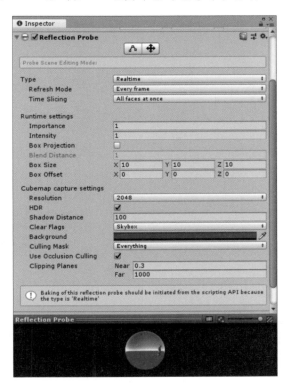

7. 이 세팅을 사용하면 다음과 비슷한 것을 볼 수 있다.

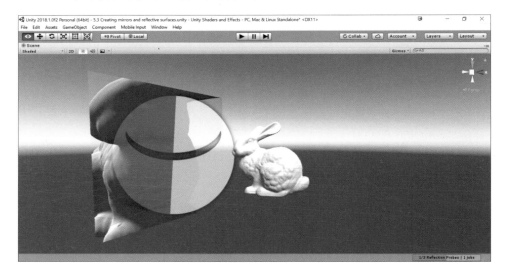

옆에 있는 토끼보다 반사되는 토끼가 더 커보인다는 것을 알 수 있다. 실제 거울에 프로브를 사용하는 경우 **Box Projection** 플래그를 체크해야 한다(이 예제에서는 상자 크기를 1, 1, 1로 설정하면 거울처럼 보이게 된다). 반짝이는 금속 조각이나 유리 테이블 같은 다른 반사되는 표면에 사용되는 경우 체크 해제할 수 있다.

예제 분석

셰이더가 주변에 대한 정보를 원할 때는 일반적으로 큐브 맵이라는 구조체로 제공한다. 그것은 2장에서 셰이더 속성 타입 중의 하나로 간략하게 언급됐다. 대략적으로 말해서 큐브 맵은 2D 텍스처의 3D 동일성이다. 중심점에서 보면 360도 월드의 뷰를 제공한다.

다음 다이어그램에서 보듯이 유니티는 구형 투영을 사용해 큐브 맵을 '미리 보기'한다.

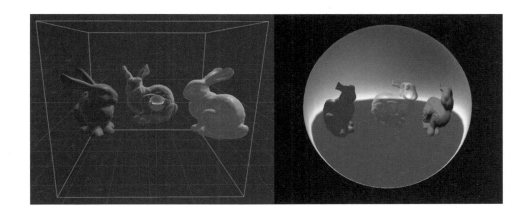

큐브 맵이 카메라에 연결됐을 때 하늘을 반사하는 방식으로 사용되므로 스카이박스^{skybox}라고 불린다. 성운, 구름, 별과 같은 실제 씬에 없는 지오메트리를 반사하는 데 사용할 수도 있다.

큐브 맵이라고 부르는 이유는 생성되는 방식 때문이다. 큐브 맵은 여섯 개의 다른 텍스처로 이뤄지며, 각각의 것은 큐브 면과 연결된다. 큐브 맵을 수동으로 만들거나 리플렉션 프로브에 위임할 수 있다. 리플렉션 프로브를 카메라 여섯 개의 모음집이며 주변 영역의 360도 매핑을 생성하는 것으로 상상해보자. 이것은 프로브가 매우 비싼 이유에 대한 답을 제공한다. 씬에서 하나를 만들면 유니티에게 거울 주변에 어떤 오브젝트가 있는지 알려준다. 반사 표면이 더 필요하면 여러 프로브를 추가할 수 있다. 리플렉션 프로브가 작동하기 위한 추가적인 행동은 필요하지 않다. 표준 셰이더가 자동으로 사용할 것이다.

Realtime으로 설정되면 매 프레임의 시작 시점에 큐브 맵을 렌더링한다. 이것은 좀 더 빠르게 하는 트릭이다. 움직이지 않는 지오메트리의 일부를 안다면, 반사를 구울 수 있다. 이것은 유니티가 게임 시작 전에 반사를 계산할 수 있음을 의미하며, 좀 더 정교한 (그리고 계산 면에서 비싼) 계산을 허용한다. 이를 하기 위해서는 리플렉션 프로브를 Baked로 설정해야 하며, 그러면 Static으로 플래그된 오브젝트에서만 동작할 것이다. 정적 오브젝트는 이동이나 변경을 할 수 없으며 지형, 건물, 소품에 잘 들어맞는다. 정적 오브젝트가 움직일 때마다 유니티는 구운 리플렉션 프로브에 대한 큐브 맵을 재생성한다.

이것은 몇 분에서 몇 시간이 걸릴 수 있다.

Realtime과 Baked 프로브를 혼합해 게임의 현실감을 증가시킬 수 있다. Baked 프로브는 고품질 반사, 환경 반사를 제공하며 Realtime은 차나 유리 같은 움직이는 물체에 사용된다. '씬에서 라이트 굽기' 절은 빛이 구워지는 과정을 자세히 설명할 것이다.

참고 사항

리플렉션 프로브에 대해 관심이 생긴다면 다음 링크를 참고하자.

- 리플렉션 프로브에 대한 유니티 메뉴얼: http://docs.unity3d.com/Manual/class-ReflectionProbe.html
- 박스 투영box projection과 다른 고급 리플렉션 프로브 설정: https://docs.unity3d.com/Manual/AdvancedRefProbe.html

▌ 씬에서 라이트 굽기

빛의 렌더링은 매우 비싼 과정이다. 최첨단 GPU가 있어도 빛의 이동(표면 사이에서 빛이 반사되는 방식)을 정확하게 계산하는 것은 수시간이 걸린다. 이 프로세스를 게임에 적합하게 하려면 실시간 렌더링은 필수적이다. 현재 엔진은 사실주의와 효율성 사이에서 타협한다. 대부분의 계산은 라이트 베이킹light baking이라는 과정에서 수행된다. 이 레시피는 라이트 베이킹이 작동하는 방식과 최대한 활용할 수 있는 방법에 대해 설명한다.

준비

라이트 베이킹은 준비된 씬이 필요하며, 지오메트리와 빛을 가져야 한다. 이 레시피에서는 유니티의 표준 기능을 사용하므로 추가적인 셰이더나 머티리얼을 생성할 필요는 없다.

1장에서 사용한 맵을 재사용할 것이며, 좀 더 나은 제어를 위해 Lighting 창에 접근할 수 있다. 보이지 않는다면 메뉴에서 Window ➤ Lighting ➤ Settings를 선택하고 편한 곳에 놓아두자.

예제 구현

라이트 베이킹은 몇 가지 수동 구성을 필요로 한다. 필수적이지만 독립적인, 수행해야 하는 3단계가 있다.

정적 지오메트리 설정하기

설정을 위해 다음 단계를 따라야 한다.

1. 씬에서 위치, 크기, 머티리얼이 변하지 않는 오브젝트를 판별한다. 가능한 후보자는 건물, 벽, 지형, 소도구, 나무 등이다. 이번 경우에는 FPSController와 그 자식을 제외한 모든 오브젝트가 된다.

2. 다음 스크린샷에서 보이는 것처럼 판별한 오브젝트를 전부 선택하고 Inspector 탭에서 Static 박스에 체크한다. 선택한 오브젝트가 자식을 가지고 있다면, 유니티는 자식도 스태틱static으로 간주할지 물어본다. 조건을 만족한다면 (고정된 위치와 크기, 머티리얼) Yes를 누르고 팝업 박스에서 자식을 변경하자.

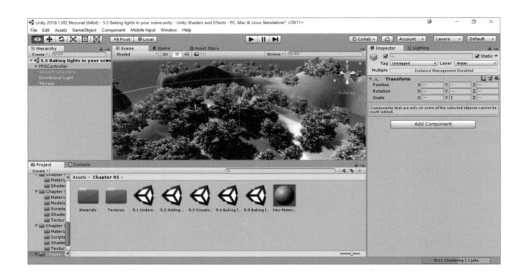

 빛이 정적 오브젝트로 적합하지만 비정적 지오메트리를 비추는 경우 Baking 속성이 Mixed로 설정됐는지 확인하자. 정적 오브젝트에만 영향을 준다면 Baked로 설정하자.

라이트 프로브 설정하기

게임에서 움직이는 메인 캐릭터, 적, 다른 플레이 불가능한 캐릭터(NPC) 등과 같은 오브젝트가 있다. 광원이 있는 정적 지역에 들어가면 라이트 프로브^{light probe}로 감싸고 싶을 것이다. 이를 위해 다음 단계를 따르자.

1. 메뉴에서 GameObject ➤ Light ➤ Light Probe Group으로 가자. Hierarchy에 Light Probe Group이라는 새로운 오브젝트가 생길 것이다.

2. 선택하면 여덟 개의 상호 연결된 구체가 나타날 것이다. 캐릭터가 입장할 수 있는 정적 영역을 둘러싸도록 씬에서 구체를 클릭하고 이동하자. 다음 스크린샷은 정적 오피스 공간 볼륨을 묶는 데 사용하는 방법의 예시를 보여준다.

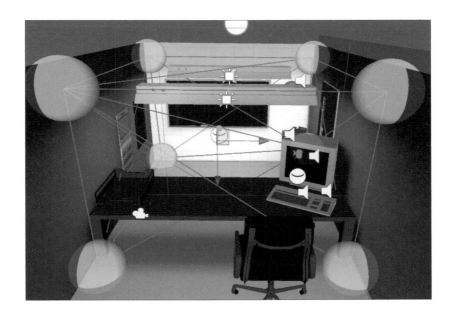

이번 예제에서는 플레이어가 입장할 수 있는 중심 영역이 된다.

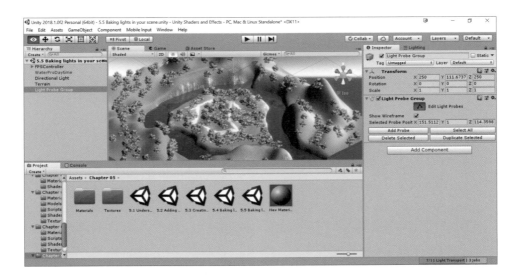

3. 라이트 프로브 영역으로 들어갈 움직이는 오브젝트를 선택한다.

4. Inspector 탭에서 렌더러 컴포넌트(일반적으로 메시 렌더러)를 확장하고 Light Probes 가 **Off** 이외의 것으로 설정됐는지 확인한다(다음 스크린샷을 보자).

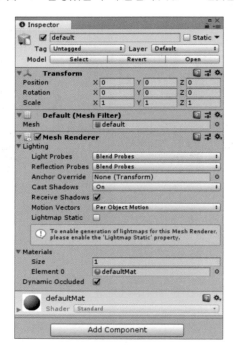

라이트 프로브를 언제 어디서 사용할지 결정하는 것은 중요한 문제다. 이에 대한 자세한 정보는 이 레시피의 '예제 분석' 절에서 다룰 것이다.

라이트 굽기

빛을 굽기 위해서는 다음 단계를 수행한다.

1. 우선 굽고 싶은 빛을 선택한다. Inspector 탭에서 Light 컴포넌트의 Mode가 Baked 로 설정됐는지 확인한다.

2. 최종적으로 빛을 구울려면 Window ➤ Lighting ➤ Settings로 가서 Lighting 창을 연다. 거기서 Global Maps 탭을 선택한다.

3. Auto Generate 체크박스가 활성화됐다면 유니티는 자동으로 백그라운드에서 굽기 작업을 실행한다. 그렇지 않다면 Generate Lighting을 클릭한다.

> ℹ️ 비교적 작은 씬이라고 해도 라이트 베이킹은 몇 시간이 걸릴 수 있다. 정적 오브젝트나 빛을 지속적으로 움직이면 유니티는 처음부터 과정을 재시작하므로 에디터가 심하게 느려질 것이다. Lighting ➤ Lightmaps ➤ Settings 탭에서 Auto 체크박스를 해제해 이를 방지하고, 수동으로 해당 과정을 시작할 때를 정할 수 있다.

예제 분석

렌더링의 가장 복잡한 부분은 빛 전송이다. 이 단계에서 GPU는 빛의 광선이 오브젝트 사이에서 튄 방식을 계산한다. 오브젝트와 빛이 움직이지 않는다면 이 계산은 게임 중 절대 바뀌지 않으므로 한 번만 수행할 수 있다. 오브젝트를 Static으로 표시하는 것은 유니티에게 이런 최적화가 일어날 수 있음을 알리는 방법이다.

대략적으로 말하자면 라이트 베이킹은 정적 오브젝트의 글로벌 일루미네이션의 계산과 라이트 맵^{light map}이라는 것에 저장하는 과정을 가리킨다. 굽기가 완료되면 라이트 맵은 Lighting 창의 Global Maps 탭에서 볼 수 있다.

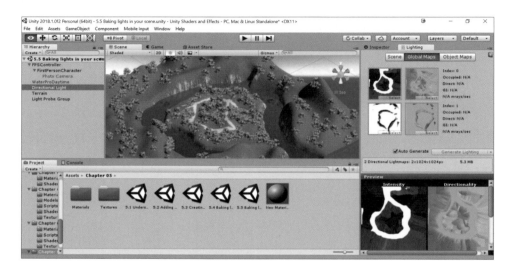

라이트 베이킹은 메모리라는 큰 희생이 따른다. 실제로 모든 정적 표면은 빛 상태를 포함하도록 재구성됐다. 모두 같은 텍스처를 공유하는 나무의 숲이 있다고 상상해보자. 일단 정적으로 만들면 자신만의 고유한 텍스처가 나무마다 생긴다. 라이트 베이킹은 게임 크기를 증가시킬 뿐만 아니라 무차별적으로 사용하면 많은 텍스처 메모리를 차지한다.

이 레시피에서 소개한 두 번째 측면은 라이트 프로브다. 라이트 베이킹은 정적 지오메트리에 대해서는 매우 높은 품질의 결과를 제공하지만, 움직이는 물체에 대해서는 작동하지 않는다. 캐릭터가 정적 영역에 입장한다면 어떻게든 환경에서 분리돼 보일 수 있다. 캐릭터의 음영이 주변과 일치하지 않아 그 결과 미적으로 불편한 결과를 초래한다. 스킨 메시 렌더러와 같은 다른 오브젝트는 정적으로 만들어도 전역 일루미네이션을 받지 않는다. 실시간으로 빛 굽기는 불가능하지만 라이트 프로브는 효과적인 대안을 제공한다. 모든 라이트 프로브는 공간의 특정 지점에 글로벌 일루미네이션을 샘플링한다. 라이트 프로브 그룹은 공간의 여러 지점을 샘플링해 특정 볼륨 내 글로벌 일루미네이션의 보간을 할 수 있다. 이는 글로벌 일루미네이션이 몇 군데 지점에서만 계산됐다는 사실에도 불구하고 움직이는 오브젝트에 좀 더 나은 빛을 전달하도록 한다. 라이트 프로브를 작동하기 위해서는 볼륨을 감싸야 한다는 것을 기억하자. 빛의 조건이 갑자기 변하는 곳에 라이트 프로브를 배치하는 것이 가장 좋다. 라이트 맵과 비슷하게 프로브는 메모리를 소모하므로 현명하게 배치해야 한다. 오직 비정적 지오메트리에서만 존재한다는 것을 기억하자. 데모 씬에는 보이는 물체가 없으므로 순수하게 데모 목적으로만 작성됐다.

라이트 프로브를 사용하는 중이라고 해도 유니티의 글로벌 일루미네이션이 캡처할 수 없는 몇 가지 면이 있다. 예를 들어 비정적 오브젝트는 다른 오브젝트에 빛을 반사할 수 없다.

참고 사항

라이트 프로브에 대한 자세한 내용은 다음 링크를 참고하자.

http://docs.unity3d.com/Manual/LightProbes.html

06

정점 함수

셰이더라는 용어는 Cg가 3D 모델에서 사실적인 빛 상태(그림자)를 시뮬레이트하는 데 주로 사용됐다는 점에서 이름 붙여졌다. 그럼에도 셰이더는 이제 그 이상의 역할을 한다. 오브젝트가 보이는 방식을 정의할 뿐만 아니라 자신의 모양을 완전히 다시 정의할 수도 있다. 셰이더를 통해 3D 오브젝트의 지오메트리를 조작하는 방법을 배우고 싶다면 6장이 안성맞춤일 것이다.

6장에서는 다음 내용을 배운다.

- 표면 셰이더에서 정점 색상에 접근하기
- 표면 셰이더에서 정점 애니메이트하기
- 모델 압출
- 눈 셰이더 구현하기

- 볼륨형 폭발 구현하기

소개

2장에서 3D 모델이 단순히 삼각형의 모음이 아니라고 설명했다. 각 정점은 모델 자체를 올바르게 렌더링하는 데 필수적인 데이터를 포함할 수 있다. 6장에서는 셰이더에서 이것을 사용하기 위해 이 정보에 접근하는 방식을 살펴본다. 또한 Cg 코드를 사용해 오브젝트의 지오메트리가 변형되는 방식을 자세히 살펴볼 것이다.

표면 셰이더에서 정적 색상에 접근하기

표면 셰이더의 정점 함수를 사용해 모델의 정점의 정보에 접근하는 방법을 살펴보는 것으로 6장을 시작할 것이다. 이는 정말로 유용하고 시각적으로 매력적인 효과를 만들기 위해 모델의 정점 내에 포함된 요소를 활용하는 지식을 갖도록 할 것이다.

정점 함수의 정점은 알아야 하는 정보를 반환할 수 있다. 실제로 정점의 법선 방향을 float3로, 정점의 위치를 float3로 받을 수 있으며, 심지어는 각 정점에 색을 저장하고 그 색을 float4로 반환할 수도 있다. 이 레시피에서는 이에 대해 살펴볼 것이며, 색상 정보를 저장하고 표면 셰이더의 각 정점 내부에서 이 저장된 색상 정보를 받는 방법에 대해 알아야 한다.

준비

이 셰이더를 작성하기 위해서는 몇 가지 에셋을 준비해야 한다.

정점의 색을 보려면 정점에 색을 적용한 모델이 필요하다. 유니티를 사용해 색상을 적용할 수 있지만, 개별적으로 색상을 적용하거나 컬러 애플리케이션을 달성할 수 있는 스크립트를 작성하기 위한 도구를 작성해야 한다.

이 레시피의 경우 마야나 블렌더 같은 3D 모델링 도구를 사용해 모델에 색을 적용할 수 있다. 책과 함께 제공되는 예제 코드의 **Chapter 06 > Models** 폴더에는 사용 가능한 모델이 있다(VertexColorObject.fbx).

다음은 정점 셰이더를 만들기 위한 단계다.

1. 새로운 씬을 만들고 가져온 모델(VertexColorObject)을 씬에 배치한다.
2. 새로운 셰이더(SimpleVertexColor)와 머티리얼(SimpleVertexColorMat)을 만든다.
3. 생성이 완료되면 셰이더를 머티리얼에 할당한 후 가져온 모델에 머티리얼을 할당한다.

씬은 다음 스크린샷과 비슷하게 보여야 한다.

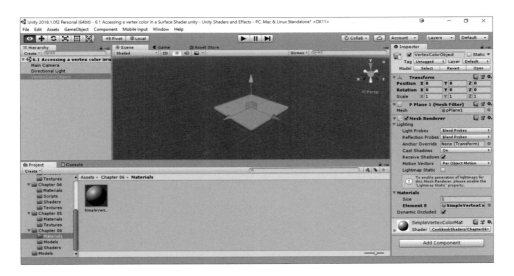

예제 구현

씬, 셰이더, 머티리얼을 만들었고 준비를 마쳤다면, 셰이더를 위한 코드를 작성하기 시작할 것이다. 유니티 에디터의 **Project** 탭에 있는 셰이더를 더블 클릭해 시작하자. 다음 단계를 수행하자.

1. 매우 간단한 셰이더를 만들기 때문에 Properties 블록에 다른 속성을 추가할 필요는 없다. 다만 Global Color Tint는 이 책의 다른 셰이더와의 일관성을 유지하기 위해 추가할 것이다. 셰이더의 Properties에 다음 코드를 입력하자.

```
Properties
{
    _MainTint("Global Color Tint", Color) = (1,1,1,1)
}
```

2. 다음 단계는 셰이더에서 정점 함수를 포함할 것이라고 유니티에게 알리는 것이다.

```
CGPROGRAM
#pragma surface surf Lambert vertex:vert
```

3. Properties 블록에 속성을 추가했다면 CGPROGRAM 상태문에도 해당 변수를 만들어야 한다. #pragma 상태문 바로 아래에 다음 코드를 추가하자.

```
float4 _MainTint;
```

4. 이제 Input 구조체에 주의를 기울여야 한다. vert( ) 함수가 제공한 데이터를 surf( ) 함수에서 접근하기 위해 새로운 변수를 추가해야 한다.

```
struct Input
{
    float2 uv_MainTex;
    float4 vertColor;
};
```

5. 이제 메시의 각 정점에 저장된 색에 접근하기 위해 간단한 vert( ) 함수를 작성할 수 있다.

```
void vert(inout appdata_full v, out Input o)
{
  UNITY_INITIALIZE_OUTPUT(Input,o);
  o.vertColor = v.color;
}
```

6. 마지막으로, 내장된 SurfaceOutput 구조체의 o.Albedo 파라미터에 할당하기 위해 Input 구조체로부터 정점 색상 데이터를 사용할 수 있다.

```
void surf (Input IN, inout SurfaceOutput o)
{
  o.Albedo = IN.vertColor.rgb * _MainTint.rgb;
}
```

7. 코드가 완료되면 유니티 에디터에 다시 들어가서 셰이더가 컴파일되게 한다. 다 잘됐다면, 다음 스크린샷과 비슷한 것을 볼 수 있다.

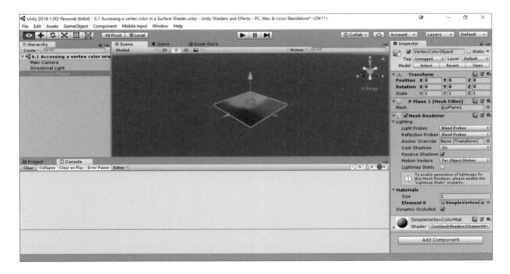

예제 분석

유니티는 셰이더가 연결된 것으로 모델의 정점 정보에 접근하는 방식을 제공한다. 이것은 정점의 위치와 색상 같은 것을 수정할 수 있는 능력을 준다. 이 레시피를 사용해 마야 (다른 모든 3D 애플리케이션을 사용할 수 있다.)에서 Verts에 정점 색이 추가된 메시를 가져왔다. 모델을 가져옴으로써 기본 머티리얼은 정점 색상이 표시되지 않는다. 실제로 정점 색상을 추출하기 위해 셰이더를 작성하고 모델의 표면에 출력해야 한다. 유니티는 표면 셰이더를 사용할 때 다양한 내장 기능을 함께 제공해 이 정점 정보의 추출 과정을 빠르고 효율적으로 만든다.

첫 번째 임무는 유니티에게 셰이더를 만들 때 정점 함수를 사용할 것이라고 알리는 것이었다. 이를 위해 CGPROGRAM의 #pragma문에 vertex:vert 파라미터를 추가한다. 이것은 자동으로 유니티가 셰이더를 컴파일할 때 vert( )라는 정점 함수를 찾게 한다. 함수를 찾지 못하면 유니티는 컴파일 에러를 던지고 셰이더에 vert( ) 함수를 추가하라고 요구할 것이다.

이것은 다음 단계로 이끈다. 5단계에서 봤듯이 vert( ) 함수를 실제로 코딩해야 한다. 우선 내장 매크로를 사용해 다이렉트X 11 이상을 대상으로 하는 경우 요구 사항을 만족하지 않으면 0으로 초기화되는 변수가 0인지 확인한다.

 ShaderLab이 제공하는 매크로에 대한 자세한 내용은 다음 링크에서 확인할 수 있다.
https://docs.unity3d.com/Manual/SL-BuiltinMacros.html

이 함수를 가지는 것으로써 appdata_full이라는 내장 데이터 구조체에 접근할 수 있다. 이 내장 구조체는 정점 데이터가 저장된 곳이다. 그래서 다음 코드를 추가해 Input 구조체에 전달하기 위해 정점 색상 정보를 추출한다.

```
o.vertColor = v.color.
```

o 변수는 Input 구조체를 나타내고 v 변수는 `appdata_full` 정점 데이터를 나타낸다. 이 경우 `appdata_full` 구조체의 색상 데이터를 가져와서 Input 구조체에 넣는다. Input 구조체에 정점 색상이 있다면 surf( ) 함수에서 사용할 수 있다. 이 레시피의 경우 내장된 SurfaceOutput 구조체의 o.Albedo 파라미터에 색상을 적용했다.

부연 설명

vert 색상 데이터로부터 네 번째 컴포넌트에 접근할 수도 있다. Input 구조체에 선언한 vertColor 변수는 float4 타입이다. 즉 정점 색상의 알파 값 역시 전달된다는 뜻이다. 이를 알면 두 텍스처를 혼합하기 위해 투명도나 추가적인 마스크를 제공하는 등의 효과를 수행하는 네 번째 정점 색상을 저장하는 용도로 이것을 사용할 수 있다. 네 번째 컴포넌트를 정말로 사용할 것인지 결정하는 것은 여러분과 여러분의 제품에 달려 있지만, 여기서 언급할 만한 가치는 있다.

▌ 표면 셰이더에서 정점 애니메이트하기

정점별 기초의 데이터에 접근하는 법을 이제 알게 됐으므로, 다른 타입의 데이터와 정점의 위치를 포함하도록 지식을 더 많이 늘려보자.

정점 함수를 사용해 메시의 각 정점의 위치에 접근할 수 있다. 이것은 셰이더가 처리하는 동안 각각의 정점을 실제로 수정할 수 있도록 한다.

이 레시피에서는 사인 웨이브sine wave가 있는 메시의 각 정점의 위치를 수정하도록 하는 셰이더를 만들 것이다. 이 기술은 깃발이나 바다의 파도와 같은 오브젝트를 위한 애니메이션 생성에 사용될 수 있다.

준비

정점 셰이더를 위한 코드를 작성할 수 있도록 에셋을 한데 모으자.

1. 새로운 씬을 만들고 씬의 중간에 플레인 메시plane mesh를 배치하자(GameObject > 3D Objects > Plane).

 TIP

> 생성된 플레인 오브젝트는 단일 쿼드처럼 보일 수도 있지만, 실제로는 움직일 121개의 정점을 가진다. 쿼드의 사용은 예상치 못한 결과를 가져온다. 스스로 확인하려면 플레인 오브젝트를 선택하고 Plane (Mesh Filter) 컴포넌트 아래에서 Mesh 속성을 더블 클릭하자.

2. 새로운 셰이더(VertexAnimation)와 머티리얼(VertexAnimationMat)을 만들자.
3. 마지막으로 머티리얼에 셰이더를 할당하고 셰이더를 플레인 메시에 할당한다.

씬은 다음 스크린샷과 비슷해 보여야 한다.

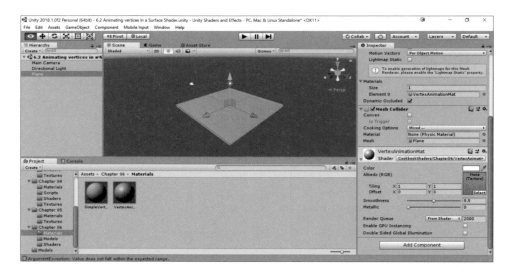

예제 구현

썬이 준비됐다면 새롭게 생성한 셰이더를 더블 클릭해 코드 에디터에서 열자.

1. 셰이더를 열었다면 Properties 블록을 채우는 것부터 시작하자.

```
Properties
{
    _MainTex ("Base (RGB)", 2D) = "white" {}
    _tintAmount ("Tint Amount", Range(0,1)) = 0.5
    _ColorA ("Color A", Color) = (1,1,1,1)
    _ColorB ("Color B", Color) = (1,1,1,1)
    _Speed ("Wave Speed", Range(0.1, 80)) = 5
    _Frequency ("Wave Frequency", Range(0, 5)) = 2
    _Amplitude ("Wave Amplitude", Range(-1, 1)) = 1
}
```

2. #pragma문에 다음을 추가해 정점 함수를 사용할 것이라고 유니티에게 알려야 한다.

```
CGPROGRAM
#pragma surface surf Lambert vertex:vert
```

3. Properties에 주어진 값에 접근하기 위해 CGPROGRAM 블록에 해당 변수를 선언해야 한다.

```
sampler2D _MainTex;
float4 _ColorA;
float4 _ColorB;
float _tintAmount;
float _Speed;
float _Frequency;
float _Amplitude;
float _OffsetVal;
```

4. 정점 위치 수정을 vertColor로 사용할 것이다. 이것은 오브젝트를 채색하도록 한다.

```
struct Input
{
  float2 uv_MainTex;
  float3 vertColor;
}
```

5. 이 시점에서 사인 웨이브와 정점 함수를 사용해 정점 수정을 할 수 있다. Input 구조체 뒤에 다음 코드를 입력하자.

```
void vert(inout appdata_full v, out Input o)
{
  UNITY_INITIALIZE_OUTPUT(Input,o);    float time = _Time * _Speed;
  float waveValueA = sin(time + v.vertex.x * _Frequency) * _Amplitude;

  v.vertex.xyz = float3(v.vertex.x, v.vertex.y + waveValueA, v.vertex.z);
  v.normal = normalize(float3(v.normal.x + waveValueA, v.normal.y,
v.normal.z));
  o.vertColor = float3(waveValueA,waveValueA,waveValueA);
}
```

6. 마지막으로 두 색상 사이에 lerp( ) 함수를 수행해 셰이더를 완성한다. 정점 함수로 수정된 새로운 메시의 최고점과 최저점을 채색할 수 있다.

```
void surf (Input IN, inout SurfaceOutput o)
{
  half4 c = tex2D (_MainTex, IN.uv_MainTex);
  float3 tintColor = lerp(_ColorA, _ColorB, IN.vertColor).rgb;
  o.Albedo = c.rgb * (tintColor * _tintAmount);
  o.Alpha = c.a;
}
```

7. 셰이더용 코딩을 완료했다면 유니티로 돌아가서 셰이더를 컴파일하자. 컴파일이 완료되면 머티리얼을 선택하고 Base (RGB) Texture에 UV Checker 머티리얼을 할당한다. 이 머티리얼은 책의 예제 코드의 Chapter 6 ➤ Textures 폴더에 있다.

8. 거기서 Color A와 Color B를 다른 색으로 지정하자. 변경이 끝나면 다음 스크린샷과 비슷한 것을 볼 수 있다.

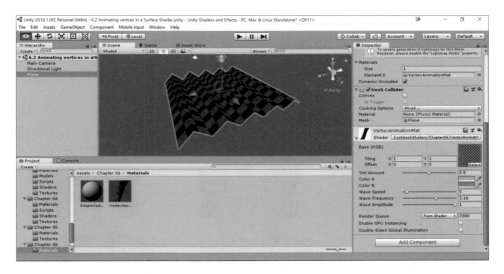

예제 분석

이 특정 셰이더는 이전 레시피와 동일한 개념을 사용한다. 단 이번에는 메시의 정점 위치를 수정한다. 깃발과 같은 단순한 오브젝트에 스켈레톤 구조체 혹은 트랜스폼 계층을 사용해 애니메이션을 적용하려고 하지 않는 경우에 유용하다.

단순히 Cg 언어에 내장된 sin( ) 함수를 사용해 사인 웨이브 값을 만들었다. 이 값을 계산한 후에 각 정점 위치의 y 값에 더해 웨이브 같은 효과를 만들었다.

또한 메시의 법선을 수정해 사인 웨이브 값을 기반으로 좀 더 사실적인 음영을 제공했다.

표면 셰이더가 제공하는 내장 정점 파라미터를 활용하는 것으로 좀 더 복잡한 정점 효과를 수행하는 것이 얼마나 쉬운지 알 수 있다.

▌ 모델 압출

게임에서의 가장 큰 문제 중 하나는 반복이다. 새로운 콘텐츠를 만드는 것은 시간을 소모하는 작업이며, 수많은 적과 마주쳤을 때 모두 똑같아 보일 가능성이 있다. 모델에 변화를 주는 비교적 저렴한 기법은 기본 지오메트리를 변경하는 셰이더를 사용하는 것이다. 다음 유니티 캠프 데모의 병사 스크린샷에서 보이는 것처럼, 이 레시피는 모델의 뚱뚱하거나 날씬한 버전을 만드는 데 사용되는 노멀 압출^{normal extrusion}이라는 테크닉을 보여준다.

사용상의 편의를 위해 예제 코드의 **Chapter 6 › Prefabs** 폴더에서 솔저 프리팹을 제공한다.

준비

이 레시피를 위해 변경하려는 모델에서 사용되는 셰이더에 접근할 수 있어야 한다. 한번 보유하면 복제해서 안전하게 수정할 수 있다. 다음을 통해 할 수 있다.

1. 모델이 사용하는 셰이더를 찾고 선택한 후 **Ctrl+D**를 눌러 복제한다. 이 예제처럼 표준 셰이더를 사용 중이라면 노멀 같은 새로운 표준 셰이더를 만드는 것도 가능하며, 알베도 맵은 자동으로 전송된다. 어느 쪽이든지 새로운 셰이더의 이름을

NormalExtrusion으로 하자.

2. 원래 모델의 머티리얼을 복제하고 복사한 셰이더에 할당하자.

3. 새로운 머티리얼(NormalExtrusionMat)을 모델에 할당하고 수정을 시작하자.

이 효과를 적용하려면 모델에 법선이 있어야 한다.

예제 구현

이 효과를 만들기 위해 복제한 셰이더를 수정하는 것부터 시작하자.

1. 압출을 조절하는 데 사용할 속성을 셰이더에 추가하는 것부터 시작하자. 여기서 제시하는 범위는 -0.0001에서 0.0001까지지만 필요에 따라 조정해야 할 수도 있다.

```
__Amount ("Extrusion Amount", Range(-0.0001, 0.0001)) = 0
```

2. 해당 변수와 속성을 연결하자.

```
float _Amount;
```

3. #pragma 지시문을 변경해 정점 수식자를 사용하도록 하자. vertex: 함수 이름을 끝에 추가하는 것으로 할 수 있다. 이 경우에는 vert 함수를 호출했다.

```
#pragma surface surf Standard vertex:vert
```

4. 다음의 정점 모디파이어를 추가하자.

```
void vert (inout appdata_full v)
{
  v.vertex.xyz += v.normal * _Amount;
```

```
}
```

5. 셰이더가 이제 준비됐다. 모델을 날씬하게 혹은 뚱뚱하게 만들기 위해 머티리얼
   의 Inspector 탭에서 Extrusion Amount 슬라이더를 사용할 수 있다. 또한 각 캐릭터
   에 다른 압출 값을 갖게 하기 위해 머티리얼의 복제본을 자유롭게 만들 수 있다.

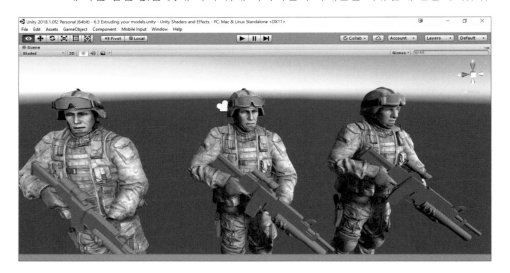

예제 분석

표면 셰이더는 두 단계로 작동한다. 앞에서는 오직 표면 함수에 대해서만 탐구했다. 사
용 가능한 또 다른 함수가 있다. 바로 정점 모디파이어다. 정점의 데이터 구조체(일반적으
로 appdata_full로 불린다.)를 가져와서 변환을 적용한다. 이것은 모델의 지오메트리를 가지
고 가상적으로 무엇이든 할 수 있는 자유를 제공한다. 표면 셰이더의 #pragma 지시문에
vertex:vert를 추가해 GPU에게 이러한 함수가 존재함을 알린다. 7장을 참고해 정점 및
프래그먼트 셰이더에서 정점 모디파이어가 정의될 수 있는 방식을 배울 수 있다.

모델의 지오메트리를 변경하는 데 사용할 수 있는 가장 간단하지만 효과적인 테크닉 중 하
나는 노멀 압출이라 부르는 것이다. 정점을 법선 방향으로 투영하는 것으로 작동하며, 이

는 다음 코드에 의해 수행된다.

```
v.vertex.xyz += v.normal * _Amount;
```

정점의 위치는 정점 법선을 향해 _Amount 단위만큼 옮겨진다. _Amount가 너무 높으면 결과는 꽤 불쾌할 수 있다. 그러나 좀 더 작은 값에서는 모델에 여러 가지 변형을 추가할 수 있다.

부연 설명

여러 적이 있고 각자만의 무게를 갖게 하고 싶다면 각자에게 다른 머티리얼을 만들어줘야 한다. 일반적으로 머티리얼은 모델 간에 공유되고 하나를 변경하면 모두가 바뀌니 이 작업은 필수적이다. 이것을 하는 방법에는 여러 가지가 있다. 가장 빠른 방법은 자동으로 이를 수행하는 스크립트를 작성하는 것이다. 다음 스크립트는 렌더러가 있는 오브젝트에 연결되면 첫 번째 머티리얼을 복제하고 _Amount 속성을 자동으로 설정할 것이다.

```
using UnityEngine;
public class NormalExtruder : MonoBehaviour {
  [Range(-0.0001f, 0.0001f)]
  public float amount = 0;
  // 초기화에 사용
  void Start ()
  {
    Material material = GetComponent<Renderer>().sharedMaterial;
    Material newMaterial = new Material(material);
    newMaterial.SetFloat("_Amount", amount);
    GetComponent<Renderer>().material = newMaterial;
  }
}
```

압출 맵 추가

이 테크닉은 실제로 좀 더 향상시킬 수 있다. 추가적인 텍스처를 추가(혹은 메인의 알파 채널을 사용)해 압출의 양을 나타낼 수 있다. 이를 통해 어떤 부분이 올라가거나 내려갔는지 훨씬 제어를 잘할 수 있도록 한다. 다음 코드는 이런 효과를 얻는 방법을 보여준다(이전에 했던 것과의 차이점은 굵게 표시돼 있음).

```
Shader "CookbookShaders/Chapter06/Normal Extrusion Map"
{
  Properties
  {
    _MainTex("Texture", 2D) = "white" {}
    _ExtrusionTex("Extrusion map", 2D) = "white" {}
    _ Amount("Extrusion Amount", Range(-0.0001, 0.0001)) = 0
  }
  SubShader
  {
    Tags{ "RenderType" = "Opaque" }

    CGPROGRAM
    #pragma surface surf Standard vertex:vert
    struct Input
    {
      float2 uv_MainTex;
    };

    float _Amount;

    sampler2D _ExtrusionTex;
    void vert(inout appdata_full v)
    {
      float4 tex = tex2Dlod (_ExtrusionTex, float4(v.texcoord.xy,0,0));
      float extrusion = tex.r * 2 - 1;
      v.vertex.xyz += v.normal * _Amount * extrusion;
    }

    sampler2D _MainTex;
```

```
    void surf(Input IN, inout SurfaceOutputStandard o)
    {
      float4 tex = tex2D(_ExtrusionTex, IN.uv_MainTex);
      float extrusion = abs(tex.r * 2 - 1);

      o.Albedo = tex2D(_MainTex, IN.uv_MainTex).rgb;
      o.Albedo = lerp(o.Albedo.rgb, float3(0, 0,0), extrusion * _Amount / 0.0001
* 1.1);
    }
  ENDCG
  }

  Fallback "Diffuse"
}
```

_ExtrusionTex의 빨간색 채널은 노멀 압출에 대한 곱 계수로 사용된다. 0.5 값은 모델에
영향을 주지 않는다. 어둡거나 밝은 색조는 각각 안쪽 혹은 바깥쪽으로 정점을 밀어내는
데 사용된다. 정점 모디파이어 내에서 텍스처를 샘플링하려면 tex2D 대신 tex2Dlod를 사
용해야 한다.

셰이더에서 컬러 채널은 0에서 1로 가지만, 때로는 음수 값도 표현해야 한다(내부 압출과 같
은). 이 경우 0.5를 0으로 취급한다. 이것보다 작은 값은 음수로, 큰 값은 양수로 간주한다. 이
것은 RGB 텍스처로 인코딩되는 법선과 정확히 일치한다. UnpackNormal() 함수는 (0, 1) 범위
를 (−1, +1) 범위로 매핑하는 데 사용된다. 수학적으로 말하자면 tex.r * 2 − 1과 동일하다.

압출 맵은 밑에 있는 뼈의 모양을 강조하기 위해 피부를 축소해 캐릭터를 좀비화하는 데
적합하다. 다음 스크린샷은 셰이더와 압출 맵을 사용해 건강한 병사를 시체로 변형하는
방법을 보여준다. 앞의 예와 비교했을 때, 옷에는 아무 영향이 없다는 것을 볼 수 있다. 다
음 스크린샷에서 사용한 셰이더는 돌출된 부분을 더 어둡게 해서 군인이 좀 더 쇠약해 보
이도록 한다.

▌ 눈 셰이더 구현하기

눈의 시뮬레이션은 게임에서 언제나 도전 과제였다. 대다수의 게임은 단순히 모델의 텍스처에 직접 눈을 포함시키므로 상단이 하얗게 보인다. 그러나 이런 오브젝트 중 하나가 회전하면 어떻게 될까? 눈은 표면에 단순히 페인트가 묻은 것이 아니다. 물질의 적절한 축적이며 그렇게 취급받아야 한다. 이 레시피는 셰이더를 사용해 모델에 눈이 쌓인 듯한 모습을 부여하는 방법을 보여준다.

이 효과는 두 단계로 이뤄진다. 첫 번째로 흰색은 하늘을 바라보는 모든 삼각형에 사용된다. 두 번째로 눈이 쌓이는 효과를 시뮬레이트하기 위해 정점이 압출된다. 다음 스크린샷에서 결과를 볼 수 있다.

> ℹ️ 이 레시피는 사실적인 눈 효과를 만들기 위한 것이 아니다. 이것은 좋은 출발점을 제공하지만, 올바른 텍스처를 만들고 게임에 맞는 알맞은 파라미터를 찾는 것은 아티스트의 몫이다.

준비

이 효과는 순수하게 셰이더를 기반으로 한다. 다음이 필요할 것이다.

1. 눈 효과를 위한 셰이더(SnowShader)를 새로 만든다.
2. 셰이더를 위한 새 머티리얼(SnowMat)을 만든다.
3. 새로 생성한 머티리얼을 눈 효과를 주고 싶은 오브젝트에 할당하고 색상을 지정해 눈이 어디에 있는지 쉽게 알리도록 하자.

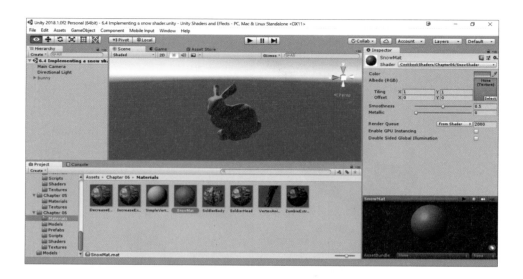

예제 구현

눈 효과를 만들려면 셰이더를 열고 다음과 같이 변경하자.

1. 셰이더의 속성을 다음과 같이 변경하자.

```
_Color("Main Color", Color) = (1.0,1.0,1.0,1.0)
_MainTex("Base (RGB)", 2D) = "white" {}
_Bump("Bump", 2D) = "bump" {}
_Snow("Level of snow", Range(1, -1)) = 1
_SnowColor("Color of snow", Color) = (1.0,1.0,1.0,1.0)
_SnowDirection("Direction of snow", Vector) = (0,1,0)
_SnowDepth("Depth of snow", Range(0,1)) = 0
```

2. 관련된 변수를 통해 완성하자.

```
sampler2D _MainTex;
sampler2D _Bump;
float _Snow;
```

```
float4 _SnowColor;
float4 _Color;
float4 _SnowDirection;
float _SnowDepth;
```

3. Input 구조체를 다음과 같이 교체하자.

```
struct Input
{
  float2 uv_MainTex;
  float2 uv_Bump;
  float3 worldNormal;
  INTERNAL_DATA
};
```

4. 표면 함수를 다음의 것으로 교체하자. 모델의 눈 부분을 하얗게 채색할 것이다.

```
void surf(Input IN, inout SurfaceOutputStandard o)
{
  half4 c = tex2D(_MainTex, IN.uv_MainTex);

  o.Normal = UnpackNormal(tex2D(_Bump, IN.uv_Bump));
  if (dot(WorldNormalVector(IN, o.Normal), _SnowDirection.xyz) >= _Snow)
  {
    o.Albedo = _SnowColor.rgb;
  }
  else
  {
    o.Albedo = c.rgb * _Color;
  }
  o.Alpha = 1;
}
```

5. 정점 모디파이어를 사용하도록 #pragma 지시문을 설정한다.

```
#pragma surface surf Standard vertex:vert
```

6. 눈으로 덮힌 정점을 압출하는^{extrude} 다음의 정점 모디파이어를 추가하자.

```
void vert(inout appdata_full v)
{
  float4 sn = mul(UNITY_MATRIX_IT_MV, _SnowDirection);
  if (dot(v.normal, sn.xyz) >= _Snow)
  {
    v.vertex.xyz += (sn.xyz + v.normal) * _SnowDepth * _Snow;
  }
}
```

7. 이제 머티리얼의 Inspector 탭을 사용해 모델이 덮히는 수준과 눈의 두께를 선택할 수 있다.

예제 분석

이 셰이더는 두 단계로 작동한다.

- 표면 채색
- 지오메트리 변경

표면 채색

첫 번째 단계는 하늘을 바라보는 삼각형의 색을 바꾸는 것이다. 이는 _SnowDirection과 비슷한 법선 방향을 가진 모든 삼각형에 영향을 미친다. 3장에서 살펴본 것처럼, 단위 벡터는 내적을 사용해 비교할 수 있다. 두 벡터가 직교할 때, 내적은 0이다. 평행할 때는 1 (혹은 −1)이다. _Snow 속성은 하늘을 향하는 것으로 간주하기 위해 어떻게 정렬해야 하는지를 결정하는 데 사용한다.

표면 함수를 자세히 살펴보면 법선과 눈 방향으로 직접 내적을 하지는 않는 것을 볼 수 있다. 보통 다른 공간에서 정의되기 때문이다. 눈 방향은 월드 좌표로 표시되지만 오브젝트 법선은 일반적으로 모델과 연관된다. 모델을 회전하면 법선은 변경되지 않을 것이며, 이는 원하는 것이 아니다. 이를 수정하려면 법선을 오브젝트의 좌표에서 월드 좌표로 변환해야 한다. 이것은 다음 코드에서 보듯이 WorldNormalVector( ) 함수로 수행한다.

```
if (dot(WorldNormalVector(IN, o.Normal), _SnowDirection.xyz) >= _Snow)
{
  o.Albedo = _SnowColor.rgb;
}
else
{
  o.Albedo = c.rgb * _Color;
}
```

이 셰이더는 모델을 단순히 흰색으로 채운다. 좀 더 고급화된 것은 SurfaceOutputStandard

구조체를 실제적인 눈 머티리얼에서의 텍스처와 파라미터로 초기화해야 한다.

지오메트리 변경하기

이 셰이더의 두 번째 효과는 눈이 쌓이는 것을 시뮬레이트하기 위한 지오메트리 변경이다. 우선 표면 함수에서 사용된 것과 같은 조건을 테스트해서 흰색으로 색이 입혀진 삼각형을 판별한다. 불행히도 이번에는 WorldNormalVector()에 의존할 수 없는데, SurfaceOutputStandard 구조체가 정점 모디파이어에서 초기화되지 않기 때문이다. _SnowDirection을 오브젝트 좌표로 변경하는 다른 메소드를 대신 사용할 것이다.

```
float4 sn = mul(UNITY_MATRIX_IT_MV, _SnowDirection);
```

그러고 나서 지오메트리를 돌출시켜 눈의 쌓임을 시뮬레이트할 수 있다.

```
if (dot(v.normal, sn.xyz) >= _Snow)
{
  v.vertex.xyz += (sn.xyz + v.normal) * _SnowDepth * _Snow;
}
```

다시 말하지만, 이것은 매우 기본적인 효과다. 텍스처 맵을 사용해 눈의 쌓임을 좀 더 정확하게 혹은 특이하거나 고르지 않게 보이도록 제어할 수 있다.

참고 사항

게임에 사용할 고품질 눈 효과와 소품이 필요하다면 유니티 에셋 스토어에서 다음 리소스를 확인할 수도 있다.

- **Winter Suite**(30달러): 이 레시피에서 제공하는 눈 셰이더보다 훨씬 정교한 버전은 다음 링크에서 찾을 수 있다.

https://www.assetstore.unity3d.com/en/#!/content/13927

- **Winter Pack**(60달러): 눈이 내리는 환경을 위한 사실적인 소품과 머티리얼은 다음 링크에서 찾을 수 있다.

  https://www.assetstore.unity3d.com/en/#!/content/13316

▌볼륨형 폭발 구현하기

게임 개발의 기술은 사실주의와 효율성 사이의 현명한 절충안이다. 특히 폭발이야말로 그 대표적인 예로 꼽을 만하다. 많은 게임의 중심에 있지만, 그 뒤의 물리는 종종 현대 기기의 계산 능력을 초월한다. 폭발은 본질적으로 매우 뜨거운 가스의 공일 뿐이다. 따라서 올바르게 시뮬레이트하는 방법은 게임에 유체 시뮬레이션을 통합하는 것이다. 상상이 될 수도 있겠지만 런타임 애플리케이션에서는 실현 불가능하며, 많은 게임에서는 파티클로 간단하게 시뮬레이트한다. 오브젝트가 폭발할 때 일반적으로 불, 연기, 파편 입자를 간단하게 인스턴스화해 믿을 수 있는 결과를 얻을 수 있다. 불행하게도 이 접근법은 사실적이지 않으며 쉽게 눈에 띈다. 좀 더 사실적인 효과를 얻기 위해 사용할 수 있는 중급 기술이 있다. 볼륨형 폭발volumetric explosion이다. 이 개념의 배경은 폭발이 파티클로 취급되지 않는다는 것이다. 단순한 평면 2D 텍스처가 아니라 진화하는 3D 오브젝트다.

준비

다음 단계를 따라 이 레시피를 완료하자.

1. 효과를 위한 새 셰이더를 생성하자(VolumetricExplosion).
2. 셰이더에 사용할 머티리얼을 생성하자(VolumetricExplosionMat).
3. 머티리얼을 구체에 할당하자. GameObject > 3D Object > Sphere를 통해 에디터에서 직접 생성할 수 있다.

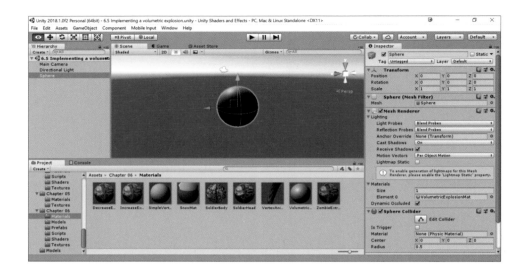

 이 레시피는 표준 유니티 구체에서 잘 동작하지만, 큰 폭발이 필요하다면 높은 폴리곤 구체를 사용해야 할 수도 있다. 사실 정점 함수는 메시의 정점을 수정하는 데만 사용할 수 있다. 다른 모든 점은 가까이에 있는 정점의 위치를 사용해 보간한다. 정점이 적으면 폭발의 해상도가 낮아진다.

4. 이 레시피에서는 그래디언트에서 폭발이 가져야 하는 모든 색상을 가지는 램프 텍스처도 필요하다. 김프나 포토샵을 사용해 다음 스크린샷과 같은 텍스처를 만들 수 있다.

 해당 이미지(explosionRamp)는 책의 예제 코드의 Chapter 6 ➤ Textures 폴더에 있다.

5. 그림을 완성했다면 유니티로 가져오자. 그다음에는 Inspector 탭에서 Filter Mode

를 Bilinear로, Wrap Mode를 Clamp로 설정하자. 이 두 설정은 램프 텍스처가 원활하게 샘플링되는지를 확인한다.

6. 마지막으로 노이즈 텍스처가 필요하다. 무료로 사용 가능한 노이즈 텍스처를 인터넷에서 검색할 수 있다. 가장 일반적으로 사용되는 것은 Perlin 노이즈를 사용해 생성된다. Chapter 6 ➤ Textures 폴더에 예제를 포함시켜뒀다.

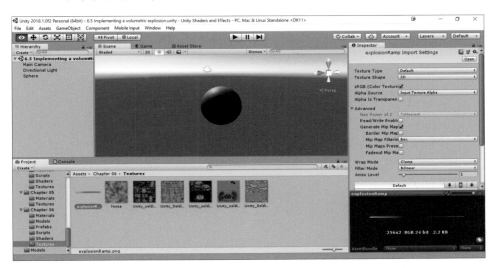

예제 구현

이 효과는 두 단계로 수행된다(지오메트리를 변경하는 정점 함수와 올바른 색상을 제공하는 표면 함수다). 그 과정은 다음과 같다.

1. 현재 속성을 제거하고 셰이더에 다음 속성을 추가한다.

```
Properties
{
    _RampTex("Color Ramp", 2D) = "white" {}
    _RampOffset("Ramp offset", Range(-0.5,0.5))= 0
    _NoiseTex("Noise Texture", 2D) = "gray" {}
```

```
    _Period("Period", Range(0,1)) = 0.5
    _Amount("_Amount", Range(0, 1.0)) = 0.1
    _ClipRange("ClipRange", Range(0,1)) = 1
}
```

2. 관련된 변수를 추가해 셰이더의 Cg 코드가 실제로 접근할 수 있도록 한다.

```
sampler2D _RampTex;
half _RampOffset;

sampler2D _NoiseTex;
float _Period;

half _Amount;
half _ClipRange;
```

3. 램프 텍스처의 UV 데이터를 받도록 Input 구조체를 변경하자.

```
struct Input
{
    float2 uv_NoiseTex;
};
```

4. 다음 정점 함수를 추가한다.

```
void vert(inout appdata_full v) {
    float3 disp = tex2Dlod(_NoiseTex, float4(v.texcoord.xy,0,0));
    float time = sin(_Time[3] *_Period + disp.r*10);
    v.vertex.xyz += v.normal * disp.r * _Amount * time;
}
```

5. 다음 표면 함수를 추가한다.

```
void surf(Input IN, inout SurfaceOutput o)
```

```
{
    float3 noise = tex2D(_NoiseTex, IN.uv_NoiseTex);

    float n = saturate(noise.r + _RampOffset);

    clip(_ClipRange - n);

    half4 c = tex2D(_RampTex, float2(n,0.5));

    o.Albedo = c.rgb;
    o.Emission = c.rgb*c.a;
}
```

6. #pragma 지시문에 vertex 함수를 지정하고 nolightmap 매개변수를 추가해 유니
티가 폭발에 사실적인 라이트를 추가하지 않도록 한다.

```
#pragma surface surf Lambert vertex:vert nolightmap
```

7. 마지막 단계는 머티리얼을 선택하고 Inspector 탭에서 관련 슬롯에 두 텍스처를
할당하는 것이다.

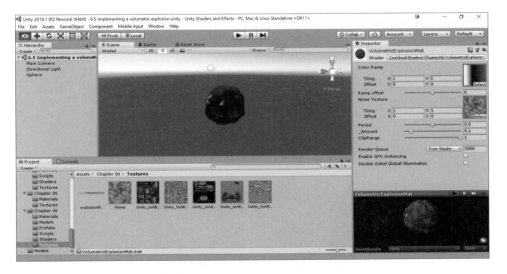

8. 이것은 애니메이션 머티리얼이며, 시간이 지남에 따라 진화한다는 뜻이다. Scene 창에서 Animated Materials를 클릭해 에디터에서 머티리얼이 변하는 것을 볼 수 있다.

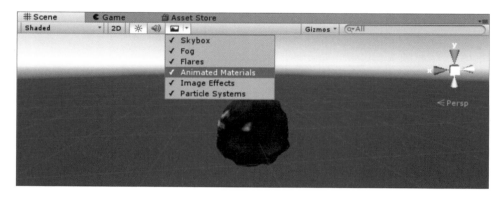

예제 분석

이 레시피를 읽는다면, 표면 셰이더와 정점 모디파이어가 작동하는 방법에 이미 익숙해야 한다. 이 효과의 기본 아이디어는 실제 폭발에서 일어나는 것처럼 겉보기에는 혼돈스러운 방식으로 구체의 지오메트리를 변경하는 것이다. 다음 스크린샷은 에디터 내에서 이러한 폭발이 어떻게 보이는지를 보여준다. 원래의 메시가 크게 변형됐음을 알 수 있다.

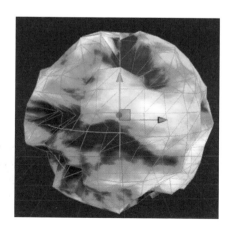

정점 함수는 6장의 '모델 압출' 레시피에서 소개된 노멀 압출이라는 테크닉의 변형이다. 여기서의 차이점은 압출의 양이 시간과 노이즈 텍스처 양쪽에 의해 결정된다는 것이다.

 유니티에서 랜덤한 숫자가 필요할 때는 Random.Range() 함수를 사용할 수 있다. 셰이더에서는 랜덤한 숫자를 얻는 일반적인 방법이 없으므로 가장 간단한 방법은 노이즈 텍스처를 샘플링하는 것이다.

이것을 수행하는 일반적인 방법은 없으니 예제로만 받아들이자.

```
float time = sin(_Time[3] *_Period + disp.r * 10);
```

내장된 _Time[3] 변수는 셰이더 내에서 현재 시간을 가져오는 데 사용되며, disp.r 노이즈 텍스처의 빨간색 채널은 각 정점이 독립적으로 움직이는지 확인하는 데 사용된다. sin( ) 함수는 정점을 위아래로 움직이게 해서 폭발의 혼돈스러운 행동을 시뮬레이팅한다. 그다음에는 노멀 압출이 수행된다.

```
v.vertex.xyz += v.normal * disp.r * _Amount * time;
```

마음에 드는 움직임의 패턴을 찾을 때까지 이 숫자와 변수를 조작해야 한다.

이 효과의 마지막 부분은 표면 함수에서 달성한다. 여기서 노이즈 텍스처는 램프 텍스처에서 임의의 색상을 샘플링하는 데 사용한다. 그러나 주목할 만한 두 가지 측면이 더 있다. 첫 번째는 _RampOffset의 소개다. 이것의 사용은 텍스처의 왼쪽이나 오른쪽에서 샘플 색상으로 폭발을 강제한다. 양수 값을 사용하면 폭발의 표면은 좀 더 회색 톤으로 보여주는 경향이 있다. 즉 해산될 때 발생하는 것이다. _RampOffset은 폭발에서 불이나 연기가 얼마나 있는지를 결정하는 데 사용할 수 있다. 표면 함수에서 소개된 두 번째 측면은 clip( )의 사용이다. clip( )이 하는 것은 렌더링 파이프라인에서 픽셀을 클립(제거)하는 것이다. 음수 값으로 호출할 때 현재 픽셀은 그려지지 않는다. 이 효과는 볼륨형 폭발의 어떤 픽셀이 투명하게 될지를 결정하는 _ClipRange로 제어한다.

_RampOffset과 _ClipRange 모두를 조정함으로써 폭발의 행동과 해산 방식을 결정할 수 있다.

부연 설명

이 레시피에서 제시한 셰이더는 구체를 폭발처럼 보이게 한다. 정말 이것을 사용하고 싶다면 최대로 활용하기 위해 스크립트와 함께 써야 한다. 가장 좋은 방법은 폭발 오브젝트를 생성하고 프리팹으로 만들어 필요할 때마다 재사용하는 것이다. 구체를 프로젝트 창으로 다시 끌어다 놓는 것으로 프리팹으로 할 수 있다. 일단 끝나면 Instantiate() 함수를 사용해 원하는 만큼 많은 폭발을 생성할 수 있다.

그러나 같은 머티리얼을 가진 모든 오브젝트가 같은 모양을 공유한다는 사실을 알아두는 것이 중요하다. 동시에 여러 폭발이 일어난다면 같은 머티리얼을 사용하지 않아야 한다. 새로운 폭발을 인스턴스화하려고 할 때 머티리얼도 복사해야 한다. 다음 코드를 통해 쉽게 수행할 수 있다.

```
GameObject explosion = Instantiate(explosionPrefab) as GameObject;
Renderer renderer = explosion.GetComponent<Renderer>();
Material material = new Material(renderer.sharedMaterial);
renderer.material = material;
```

마지막으로 이 셰이더를 현실적인 방법으로 사용하려는 경우, 재생성하려는 폭발의 종류에 따라 크기, _RampOffset, _ClipRange를 변경하는 스크립트를 첨부해야 한다.

참고 사항

- 폭발을 사실적으로 만들기 위해 할 수 있는 것이 좀 더 있다. 이 레시피에서 제공한 접근 방식은 빈 셸shell만을 만든다. 폭발의 내부는 실제로 비어있다.

- 이를 향상시키는 쉬운 트릭은 내부에 파티클을 만드는 것이다. 그러나 이것만으로도 멀리 갈 수 있다.

- 유니티 테크놀로지스가 패션 픽쳐스Passion Pictures, 엔비디아Nvidia와 공동으로 만든 단편 영화《버터플라이 이펙트The Butterfly Effect》(http://unity3d.com/pages/butterfly)는 완벽한 예다.

- 구체의 지오메트리를 변경하는 것과 동일한 개념을 기반으로 하지만, 볼륨 레이캐스팅이라는 테크닉으로 렌더링한다.

- 간단히 말해서 가득 찬 것처럼 지오메트리를 렌더링한다. 다음 스크린샷에서 그 예를 볼 수 있다.

- 고품질 폭발을 찾는다면 에셋 스토어에서 Pyro Technix(https://www.assetstore.unity3d.com/en/#!/content/16925)를 확인하자. 이것은 볼륨형 폭발과 그 폭발에 수반되는 실제적인 충격파가 포함됐다.

07

프래그먼트 셰이더와 그랩 패스

지금까지 표면 셰이더에 의존해왔다. 이것은 셰이더 코딩 작업을 간소화해 아티스트에게 의미 있는 도구를 제공하도록 설계됐다. 셰이더에 대한 지식을 더 넓히고 싶다면 정점과 프래그먼트 셰이더 영역으로 이동해야 한다.

7장에서는 다음 내용을 배운다.

- 정점 및 프래그먼트 셰이더 이해하기
- 뒤의 물체를 그리기 위한 그랩 패스 사용하기
- 유리 셰이더 구현하기
- 2D 게임용 물 셰이더 구현하기

소개

표면 셰이더와 비교해, 정점 및 프래그먼트 셰이더는 빛이 표면에서 반사되는 것을 결정하는 물리적 속성에 대한 정보가 거의(혹은 전혀) 없다. 표현력에서 부족한 것은 힘을 사용해 채운다. 정점 및 프래그먼트 셰이더는 물리적 제약으로 제한받지 않으며 비포토리얼리즘한non-photorealistic 효과에서 완벽하다. 7장에서는 셰이더가 변형을 시뮬레이트하도록 하는 그랩 패스grab pass라고 불리는 테크닉에 중점을 둔다.

정점 및 프래그먼트 셰이더 이해하기

정점 및 프래그먼트 셰이더가 작동하는 방식을 이해하는 가장 좋은 방법은 직접 만들어보는 것이다. 이번 레시피에서는 다음 스크린샷과 같이 모델에 텍스처를 적용하고 주어진 색으로 곱하는 셰이더를 작성하는 방법을 보여줄 것이다.

포토샵에서 Multiply 필터가 작동하는 방식과 유사하게 작동한다는 점에 유의하자. 같은 계산을 수행할 것이기 때문이다.

여기서 제공되는 셰이더는 매우 간단하며, 다른 정점과 프래그먼트 셰이더의 시작점으로 사용할 수 있다.

준비

이 레시피에는 새로운 셰이더가 필요하다. 다음 단계를 따르자.

1. 새로운 셰이더(Multiply)를 만든다.
2. 새로운 머티리얼(MultiplyMat)을 만들고 셰이더에 할당하자.
3. Chapter 06 ❯ Prefabs 폴더에 있는 군인을 씬으로 가져온 다음 프리팹의 머리에 새로운 머티리얼을 붙이자. 머리는 Soldier 오브젝트의 Soldier 자식에서 찾을 수 있다.
4. Inspector 탭에서 Skinned Mesh Renderer 컴포넌트로 스크롤을 내리고 Materials 에서 Element 0에 새 머티리얼을 설정하자. 마지막으로 Albedo (RGB) 속성에서 Unity_soldier_Head_DIF_01 텍스처를 끌어다 놓자. 다음 스크린샷은 찾고 있는 것을 보여주는 데 도움이 될 것이다.

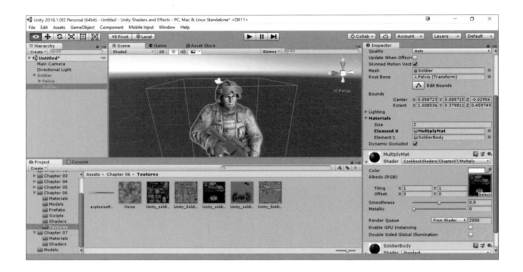

예제 구현

이전까지는 항상 표면 셰이더를 다시 채울 수 있었다. 하지만 표면 셰이더와 프래그먼트 셰이더는 구조적으로 다르기 때문에 이제는 다음의 변경점을 구현해야 한다.

1. 셰이더의 속성을 모두 삭제하고 다음과 같이 변경한다.

```
Properties
{
  _Color ("Color", Color) = (1,0,0,1)
  _MainTex ("Albedo (RGB)", 2D) = "white" {}
}
```

2. SubShader 블록의 모든 코드를 삭제하고 다음 코드로 변경한다.

```
SubShader
{
  Pass
  {
```

```
CGPROGRAM

#pragma vertex vert
#pragma fragment frag

half4 _Color;
sampler2D _MainTex;

struct vertInput
{
  float4 pos : POSITION;
  float2 texcoord : TEXCOORD0;
};

struct vertOutput
{
  float4 pos : SV_POSITION;
  float2 texcoord : TEXCOORD0;
};

vertOutput vert(vertInput input)
{
  vertOutput o;
  o.pos = mul(UNITY_MATRIX_MVP, input.pos);
  o.texcoord = input.texcoord;
  return o;
}

half4 frag(vertOutput output) : COLOR
{
  half4 mainColour = tex2D(_MainTex, output.texcoord);
  return mainColour * _Color;
}

ENDCG
  }
}
FallBack "Diffuse"
```

3. 셰이더 스크립트를 저장하고 유니티 에디터로 돌아간다. 완료했다면 `MultiplyMat` 머티리얼의 Color 속성을 수정하고 원하는 결과를 얻는지 살펴보자.

이것은 앞으로의 모든 정점과 프래그먼트 셰이더의 기본이 될 것이다.

예제 분석

이름에서 알 수 있듯이, 정점과 프래그먼트 셰이더는 두 단계로 작동한다. 모델은 우선 정점 함수를 통과한다. 결과는 프래그먼트 함수에 입력된다. 두 함수 모두 #pragma 지시문을 사용해 할당된다.

```
#pragma vertex vert
#pragma fragment frag
```

이 경우 단순히 vert와 frag라고 부른다.

개념적으로 말하자면 프래그먼트는 픽셀과 밀접한 관련이 있다. 프래그먼트 용어는 종종 픽셀을 그리는 데 필요한 데이터 모음을 나타내기 위해 사용된다. 이것은 또한 정점과 프래그먼트 셰이더가 종종 픽셀 셰이더라고 불리는 이유이기도 하다.

정점 함수는 셰이더에서 vertInput이라고 정의된 구조체의 입력 데이터를 사용한다.

```
struct vertInput
{
  float4 pos : POSITION;
  float2 texcoord : TEXCOORD0;
};
```

이름은 완전히 임의적이지만 내용은 그렇지 않다. 구조체의 각 필드는 바인딩 시맨틱^{binding} ^{semantic}이 있어야 한다. 이것은 노멀 벡터나 정점 위치와 같은 특정 데이터로 초기화되는 변수를 표시하도록 하는 Cg의 기능이다. 바인딩 시맨틱, POSITION은 vertInput이 정점 함수에 입력될 때 pos가 현재 정점의 위치를 포함할 것이라는 점을 가리킨다. 이는 표면 셰이더의 appdata_full 구조체의 vertex 필드와 유사하다. 가장 큰 차이점은 pos는 모델 좌표(3D 오브젝트를 기준으로 한)로 표현되며 뷰 좌표를 수동으로 (화면의 위치를 기준으로) 변환해야 한다는 것이다.

 표면 셰이더의 정점 함수는 모델의 지오메트리만을 변경하는 데 사용한다. 대신 정점과 프래그먼트 셰이더에서 정점 함수는 화면에 모델의 좌표를 투영하는 데 필요하다.

이 변환 뒤의 수학적인 내용은 7장의 범위를 벗어난다. 그러나 이 변환은 오브젝트 공간의 점을 같은 좌표계에 있는 카메라의 클립 공간으로 변형하는 UnityObjectToClipPos 함수를 사용해 달성할 수 있다. 이것은 모델-뷰-투영 행렬을 곱해 이뤄지며, 화면에서 정점의 위치를 찾는 데 필수적이다.

```
vertOutput o;
o.pos = UnityObjectToClipPos(input.pos);
```

초기화된 다른 것은 첫 번째 텍스처의 UV 데이터를 가져오기 위해 TEXCOORD0 바인딩 시맨틱을 사용하는 textcoord다. 추가적인 처리는 필요하지 않으며, 이 값은 프래그먼트 함수(frag)에 직접 전달할 수 있다.

```
o.texcoord = input.texcoord;
```

유니티가 vertInput을 초기화하는 동안 개발자는 vertOutput을 초기화할 책임이 있다. 그럼에도 불구하고 필드는 여전히 바인딩 시맨틱으로 장식돼야 한다.

```
struct vertOutput
{
  float4 pos : SV_POSITION;
  float2 texcoord : TEXCOORD0;
};
```

정점 함수가 vertOutput을 초기화하면 구조체는 프래그먼트 함수로 전달된다. 이것은 모델의 메인 텍스처를 샘플링하고 제공된 색을 곱한다.

보다시피 정점과 프래그먼트 셰이더는 머티리얼의 물리적 속성을 전혀 알지 못한다. 이는 머티리얼은 광원에 의해 같은 효과를 가지지 않고 표면 셰이더와 비교해 볼록한 표면을 만들기 위해 빛이 반사되는 방식에 대한 데이터를 가지지 않는다는 것을 뜻한다. 정점과 프래그먼트 셰이더는 그래픽 GPU 아키텍처에 가깝게 작동한다.

부연 설명

정점과 프래그먼트 셰이더의 가장 헷갈리는 측면 중 하나는 바인딩 시맨틱이다. 사용 가능한 다른 많은 것이 있으며, 각각의 의미는 문맥에 달려 있다.

입력 시맨틱

다음 표의 바인딩 시맨틱은 유니티가 정점 함수에 제공하는 구조체인 `vertInput`에서 사용할 수 있다. 이 시맨틱semantic으로 표시된 필드는 자동으로 초기화된다.

바인딩 시맨틱	설명
`POSITION, SV_POSITION`	월드 좌표(오브젝트 공간)의 정점 위치
`NORMAL`	정점의 법선이며, 월드와 상대적임(카메라가 아님)
`COLOR, COLOR0, DIFFUSE, SV_TARGET`	정점에 저장된 색상 정보
`COLOR1, SPECULAR`	정점에 저장된 2차 색상 정보(일반적으로 스페큘러)
`TEXCOORD0, TEXCOORD1, …, TEXCOORDi`	정점에 저장된 i번째 UV 데이터

출력 시맨틱

바인딩할 때 시맨틱은 `vertOutput`에서 사용한다. 필드가 초기화된다는 것을 자동으로 보장하지는 않으며, 정반대다. 초기화는 당신의 몫이다. 컴파일러는 필드가 올바른 데이터로 초기화되도록 최선을 다할 것이다.

바인딩 시맨틱	설명
`POSITION, SV_POSITION, HPOS`	카메라 좌표에서 정점의 위치(각 차원에 대한 0부터 1까지의 클립 공간)
`COLOR, COLOR0, COL0, COL, SV_TARGET`	정면 주 색상
`COLOR1, COL1`	정면 보조 색상
`TEXCOORD0, TEXCOORD1, …, TEXCOORDi, TEXi`	정점에 저장된 i번째 UV 데이터

(이어짐)

바인딩 시맨틱	설명
WPOS	창, 픽셀에서의 위치(원점은 하단 왼쪽 구석)

어떤 이유로든 다른 타입의 데이터가 포함된 필드가 필요한 경우 사용 가능한 많은 TEXCOORD 데이터 중 하나로 꾸미는 것이 가능하다. 컴파일러는 필드가 꾸며지지 않은 채로 남겨지는 것을 허용하지 않는다.

참고 사항

Cg에서 사용 가능한 다른 바인딩 시맨틱을 확인하기 위해 NVIDIA 레퍼런스 매뉴얼을 볼 수 있다.

http://developer.download.nvidia.com/cg/Cg_3.1/Cg-3.1_April2012_Reference Manual.pdf

▌ 뒤의 물체를 그리기 위한 그랩 패스 사용하기

5장의 'PBR에 투명도 추가하기' 레시피에서 머티리얼이 투명이 되는 방법을 살펴봤다. 투명한 소재로 씬을 그릴 수 있다고 해도 그 아래에 그려진 것을 변경할 수는 없다. 이런 투명한 셰이더는 유리나 물에서 보이는 것과 같은 왜곡을 만들 수 없음을 의미한다. 이것을 시뮬레이트하려면 그랩 패스grab pass라는 또 다른 테크닉을 소개해야 한다. 이는 화면에 그려진 것에 접근할 수 있도록 해서 셰이더가 제한 없이 사용(혹은 변형)할 수 있도록 한다. 그랩 패스를 사용하는 방법을 배우기 위해 뒤에 렌더링되는 것을 잡아서 화면에 다시 그려주는 머티리얼을 생성한다. 이는 역설적으로 아무것도 변하지 않은 것을 보여주기 위해 몇 가지 작업을 사용하는 셰이더다.

준비

이 레시피는 다음의 작업이 필요하다.

1. 나중에 초기화할 셰이더(GrabShader)를 만든다.
2. 셰이더를 호스트할 머티리얼(GrabMat)을 만든다.
3. 쿼드와 같은 지오메트리의 평면 부분에 머티리얼을 연결하자. 다른 오브젝트 앞
   에 둬서 그것을 통해 볼 수 없도록 한다. 쿼드는 셰이더가 완료되자마자 투명하
   게 보일 것이다.

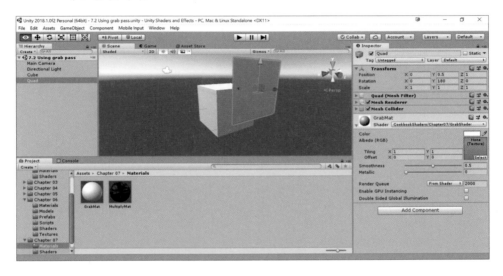

예제 구현

그랩 패스를 사용하려면 다음 단계를 수행한다.

1. Properties 섹션과 Input 섹션을 없애자. 이 셰이더는 둘 다 사용하지 않는다.
2. SubShader 섹션에서 모두 없애고 다음을 추가해 오브젝트가 Transparent로 취
   급되도록 한다.

```
Tags{ "Queue" = "Transparent" }
```

3. 그 아래에 그랩 패스를 추가한다.

```
GrabPass{ }
```

4. 그랩 패스 다음에 추가적인 패스를 추가해야 한다.

```
Pass
{
  CGPROGRAM
  #pragma vertex vert
  #pragma fragment frag

  #include "UnityCG.cginc"
  sampler2D _GrabTexture;

  struct vertInput
  {
    float4 vertex : POSITION;
  };

  struct vertOutput
  {
    float4 vertex : POSITION;
    float4 uvgrab : TEXCOORD1;
  };

  // 정점 함수
  vertOutput vert(vertInput v)
  {
    vertOutput o;
    o.vertex = mul(UNITY_MATRIX_MVP, v.vertex);
    o.uvgrab = ComputeGrabScreenPos(o.vertex);
    return o;
  }
```

```
// 프래그먼트 함수
half4 frag(vertOutput i) : COLOR
{
    fixed4 col = tex2Dproj(_GrabTexture, UNITY_PROJ_COORD(i.uvgrab));
    return col + half4(0.5,0,0,0);
}
ENDCG
}
```

5. 스크립트를 저장하고 유니티 에디터로 돌아가자. 돌아오면 의도한 방식대로 머
   티리얼이 작동하는 것을 볼 수 있다.

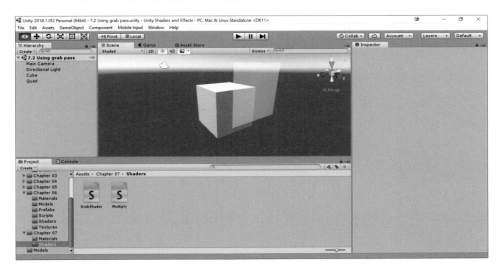

예제 분석

이 레시피는 그랩 패스뿐만 아니라 정점 및 프래그먼트 셰이더도 소개하고 있다. 이런 이
유로 자세히 셰이더를 분석해야 한다.

지금까지 모든 코드는 SubShader 섹션에 직접 됐다. 이는 이전의 셰이더는 오직 싱글 패
스만을 필요로 했기 때문이다. 이번에는 두 패스가 필요하다. 첫 번째 것은 GrabPass{}

며 단순히 GrabPass{}로 정의됐다. 나머지 코드는 두 번째 패스에 있으며 Pass 블록에 포함됐다.

두 번째 패스는 7장의 첫 번째 레시피에서 보여준 셰이더와 구조적으로 다르지 않다. 정점의 위치를 얻기 위해 정점 함수 vert를 사용하고 프래그먼트 함수 frag에서 색을 지정한다. 차이점이라면, vert가 또 다른 중요한 세부 사항인 GrabPass{}를 위한 UV 데이터를 계산한다는 것이다. GrabPass{}는 다음과 같이 참조 가능한 텍스처를 자동으로 생성한다.

```
sampler2D _GrabTexture;
```

이 텍스처를 샘플링하려면 UV 데이터가 필요하다. ComputeGrabScreenPos 함수는 그랩grab 텍스처를 올바르게 샘플링하기 위해 나중에 사용할 수 있는 데이터를 반환한다. 이것은 프래그먼트 셰이더에서 다음 코드를 사용해 수행한다.

```
fixed4 col = tex2Dproj(_GrabTexture, UNITY_PROJ_COORD(i.uvgrab));
```

텍스처를 잡아 올바른 위치에서 화면에 적용하는 일반적인 방법이다. 모든 것이 제대로 됐다면 이 셰이더는 지오메트리 뒤에 렌더링된 것을 단순히 복제한다. 이 레시피를 통해 물이나 유리 같은 머티리얼을 생성하는 데 사용하는 방법이 어떤 식인지를 알 수 있다.

부연 설명

GrabPass{}로 머티리얼을 사용할 때마다 유니티는 화면을 텍스처로 렌더링해야 한다. 이 작업은 매우 비싸며 게임에서 사용 가능한 GrabPass 인스턴스의 숫자를 제한한다. Cg는 약간 다른 변형을 제공한다.

```
GrabPass {"TextureName"}
```

이 코드는 텍스처에 이름을 지정할 수 있을 뿐만 아니라, TextureName으로 불리는 Grab Pass가 있는 모든 머티리얼과 텍스처를 공유한다. 열 개의 머티리얼을 가지고 있다면 유니티는 하나의 GrabPass만 수행하고 나머지와 공유한다는 뜻이다. 이 테크닉의 주된 문제점은 누적될 수 있는 효과를 허용하지 않는다는 것이다. 이 테크닉으로 유리를 만드는 경우 두 개의 유리를 차례대로 가질 수 없다.

▌ 유리 셰이더 구현하기

유리는 매우 복잡한 머티리얼이다. 5장의 'PBR에 투명도 추가하기' 레시피에서 시뮬레이트하기 위해 만든 셰이더는 놀랄 만한 것이 아니다. 이미 뒤의 물체를 완벽하게 보여주고 여러 가지 용도로 사용 가능한 유리를 만드는 방법을 안다. 그러나 대부분의 유리는 완벽하지 않다. 예를 들어 스테인 글래스 창문을 통해 바라볼 때 왜곡이나 변형이 생길 수 있다. 이 레시피는 그 효과를 얻는 방법을 가르친다. 이 효과 뒤의 아이디어는 그랩 패스와 함께 정점과 프래그먼트 셰이더를 사용하고, 왜곡을 만들기 위해 UV 데이터에 약간의 변경을 가한 그랩 텍스처를 샘플링하는 것이다. Unity Standard Assets의 glass-stained 텍스처를 사용해 다음 스크린샷의 효과를 볼 수 있다.

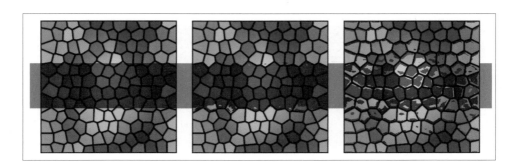

준비

이 레시피를 위한 준비는 6장에서 했던 것과 비슷하다.

1. 새로운 정점과 프래그먼트 셰이더를 만든다. 이전 레시피에서 사용한 것을 복사하고 이를 바탕으로 시작할 수 있다. 선택한 후 **Ctrl+D**를 누르면 복사된다. 복사했다면 이름을 WindowShader로 변경한다.
2. 셰이더를 사용할 머티리얼(WindowMat)을 생성한다.
3. 유리를 시뮬레이트한 쿼드나 평평한 지오메트리에 머티리얼을 할당하자.
4. 왜곡 효과를 볼 수 있도록 뒤에 물체를 배치하자.

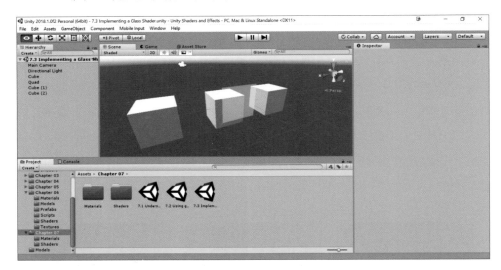

예제 구현

정점과 프래그먼트 셰이더를 수정하는 것부터 시작하자.

1. 다음 항목이 포함된 Properties 블록을 생성하자.

Properties

```
{
  _MainTex("Base (RGB) Trans (A)", 2D) = "white" {}
  _Colour("Colour", Color) = (1,1,1,1)
  _BumpMap("Noise text", 2D) = "bump" {}
  _Magnitude("Magnitude", Range(0,1)) = 0.05
}
```

2. 두 번째 패스에 다음 변수를 추가하자.

```
sampler2D _MainTex;
fixed4 _Colour;

sampler2D _BumpMap;
float _Magnitude;
```

3. 입력input과 출력output 구조체에 텍스처 정보를 추가하자.

```
float2 texcoord : TEXCOORD0;
```

4. 입력과 출력 구조체에 UV 데이터를 전달하자.

```
// 정점 함수
vertOutput vert(vertInput v)
{
  vertOutput o;
  o.vertex = UnityObjectToClipPos(v.vertex);
  o.uvgrab = ComputeGrabScreenPos(o.vertex);
  o.texcoord = v.texcoord;
  return o;
}
```

5. 다음 프래그먼트 함수를 사용하자.

```
half4 frag(vertOutput i) : COLOR
```

```
{
    half4 mainColour = tex2D(_MainTex, i.texcoord);
    half4 bump = tex2D(_BumpMap, i.texcoord);
    half2 distortion = UnpackNormal(bump).rg;

    i.uvgrab.xy += distortion * _Magnitude;

    fixed4 col = tex2Dproj(_GrabTexture, UNITY_PROJ_COORD(i.uvgrab));
    return col * mainColour * _Colour;
}
```

6. 이 머티리얼은 투명하므로 SubShader 블록의 태그를 변경하자.

```
Tags{ "Queue" = "Transparent" "IgnoreProjector" = "True" "RenderType" =
"Opaque" }
```

7. 이제 유리의 텍스처를 설정하고 노멀 맵이 그랩 텍스처를 대체하는 것만 남았다.

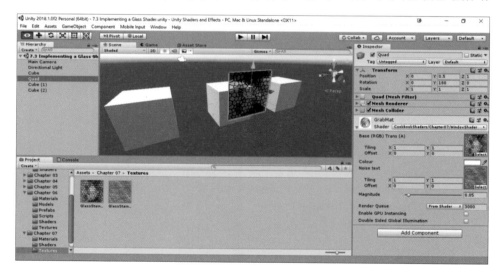

예제 분석

이 셰이더가 사용하는 핵심은 화면에 이미 렌더링된 것을 가지는 그랩 패스다. 왜곡이 생기는 부분은 프래그먼트 함수에 있다. 여기서 노멀 맵은 언팩되고 그랩 텍스처의 UV 데이터를 오프셋하는 데 사용된다.

```
half4 bump = tex2D(_BumpMap, i.texcoord);
half2 distortion = UnpackNormal(bump).rg;
i.uvgrab.xy += distortion * _Magnitude;
```

_Magnitude 슬라이더는 효과의 강도를 결정하는 데 사용한다.

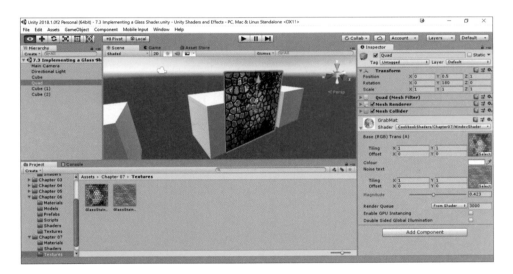

부연 설명

이 효과는 매우 일반적이다. 이것은 화면을 잡아서 노멀 맵을 기반으로 왜곡을 만든다. 좀 더 재미있는 것을 시뮬레이트하는 데 사용되면 안 될 이유는 없다. 많은 게임들이 폭발이나 SF 장치 주변에서 왜곡을 사용한다. 이 머티리얼은 구체에 적용할 수 있으며 다른 노멀 맵을 통해 폭발의 열기 파동을 완벽하게 시뮬레이트한다.

▌ 2D 게임용 물 셰이더 구현하기

이전 레시피에서 소개한 유리 셰이더는 정적이며, 왜곡은 변하지 않는다. 움직이는 머티리얼로 변경하기 위해 약간의 변경만이 필요하므로 물을 제공하는 2D 게임에서 완벽하다고 할 수 있다. 6장의 '표면 셰이더에서 정점 애니메이트하기' 레시피에서 보여준 것과 비슷한 테크닉을 사용한다.

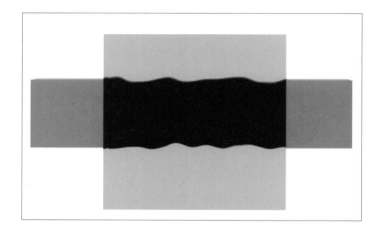

준비

이 레시피는 '뒤의 물체를 그리기 위한 그랩 패스 사용하기' 레시피에서 설명한 정점과 프래그먼트 셰이더를 기반으로 한다. 그랩 패스에 크게 의존하기 때문이다.

1. 새로운 정점과 프래그먼트 셰이더를 만든다. 이전 레시피에서 사용한 것을 복사하고 이를 바탕으로 시작할 수 있다. 선택한 후 **Ctrl+D**를 누르면 복사된다. 복사했다면 이름을 WaterShader로 변경한다.

2. 셰이더를 사용할 머티리얼(WaterMat)을 생성한다.

3. 2D 물을 표현할 평평한 지오메트리에 머티리얼을 할당한다. 이 효과가 작동하게 하려면, 무언가를 뒤에 렌더링해서 물 같은 변위를 볼 수 있어야 한다.

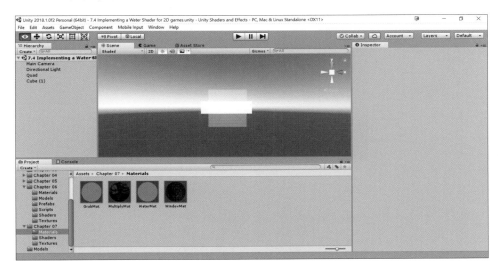

4. 이 레시피는 의사 랜덤pseudo-random 값을 얻는 데 사용할 노이즈 텍스처가 필요하다. 다음 스크린샷에서 보듯이, 타일 배치가 가능한 2D Perlin 노이즈로 생성된 것과 같은 심리스 노이즈 텍스처를 선택하는 것이 중요하다. 이것을 선택하면 머티리얼이 큰 오브젝트에 적용될 때 불연속성을 볼 수 없다. 이 효과를 적용하려면 Repeat 모드에서 텍스처를 가져와야 한다. 물을 부드럽고 연속적으로 보이게 하려면 Inspector 탭에서 Blinear로 설정해야 한다. 이 설정을 사용하면 셰이더에서 텍스처가 올바르게 샘플링된다.

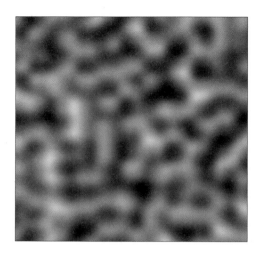

 예제 노이즈 텍스처는 Chapter 6 ➤ Textures 폴더에서 찾을 수 있다.

예제 구현

이 움직이는 효과를 만들려면 셰이더 재구성부터 시작하자. 다음 단계를 따르자.

1. 다음 속성을 추가하자.

```
_NoiseTex("Noise text", 2D) = "white" {}
_Colour ("Colour", Color) = (1,1,1,1)
_Period ("Period", Range(0,50)) = 1
_Magnitude ("Magnitude", Range(0,0.5)) = 0.05
_Scale ("Scale", Range(0,10)) = 1
```

2. 셰이더의 두 번째 패스에 대응되는 변수를 추가하자.

```
sampler2D _NoiseTex;
```

```
fixed4 _Colour;

float _Period;
float _Magnitude;
float _Scale;
```

3. 정점 함수를 위해 다음의 입력과 출력 구조체를 정의하자.

```
struct vertInput
{
  float4 vertex : POSITION;
  fixed4 color : COLOR;
  float2 texcoord : TEXCOORD0;
};

struct vertOutput
{
  float4 vertex : POSITION;
  fixed4 color : COLOR;
  float2 texcoord : TEXCOORD0;
  float4 worldPos : TEXCOORD1;
  float4 uvgrab : TEXCOORD2;
};
```

4. 이 셰이더는 모든 프래그먼트 공간의 정확한 위치를 알아야 한다. 이를 위해 다음과 같이 정점 함수를 업데이트하자.

```
// 정점 함수
vertOutput vert(vertInput v)
{
  vertOutput o;
  o.vertex = UnityObjectToClipPos(v.vertex);
  o.color = v.color;
  o.texcoord = v.texcoord;

  o.worldPos = mul(unity_ObjectToWorld, v.vertex);
```

```
    o.uvgrab = ComputeGrabScreenPos(o.vertex);
    return o;
}
```

5. 다음 프래그먼트 함수를 사용하자.

```
fixed4 frag (vertOutput i) : COLOR
{
    float sinT = sin(_Time.w / _Period);

    float distX = tex2D(_NoiseTex, i.worldPos.xy / _Scale + float2(sinT, 0)
).r - 0.5;
    float distY = tex2D(_NoiseTex, i.worldPos.xy / _Scale + float2(0, sinT)
).r - 0.5;

    float2 distortion = float2(distX, distY);
    i.uvgrab.xy += distortion * _Magnitude;
    fixed4 col = tex2Dproj( _GrabTexture, UNITY_PROJ_COORD(i.uvgrab));
    return col * _Colour;
}
```

6. 스크립트를 저장하고 유니티 에디터로 돌아가자. 그 후에 물 머티리얼(WatMat)을
   선택하고 노이즈 텍스처를 적용하자. 이어서 물 머티리얼의 속성을 조절하고 뒤
   에 있는 것을 수정하는 방식을 살펴보자.

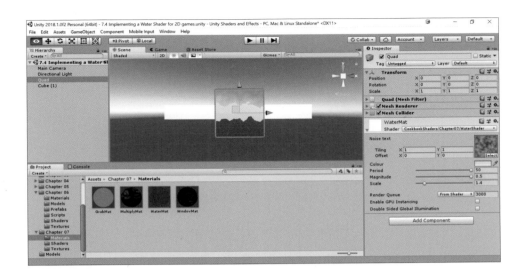

예제 분석

이 셰이더는 '유리 셰이더 구현하기' 레시피에서 소개한 것과 매우 유사하다. 주요 차이점은 애니메이션 머티리얼이라는 것이다. 변위는 노멀 맵에서 생성되지 않지만 상수 애니메이션을 만들기 위해 현재 시간을 고려한다. 그랩 텍스처의 UV 데이터를 대체하는 코드는 매우 복잡하다. 생성된 방식을 이해해보자. 배경 아이디어는 사인 함수가 물의 진동을 만드는 데 사용된다는 것이다. 이 효과는 시간이 지나면서 진화해야 한다. 이 효과를 달성하려면 셰이더가 생성하는 왜곡이 내장된 변수 _Time을 사용해 얻는 현재 시간에 의존해야 한다. _Period 변수는 물결이 나타나는 속도를 가리키는 사인파의 주기를 결정한다.

```
float2 distortion = float2( sin(_Time.w/_Period), sin(_Time.w/_Period) ) – 0.5;
```

이 코드의 문제점은 X축과 Y축에 동일한 변위가 있다는 것이다. 그 결과 전체 그랩 텍스처는 원형으로 회전하며 물처럼 보이지 않는다. 여기에 어떤 랜덤성을 추가해야 한다는 사실은 명백하다.

랜덤 행동을 셰이더에 추가하는 가장 일반적인 방식은 노이즈 텍스처를 포함하는 것이다. 이제 문제는 임의의 위치에서 텍스처를 샘플링하는 방법을 찾는 것이다. 분명한 사인파 패턴을 보는 것을 피하는 가장 좋은 방식은 _NoiseTex 텍스처의 UV 데이터에서 오프셋으로 사인파를 사용하는 것이다.

```
float sinT = sin(_Time.w / _Period);
float2 distortion = float2(
  tex2D(_NoiseTex, i.texcoord / _Scale + float2(sinT, 0) ).r - 0.5,
  tex2D(_NoiseTex, i.texcoord / _Scale + float2(0, sinT) ).r - 0.5
);
```

_Scale 변수는 웨이브 크기를 결정한다. 이 솔루션은 최종 버전에 가깝지만 심각한 문제가 있다. 물 쿼드가 움직이면 UV 데이터가 따라가므로 물의 흐름이 배경이 아닌 머티리얼을 따라가는 것을 볼 수 있다. 이를 해결하기 위해 현재 프래그먼트의 월드 위치를 UV의 초기 위치로 사용해야 한다.

```
float sinT = sin(_Time.w / _Period);
float2 distortion = float2(
  tex2D(_NoiseTex, i.worldPos.xy / _Scale + float2(sinT, 0) ).r - 0.5,
  tex2D(_NoiseTex, i.worldPos.xy / _Scale + float2(0, sinT) ).r - 0.5
);
i.uvgrab.xy += distortion * _Magnitude;
```

그 결과 어느 명확한 방향으로도 움직이지 않는 쾌적하고 연속된 왜곡이 발생한다.

또한 왜곡을 작은 단계로 분해해 코드의 가독성을 높일 수도 있다.

```
float sinT = sin(_Time.w / _Period);

float distX = tex2D(_NoiseTex, i.worldPos.xy / _Scale + float2(sinT, 0) ).r - 0.5;
float distY = tex2D(_NoiseTex, i.worldPos.xy / _Scale + float2(0, sinT) ).r - 0.5;
```

```
float2 distortion = float2(distX, distY);
i.uvgrab.xy += distortion * _Magnitude;
```

이것을 최종 결과에서 볼 수 있다.

 이런 모든 특별한 효과에서 완벽한 해결책이란 없다. 이 레시피는 물 같은 왜곡을 만드는 테크닉을 보여주지만, 게임에 맞는 효과를 찾을 때까지 플레이하는 것이 좋다.

08

모바일 셰이더 조정

8장과 9장에서는 다양한 플랫폼에서 성능 친화적인 방식으로 작성하는 셰이더 만들기에 대해 살펴볼 것이다. 하나의 플랫폼만 특정해서 말하지는 않겠지만 모바일에 좀 더 최적화되고 모든 플랫폼에서 일반적으로 효율적이 되도록 조정할 수 있는 셰이더 요소를 살펴볼 것이다. 이러한 테크닉은 셰이더 코드를 좀 더 효율적으로 만들 수 있는 방식부터 셰이더 메모리의 오버헤드를 줄이는 내장 변수에 대해 유니티가 제공하는 것을 이해하는 것까지 폭넓게 적용할 수 있다. 8장은 다음 레시피를 다룬다.

- 셰이더를 좀 더 효율적으로 만드는 테크닉
- 셰이더 프로파일링하기
- 모바일용으로 셰이더 수정하기

▌ 소개

셰이더 최적화 방법을 배우는 것은 작업하는 모든 게임 프로젝트에 관련된 것이다. 모든 제품에서 셰이더를 최적화해야 하거나 좀 더 적은 텍스처를 사용하되 같은 효과를 내야 할 필요가 있는 부분은 언제나 있다. 테크니컬 아티스트 혹은 셰이더 프로그래머로서 셰이더를 최적화하기 위한 핵심 사항들을 이해해야 한다. 그래야 동일한 시각적 충실도를 달성하면서도 게임의 성능을 향상시킬 수 있다. 이러한 지식이 있으면 시작부터 셰이더를 작성하는 방법을 설정하는 데 도움이 될 것이다. 예를 들어 셰이더를 사용한 게임이 모바일 기기로 빌드되는 것을 안다면, 뷰 방향으로 반각 벡터half-vector를 사용하라고 모든 라이트 함수에 자동으로 설정하거나 사용하는 메모리를 줄이기 위해 모든 `float` 변수 타입을 `fixed`나 `half`로 자동으로 설정할 수 있다. 이러한, 그리고 많은 다른 테크닉은 타깃 하드웨어에서 효율적으로 돌아가는 셰이더에 기여한다. 셰이더를 최적화하는 방법을 배워보자.

▌ 셰이더를 좀 더 효율적으로 만드는 테크닉

무엇이 저렴한 셰이더일까? 처음 질문에 답할 때는 대답하기 좀 어려울 수도 있다. 셰이더를 좀 더 효율적으로 만드는 데는 많은 요소가 있기 때문이다. 변수가 사용하는 메모리의 양일 수도 있고, 셰이더가 사용하는 텍스처의 양일 수도 있다. 셰이더는 잘 작동하지만 생성한 데이터나 사용 중인 코드의 양을 줄여 동일한 시각적 효과를 유지하면서도 데이터 양을 반으로 줄일 수도 있다. 이 레시피에서는 이러한 테크닉 중 일부를 살펴보고 모바일이나 PC에 상관없이 요즘의 게임에서 모두가 기대하는 고화질 비주얼을 유지하면서도 셰이더가 빠르고 효율적이도록 하기 위해 결합하는 방법을 보여줄 것이다.

준비

이 레시피를 시작하려면 몇 가지 리소스를 한데 모아야 한다. 다음 작업을 수행해보자.

1. 새로운 씬을 생성한 후에 간단한 구체 오브젝트와 하나의 방향성 라이트를 추가하자.

2. 새로운 셰이더(OptimizedShader01)와 머티리얼(OptimizedShader01Mat)을 생성하고 머티리얼에 셰이더를 할당하자.

3. 방금 생성한 머티리얼을 씬의 구체 오브젝트에 할당해야 한다.

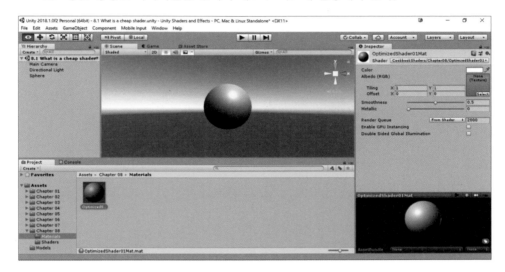

4. 마지막으로 셰이더를 수정해 디퓨즈 텍스처와 노멀 맵을 사용하도록 하고 커스텀 라이트 함수를 포함하도록 한다.

```
Properties
{
  _MainTex ("Base (RGB)", 2D) = "white" {}
  _NormalMap ("Normal Map", 2D) = "bump" {}
}
SubShader
{
  Tags { "RenderType"="Opaque" }
  LOD 200
  CGPROGRAM
  #pragma surface surf SimpleLambert
```

```
sampler2D _MainTex;
sampler2D _NormalMap;

struct Input
{
  float2 uv_MainTex;
  float2 uv_NormalMap;
};
inline float4 LightingSimpleLambert (SurfaceOutput s, float3 lightDir,
float atten)
{
  float diff = max (0, dot (s.Normal, lightDir));
  float4 c;
  c.rgb = s.Albedo * _LightColor0.rgb * (diff * atten * 2);
  c.a = s.Alpha;
  return c;
}

void surf (Input IN, inout SurfaceOutput o)
{
  fixed4 c = tex2D (_MainTex, IN.uv_MainTex);
  o.Albedo = c.rgb;
  o.Alpha = c.a;
  o.Normal = UnpackNormal(tex2D(_NormalMap, IN.uv_NormalMap));
}
ENDCG
}
FallBack "Diffuse"
```

5. 마지막으로 머티리얼에 베이스base와 노멀 맵을 할당한다(1장의 에셋 MudRockey 텍스처를 사용했다). 이제 다음 스크린샷과 비슷한 설정을 가질 것이다.

6. 이 설정을 통해 유니티의 표면 셰이더를 사용한 셰이더의 최적화에 대한 몇 가지 기본적인 개념을 살펴볼 수 있다.

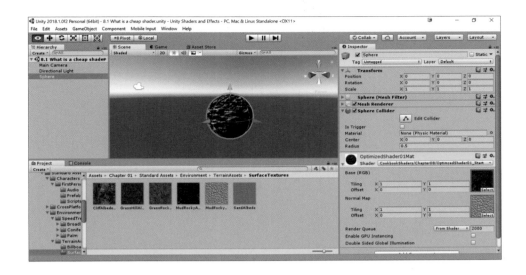

예제 구현

일반적으로 셰이더를 최적화할 수 있는 몇 가지 방법을 살펴보기 위해 간단한 디퓨즈 셰이더를 만들 것이다.

먼저 데이터를 처리할 때 좀 더 적은 메모리를 사용하도록 변수 타입을 최적화할 것이다.

1. 셰이더의 Input 구조체부터 시작하자. 현재 UV는 float2 타입의 변수에 저장된다.

2. float는 메모리의 32비트 전체에서 최고의 정밀도를 제공한다. 이것은 복잡한 삼각법이나 지수에 필요하지만 좀 더 낮은 정밀도를 다룰 수 있다면 half나 fixed를 대신 사용하는 것이 훨씬 낫다. half 타입은 절반의 크기 혹은 16비트 메모리를 사용해 최대 세 자리의 정밀도를 제공한다. 하나의 float 메모리와 같은 양으로 half2를 가질 수 있다는 뜻이다. half2를 대신 사용하려면 변경해야 한다.

```
struct Input
{
```

```
    half2 uv_MainTex;
    half2 uv_NormalMap;
};
```

3. 라이트 함수로 이동한 후 다음과 같이 타입을 변경해 변수의 메모리 사용량을 줄일 수 있다.

```
inline fixed4 LightingSimpleLambert (SurfaceOutput s, fixed3 lightDir,
fixed atten)
{
    fixed diff = max (0, dot(s.Normal, lightDir));
    fixed4 c;
    c.rgb = s.Albedo * _LightColor0.rgb * (diff * atten * 2);
    c.a = s.Alpha;
    return c;
}
```

4. 이 경우에는 오직 11개의 비트만 사용하는 가장 낮은 정확성을 가진 fixed 타입을 사용한다. 이것은 색상이나 텍스처 데이터 같은 간단한 계산에 유용하다.

> **ⓘ** fixed와 다른 사용하는 타입에 대해 다시 보고 싶다면 2장을 참고하거나 다음 링크를 참조하자.
> https://docs.unity3d.com/Manual/SLDataTypesAndPrecision.html

5. 마지막으로 surf() 함수에서 변수를 업데이트해 최적화 단계를 완료할 수 있다. 텍스처 데이터를 사용하므로 여기서는 fixed4를 사용하는 것이 좋다.

```
void surf (Input IN, inout SurfaceOutput o)
{
    fixed4 c = tex2D (_MainTex, IN.uv_MainTex);
    o.Albedo = c.rgb;
    o.Alpha = c.a;
    o.Normal = UnpackNormal(tex2D(_NormalMap, IN.uv_NormalMap));
```

```
}
```

6. 이제 변수를 최적화했으니 이 셰이더에 의해 빛이 작동하는 방식을 조절할 수 있는 내장 라이트 함수 변수를 이용할 것이다. 이렇게 하면 셰이더가 처리하는 빛의 개수를 크게 줄일 수 있다. 셰이더의 #pragma문을 다음과 같이 수정하자.

```
CGPROGRAM
#pragma surface surf SimpleLambert noforwardadd
```

7. 노멀 맵과 디퓨즈 텍스처 간의 UV를 공유해 더욱 최적화할 수 있다. 이를 위해 _NormalMap의 UV 대신 _MainTex의 UV를 사용하기 위해 UnpackNormal( ) 함수의 UV 조회lookup를 변경한다.

```
void surf (Input IN, inout SurfaceOutput o)
{
    fixed4 c = tex2D (_MainTex, IN.uv_MainTex);
    o.Albedo = c.rgb;
    o.Alpha = c.a;
    o.Normal = UnpackNormal(tex2D(_NormalMap, IN.uv_MainTex));
}
```

8. 노멀 맵 UV에 대한 필요성을 제거했으므로 Input 구조체에서 노멀 맵 UV 코드를 제거해야 한다.

```
struct Input
{
    half2 uv_MainTex;
};
```

9. 마지막으로 특정 렌더러에서만 작동한다는 것을 셰이더에게 알려서 이 셰이더를 더욱 최적화할 수 있다.

```
CGPROGRAM
#pragma surface surf SimpleLambert exclude_path:prepass
noforwardadd
```

최적화 패스의 결과는 시각적 품질의 차이를 눈치채게 하지는 못했지만, 이 셰이더가 화면에 그려지는 시간의 양은 줄였다. 다음 레시피에서는 셰이더가 렌더링되는 데 걸리는 시간을 알아내는 방법을 배울 것이다. 그러나 여기서의 중점은 좀 더 적은 데이터로 같은 결과를 달성할 수 있다는 것이다. 그러므로 셰이더를 만들 때 이를 명심하자. 다음 스크린샷은 셰이더의 최종 결과를 보여준다.

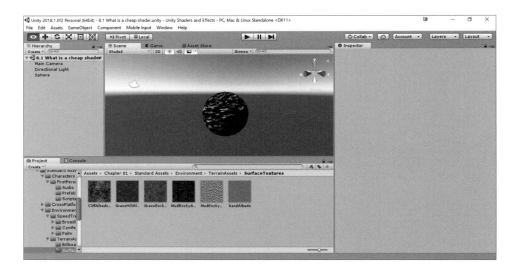

예제 분석

셰이더를 최적화할 수 있는 방식을 봤으니, 이제 더 깊이 들어가서 이런 모든 테크닉들이 작동하는 방식과 사용해야 하는 이유를 이해하고 자신만의 셰이더에서 직접 시도할 수 있는 몇 가지 다른 기술을 살펴볼 것이다.

우선 선언할 때 변수가 저장되는 각각의 데이터 크기에 주의를 기울이자. 프로그래밍에 익숙하다면, 다양한 크기의 타입으로 변수나 값을 선언할 수 있다는 점을 이해할 것이다. 즉 float는 실제로 메모리에서 최대 크기를 가진다는 뜻이다. 다음 설명에서는 이런 변수 타입에 대해 자세히 설명한다.

- float: float는 32비트 정밀도를 가진 값이며, 여기서 볼 수 있는 세 가지 타입 중 가장 느리다. 또한 한 변수에 여러 float를 저장할 수 있도록 하는 float2, float3, float4가 있다.
- half: half 변수 타입은 줄어든 16비트 부동 소수점 값이며, UV 값과 색상 값을 저장하는 데 적합하고 float 값을 사용하는 것보다 훨씬 빠르다. float 타입과 마찬가지로 half2, half3, half4 값이 있다.
- fixed: fixed 값은 세 타입 중 가장 작은 값이지만, 라이트 계산과 색상에 사용할 수 있으며 fixed2, fixed3, fixed4가 있다.

 TIP 셰이더에서 사용하는 배열 타입에 대해서는 3장의 '압축 배열에 접근하고 수정하기' 레시피를 확인하자.

단순 셰이더를 최적화하는 두 번째 단계는 #pragma문에 noforwardadd 값을 선언하는 것이다. 이것은 기본적으로 유니티에게 이 특정 셰이더를 가진 모든 오브젝트가 단일 방향성 라이트에서 픽셀 단위의 라이트만을 받는다는 것을 자동으로 알리는 스위치다. 이 셰이더가 계산한 다른 모든 라이트는 유니티가 내부적으로 생성한 구형 고조파 값을 사용해 정점 당 라이트로 처리된다. 셰이더가 노멀 맵을 사용해 픽셀당 연산을 수행하므로 구체 오브젝트에 빛을 비추기 위해 씬에 또 다른 라이트를 배치할 때 특히 확실해진다.

확실해지는 것은 좋지만, 씬에서 방향성 라이트를 많이 사용하길 원하고 이 라이트 중 어떤 것을 메인 픽셀당 라이트로 사용할지 제어하려는 경우 어떻게 해야 할까? 각각의 라이트에는 Render Mode 드롭다운이 있다. 이 드롭다운을 클릭하면 설정 가능한 몇 가지 플래그가 보일 것이다. Auto, Important, Not Important다. 라이트를 선택하면 유니티에게 Important나 그 반대로 렌더링 모드를 설정해서 정점당 라이트보다 픽셀당 라이트로 더 많이 간주해야 한다고 알린다. 라이트를 Auto 설정으로 유지하면 유니티가 최선의 행동을 결정하게 한다.

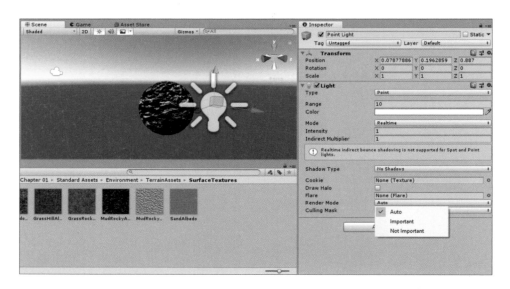

씬에 또 다른 라이트를 배치하고 셰이더의 현재 메인 텍스처를 없애자. 두 번째 지점의 라이트는 노멀 맵과 반응하지 않고 오직 처음에 생성한 방향성 라이트와만 반응하는 것을 볼 수 있다. 여기서의 콘셉트는 모든 추가적인 라이트를 단순히 정점 라이트로 계산해 픽셀당 계산을 줄이고 메인 방향성 라이트를 픽셀당 라이트로 단순히 계산해 성능을 절약하는 것이다. 다음 다이어그램은 포인트 라이트가 노멀 맵과 반응하지 않는 개념을 시각적으로 보여준다.

정점 라이트당
단일 포인트 라이트

픽셀 라이트당
단일 방향성 라이트

셰이더의 #pragma 상태문에서 noforwardadd를 사용한 효과

마지막으로 약간의 정리를 하고 단순히 노멀 맵 텍스처에게 메인 텍스처의 UV 값을 사용하라고 말했다. 그리고 노멀 맵을 위한 별도의 UV 값 세트를 가져온 코드 라인을 제거했다. 이것은 코드를 단순화하고 원하지 않는 데이터를 정리하는 좋은 방법이다.

또한 #pragma 상태문에서 exclude_pass: prepass를 선언해 이 셰이더가 지연된 렌더러renderer에서 커스텀 라이트를 허용하지 않도록 했다. 이것은 메인 카메라의 세팅에서 설정할 수 있는 포워드forward 렌더러에서만 이 셰이더를 효과적으로 사용할 수 있다는 뜻이다.

약간의 시간을 들여 최적화하는 셰이더의 양을 알게 되면 놀랄 것이다. 그레이스케일 텍스처를 하나의 RGBA 텍스처로 압축할 수 있으며 빛을 위조하기 위해 룩업lookup 텍스처를 사용하는 방법을 살펴봤다. 셰이더를 최적화하는 데는 여러 방법이 있다. 처음에는 질문하기 애매하겠지만, 이런 다양한 최적화 기술을 알고 있다면 게임과 타깃 플랫폼에 셰이더를 맞출 수 있고, 궁극적으로는 매우 간소화된 셰이더와 안정된 프레임 레이트라는 결과를 낼 수 있다.

▌ 셰이더 프로파일링하기

셰이더가 가져올 수 있는 오버헤드를 줄이는 방법을 알게 됐으니, 이제는 많은 셰이더 혹은 대량의 오브젝트, 셰이더, 스크립트가 동시에 돌아가는 곳에서 문제가 되는 셰이더를 찾는 방법을 살펴보자. 전체 게임 중에서 하나의 오브젝트나 셰이더를 찾는 것은 상당히 어려울 수 있지만, 유니티는 내장 프로파일러로 이를 지원한다. 이를 통해 게임에서 일어나는 것과 GPU 및 CPU에서 사용되는 각 아이템을 프레임 단위로 실제로 볼 수 있다.

프로파일러를 사용해 셰이더, 지오메트리, 프로파일링 작업의 블록을 만들기 위해 인터페이스를 사용하는 일반 렌더링 항목과 같은 아이템을 분리할 수 있다. 또한 하나의 오브젝트의 성능을 볼 때까지 항목을 필터링할 수 있다. 이는 런타임 시 함수가 실행되는 중에 오브젝트가 CPU와 GPU에 미치는 영향을 볼 수 있도록 한다.

프로파일러의 여러 섹션을 살펴보고, 씬과 가장 중요한 셰이더를 디버그하는 방법을 배워보자.

준비

몇 가지 에셋을 준비하고 프로파일러 창을 실행해 프로파일러를 사용하자.

1. 마지막 레시피의 씬을 사용하고 Window > Profiler 혹은 Ctrl+7로 유니티 프로파일러를 실행하자. 잘 볼 수 있도록 자유롭게 드래그 앤 드롭하거나 이동하자. 여기서는 Inspector 탭과 같은 위치에 뒀다.
2. 구체를 몇 번 더 복제해 렌더링에 미치는 영향을 살펴보자.
3. Profiler 탭에서 Deep Profile 옵션을 클릭해 프로젝트에 대한 추가적인 정보를 얻은 다음 게임을 플레이하자.

다음 이미지와 비슷한 것을 볼 수 있다.

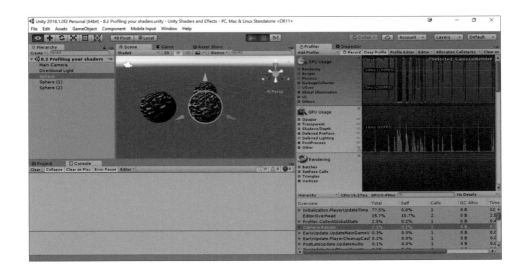

예제 구현

프로파일러를 사용하기 위해 이 창의 UI 요소 중 일부를 살펴볼 것이다. 플레이하기 전에
프로파일러에서 필요한 정보를 얻는 방법을 살펴보자.

1. 우선 GPU Usage, CPU Usage, Rendering이라 불리는 프로파일러 창의 큰 블록을
   클릭하자. 상단 창의 왼쪽에 블록이 있다.

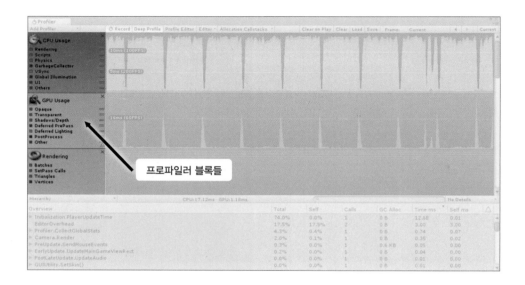

프로파일러 블록들

2. 이 블록을 이용해 게임의 주요 기능과 관련된 여러 가지 데이터를 볼 수 있다. CPU Usage는 스크립트가 하는 대부분의 일을 비롯해 물리학과 전반적인 렌더링을 보여준다. GPU Usage는 라이팅^{lighting}, 섀도우^{shadow}, 렌더 큐^{render queue}와 관련된 요소에 대한 자세한 정보를 제공한다. 마지막으로 Rendering 블록은 드로우 콜^{drawcall}과 어느 한 프레임에서의 씬에서 보유한 지오메트리의 숫자에 대한 정보를 제공한다.

TIP

GPU Usage 옵션이 보이지 않는다면 Add Profiler ▶ GPU를 클릭하자. 그래픽 카드 드라이버가 최신이 아니라면 보이지 않을 수도 있다.

각 블록을 클릭하면 프로파일링 세션 중 표시되는 데이터 종류를 분리할 수 있다.

3. 이제 이 프로파일 블록 중 하나에 있는 작은 색칠된 블록을 클릭하고 Play를 누르거나 Ctrl+P를 눌러 씬을 실행하자.

4. 이것은 프로파일링 세션에 더욱 깊숙히 파고들어서 보고되는 것을 필터링할 수 있도록 한다. 씬이 실행되는 동안 GPU Usage 블록의 Opaque를 제외한 모든 박

스를 체크 해제하자. 이제 Render Queue가 Opaque로 설정된 오브젝트를 렌더링하는 데 걸리는 시간을 볼 수 있다.

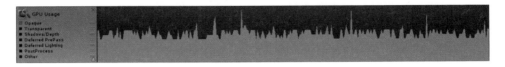

5. 프로파일러 창의 또 다른 중요한 기능은 그래프 뷰에서의 클릭과 드래깅이다.

6. 액션을 취하면 게임이 자동으로 일시 중지돼 그래프의 특정 스파이크를 자세히 분석함으로써 성능 문제를 일으키는 항목이 무엇인지 정확하게 찾아낼 수 있다. 그래프 뷰에서 클릭하고 드래그함으로써 게임을 일시 중지하고 이 기능을 살펴보자.

7. 프로파일러 창의 아래쪽을 보면 GPU 블록을 선택했을 때 사용 가능한 드롭다운 아이템이 있는 것을 볼 수 있다. 이것을 확장해 현재 활성화된 프로파일링 세션에 대한 좀 더 자세한 정보를 얻을 수 있으며, 이 경우 카메라가 현재 렌더링하는 것과 걸리는 시간에 대한 자세한 정보를 얻을 수 있다.

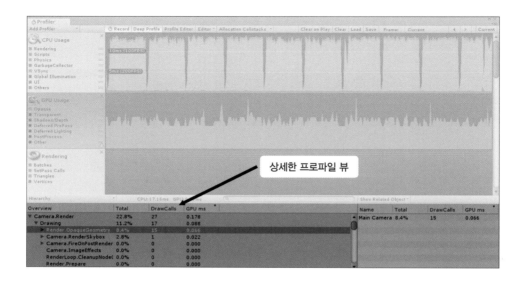

상세한 프로파일 뷰

TIP No Details 버튼을 클릭하고 옵션을 Show Related Objects로 변경하면 호출된 함수에서 사용되는 오브젝트를 볼 수 있다.

8. 이것은 특정 프레임에서 유니티가 처리하는 것의 내부 작업을 완벽하게 볼 수 있도록 한다. 이 경우 최적화된 셰이더를 사용하는 세 구체를 그리는 데 대략 0.066 밀리세컨드가 소요되고, 15회의 드로우콜을 가지며, 이 과정은 매 프레임마다 GPU의 8.4%를 차지한다(컴퓨터의 하드웨어에 따라 숫자는 달라질 수 있다). 이것은 셰이더와 관련된 성능 문제를 진단하고 해결하는 데 사용 가능한 종류의 정보다. 추가적인 텍스처를 셰이더에 추가하고 lerp 함수를 사용해 두 디퓨즈 텍스처를 혼합하는 효과를 확인하기 위해 테스트를 수행하자. 그러면 프로파일러의 효과를 매우 분명하게 볼 수 있다.

9. 셰이더의 Properties 블록을 다음 코드로 수정해서 사용할 또 다른 텍스처를 제공하자.

```
Properties
{
  _MainTex ("Base (RGB)", 2D) = "white" {}
  _BlendTex("Blend Texture", 2D) = "white" {}
  _NormalMap ("Normal Map", 2D) = "bump" {}
}
```

10. 그러고 나서 CGPROGRAM에 텍스처를 제공하자.

```
sampler2D _MainTex;
sampler2D _NormalMap;
sampler2D _BlendTex;
```

11. 이제 surf( ) 함수를 적절하게 업데이트해 디퓨즈 텍스처를 한데 혼합할 시간이다.

```
void surf (Input IN, inout SurfaceOutput o)
{
  fixed4 c = tex2D (_MainTex, IN.uv_MainTex);
  fixed4 blendTex = tex2D(_BlendTex, IN.uv_MainTex);

  c = lerp(c, blendTex, blendTex.r);

  o.Albedo = c.rgb;
  o.Alpha = c.a;
  o.Normal = UnpackNormal(tex2D(_NormalMap, IN.uv_MainTex));
}
```

셰이더의 수정 사항을 저장하고 유니티 에디터로 돌아가면, 게임을 실행한 후 새로운 셰이더의 밀리세컨드 단위 증가를 볼 수 있다.

12. 혼합 텍스처의 내부에 새 텍스처를 할당하자.

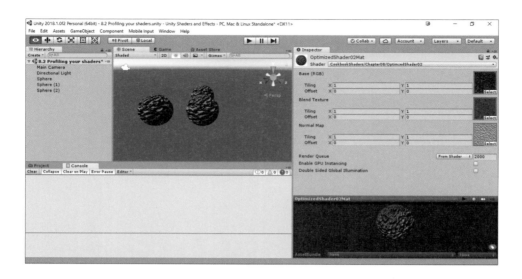

13. 프로파일러를 켠 상태에서 Play를 눌러 게임을 다시 시작하자. 유니티로 돌아온 후에 Play를 누르고 프로파일러에서 결과를 살펴보자.

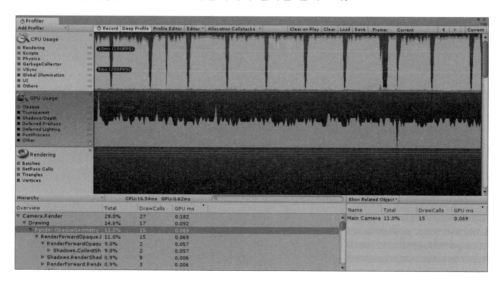

이 씬에서 Opaque 셰이더를 렌더링하는 데 걸린 시간은 0.066~0.069밀리세컨드인 것을 볼 수 있다. 다른 텍스처를 추가하고 lerp( ) 함수를 사용해 구체의 렌더링 시간을 늘

렸다. 이것은 작은 변화지만, 20개의 셰이더 모두가 다른 오브젝트에서 다른 방식으로 작동하는 것을 상상해보자.

여기서 주어지는 정보를 사용해 성능 감소를 일으키는 부분을 좀 더 빠르게 찾아내고, 이전 레시피의 테크닉을 사용해 이 이슈를 해결할 수 있다.

예제 분석

이 도구가 실제로 내부적으로 작동하는 방식을 설명하는 것은 이 책의 범위를 완전히 벗어나지만, 게임이 실행되는 중에 컴퓨터의 성능을 볼 수 있는 방법을 유니티가 제공했다고 추측할 수 있다. 기본적으로 이 창은 각각의 스크립트, 오브젝트, 렌더링 큐에 대해 걸리는 시간을 실시간으로 피드백하기 위해 CPU와 GPU에 매우 밀접하게 연결돼 있다. 이 정보를 사용해 문제 영역과 코드를 제거하기 위해 셰이더 작성의 효율성을 추적할 수 있다는 것을 확인했다.

프로파일러가 열린 상태에서 게임을 실행하면 보통 상태에서 컴파일하고 실행하는 때와 비교해 게임이 다소 느려질 수 있다는 점에 유의해야 한다. CPU 비용의 Profilers 목록에서 에디터를 볼 수도 있다.

부연 설명

특별히 모바일 플랫폼용으로 프로파일링하는 것도 가능하다. 유니티는 Build Settings에서 안드로이드나 iOS 빌드 타깃을 설정할 때 몇 가지 추가 기능을 제공한다. 게임이 실행되는 동안 모바일 기기에서 실시간 정보를 실제로 얻을 수 있으며, 이는 에디터에서 프로파일링하는 대신 기기에서 직접 프로파일링하는 것이 가능하기 때문에 매우 유용하다. 이 과정에 대한 자세한 내용은 다음 링크의 유니티 문서를 참고하자.

http://docs.unity3d.com/Documentation/Manual/MobileProfiling.html

모바일용으로 셰이더 수정하기

지금까지 셰이더를 최적화하는 광범위한 기술을 소개했으니 지금부터는 고품질의 멋진 모바일 기기용 셰이더를 만드는 법을 살펴보자. 지금까지 작성한 셰이더가 모바일 기기에서 더 빠르게 동작할 수 있도록 몇 가지 조정을 가하는 것은 매우 쉽다. 여기에는 approxview 나 halfasview 라이팅 함수 변수를 사용하는 것 같은 요소가 포함된다. 또한 필요한 텍스처 양을 줄이고 사용하는 텍스처에 좀 더 나은 압축을 적용할 수도 있다. 이 레시피가 끝날 즈음에는 모바일 게임에서 사용하기 위해 멋지게 최적화된 노멀 매핑된 스페큘러 셰이더를 갖게 될 것이다.

준비

시작하기 전에 새로운 씬을 준비하고 MobileShader에 적용할 몇 가지 오브젝트를 채울 것이다.

1. 새로운 씬을 생성하고 기본 구체와 하나의 방향성 라이트로 채운다.
2. 새로운 머티리얼(MobileMat)과 셰이더(MobileShader)를 생성하고 머티리얼에 셰이더를 할당한다.
3. 마지막으로 씬의 구체 오브젝트에 머티리얼을 할당한다.

완료되면 다음 스크린샷과 비슷한 씬이 있어야 한다.

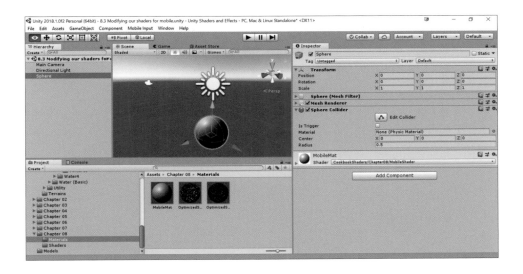

예제 구현

이 레시피에서는 모바일 친화적인 셰이더를 처음부터 작성하고, 좀 더 모바일 친화적으로 만드는 요소에 대해 논의한다.

1. 먼저 필요한 속성으로 Properties를 채운다. 이 경우 알파 채널, 노멀 맵, 반사 강도를 위한 슬라이더로 단일 _Diffuse 텍스처를 사용하려고 한다.

```
Properties
{
  _Diffuse ("Base (RGB) Specular Amount (A)", 2D) = "white" {}
  _SpecIntensity ("Specular Width", Range(0.01, 1)) = 0.5
  _NormalMap ("Normal Map", 2D) = "bump"{}
}
```

2. 다음 작업은 #pragma문의 설정이다. 이것은 표면 셰이더의 특정 기능을 *끄거나* 켜서 궁극적으로 셰이더를 좀 더 저렴하게 만들거나 비싸게 만든다.

```
CGPROGRAM
#pragma surface surf MobileBlinnPhong exclude_path:prepass nolightmap
noforwardadd halfasview
```

 강조 표시된 라인은 한 줄로 이뤄져야 한다.

3. 이어서 #pragma target 3.0 라인을 제거한다. 여기의 어떤 기능도 사용하지 않기 때문이다.

4. 그다음에는 Properties 블록과 CGPROGRAM을 연결해야 한다. 이번에는 메모리 사용을 줄이기 위해 스페큘러 강도specular intensity 슬라이더에 fixed 변수 타입을 사용할 것이다.

```
sampler2D _Diffuse;
sampler2D _NormalMap;
fixed _SpecIntensity;
```

5. 오브젝트의 표면에 텍스처를 매핑하려면 UV가 필요하다. 이번 경우에는 셰이더의 데이터 양을 최소로 유지하기 위해 하나의 UV 세트만을 얻는다.

```
struct Input
{
  half2 uv_Diffuse;
};
```

6. 다음 단계는 새로운 #pragma문을 사용할 때 쓸 수 있는 몇 가지 새로운 입력 변수를 사용해 라이팅 함수를 채우는 것이다.

```
inline fixed4 LightingMobileBlinnPhong (SurfaceOutput s, fixed3 lightDir,
fixed3 halfDir, fixed atten)
```

```
{
  fixed diff = max (0, dot (s.Normal, lightDir));
  fixed nh = max (0, dot (s.Normal, halfDir));
  fixed spec = pow (nh, s.Specular*128) * s.Gloss;
  fixed4 c;
  c.rgb = (s.Albedo * _LightColor0.rgb * diff + _LightColor0.rgb * spec)
* (atten*2);
  c.a = 0.0;
  return c;
}
```

7. 마지막으로 surf( ) 함수를 만들고 표면의 최종 색상을 처리해 셰이더를 완성한다.

```
void surf (Input IN, inout SurfaceOutput o)
{
  fixed4 diffuseTex = tex2D (_Diffuse, IN.uv_Diffuse);
  o.Albedo = diffuseTex.rgb;
  o.Gloss = diffuseTex.a;
  o.Alpha = 0.0;
  o.Specular = _SpecIntensity;
  o.Normal = UnpackNormal(tex2D(_NormalMap, IN.uv_Diffuse));
}
```

8. 이 레시피의 코드 부분을 마쳤을 때 셰이더를 저장하고 유니티 에디터로 돌아와 셰이더가 컴파일되게 하자. 에러가 발생하지 않았다면 **Base**와 **Normal Map** 속성에 몇몇 속성을 할당하자.

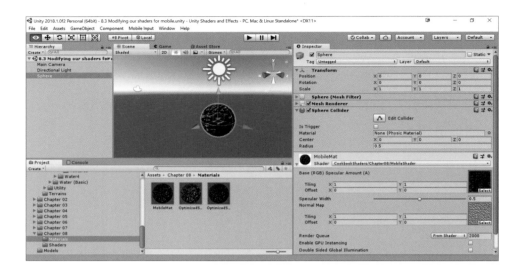

9. 몇몇 포인트point 라이트와 새로운 오브젝트의 복사본을 추가하면 다음 스크린샷
   과 비슷한 결과가 표시된다.

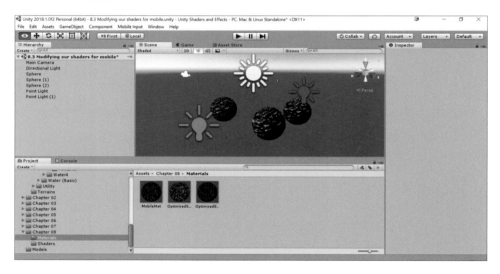

예제 분석

그러면 이 셰이더가 무엇을 하고 무엇을 하지 않는지에 대한 설명을 시작하자. 우선 지연된 라이팅 패스는 제외된다. 이것은 지연된 렌더러의 프리패스와 연결된 라이팅 함수를 생성했다면, 해당 라이팅 함수를 사용하지 않고 이 책에서 지금까지 작성한 것처럼 기본 라이팅 함수를 찾을 것이라는 뜻이다.

이 특정 셰이더는 유니티의 내부 라이트 매핑light mapping 시스템에 의한 라이트 매핑을 지원하지 않는다. 이것은 셰이더가 연결된 오브젝트에 대한 라이트 맵을 찾기 위해 셰이더를 유지하며, 셰이더를 좀 더 성능 친화적으로 만드는 데 라이트 매핑 검사를 수행하지 않아도 되기 때문이다.

noforwardadd 선언을 포함시켰으므로 하나의 방향성 라이트로 오직 픽셀당 텍스처만 처리할 수 있다. 다른 라이트는 정점당per-vertex 라이트가 돼야만 하며 surf( ) 함수에서 수행할 수 있는 픽셀당 연산에는 포함되지 않는다.

마지막으로 halfasview문을 사용해 유니티에게 일반적인 라이팅 함수에서 발견되는 메인 viewDir 파라미터를 사용하지 않을 것이라고 알린다. 대신 반각 벡터를 뷰 방향으로 사용하고 이를 통해 스페큘러를 처리한다. 이것은 셰이더가 정점별로 처리되므로 훨씬 빨라지게 된다. 실제 세계에서 스페큘러를 시뮬레이팅할 때는 완전히 정확하지는 않지만, 모바일 기기에서 시각적으로 훨씬 좋아지고 셰이더가 훨씬 최적화된다.

이것은 셰이더를 좀 더 효율적이고 깨끗하게 만드는 기술이다. 항상 목표 하드웨어와 게임이 필요로 하는 시각적 퀄리티와 비교해 필요로 하는 데이터만 사용하고 있는지 확인하자. 결국 이런 기술들의 최종 목표는 궁극적으로 게임을 위한 셰이더를 구성하는 것이다.

09

유니티 렌더 텍스처를 통한 화면 효과

9장에서는 다음 레시피를 배운다.

- 화면 효과 스크립트 시스템 설정하기
- 화면 효과로 밝기, 채도, 대비 사용하기
- 화면 효과로 포토샵 스타일의 혼합 모드 사용하기
- 화면 효과로 오버레이 혼합 모드 사용하기

▌ 소개

셰이더를 작성하는 가장 인상적인 측면 중 하나는 포스트 효과post effect라고 알려진 자체 화면 효과를 만드는 과정이다. 이러한 화면 효과를 통해 블룸Bloom, 모션 블러Motion Blur,

HDR 효과 등으로 멋진 실시간 이미지를 만들 수 있다. 오늘날 시장에 있는 대부분의 현대 게임은 필드의 깊이 효과, 블룸 효과, 색상 보정 효과를 위해 이러한 화면 효과를 많이 사용한다.

1장에서는 유니티의 내장 포스트 프로세싱 스택을 통해 이를 사용하는 방법을 이야기했지만, 9장에서는 직접 스크립트 시스템을 작성하는 방법을 배울 것이다. 이 시스템은 다양한 종류의 화면 효과를 생성할 수 있는 컨트롤을 제공한다. 렌더 텍스처^{Render Texture}, 깊이 버퍼가 무엇인지를 다루고, 게임의 최종 렌더링 이미지를 포토샵과 같은 방법으로 제어하는 효과를 만드는 방법을 살펴볼 것이다. 게임에 화면 효과를 적용하는 것으로 셰이더 작성에 대한 지식을 완성할 수 있을 뿐만 아니라 유니티로 처음부터 자신만의 놀라운 실시간 렌더러를 만드는 힘을 가지게 될 것이다.

▌ 화면 효과 스크립트 시스템 설정하기

화면 효과의 생성 과정은 전체 화면 이미지(혹은 텍스처)를 가져오고 셰이더를 사용해 GPU에서 픽셀을 처리한 후 게임의 전체 렌더링된 이미지에 적용하기 위해 유니티의 렌더러로 다시 보낸다. 실시간으로 게임의 렌더링된 이미지에 대해 픽셀 단위 작업을 수행할 수 있도록 하기 때문에 좀 더 글로벌한 예술적 제어가 가능해진다.

게임의 최종 모습의 대비만을 조절하기 위해 각 오브젝트의 각 머티리얼에 접근해 조절한다고 생각해보자. 불가능하지는 않지만 수행하는 데 약간의 노동이 필요하다. 화면 효과를 활용하면 화면의 최종 모습을 전체적으로 조절할 수 있으므로 포토샵과 유사한 방식으로 게임의 최종 모습을 제어할 수 있다.

화면 효과 시스템을 설정하고 실행하려면, 게임의 현재 렌더링된 이미지의 커리어^{courier} 혹은 유니티가 RenderTexture라고 부르는 것처럼 행동하는 것을 위한 하나의 스크립트를 설정해야 한다. 이 스크립트를 사용해 셰이더에 RenderTexture를 전달해 화면 효과를 구성하기 위한 유연한 시스템을 만들 수 있다. 첫 번째 화면 효과의 경우 매우 단순한 그레이스케일 효과를 만들어 게임이 흑백으로 보이게 할 것이다. 어떻게 이것이 되는지 살펴보자.

준비

화면 효과 시스템을 설정하고 실행하기 위해서는 현재 유니티 프로젝트를 위한 에셋을 몇 개 만들어야 한다. 이렇게 함으로써 다음 섹션의 단계를 위한 준비를 하는 것이다.

1. 현재 프로젝트에서 작업할 새로운 씬을 만든다.
2. 간단한 구체를 씬에 생성하고 새로운 머티리얼을 할당한다(RedMat이라고 부르겠다). 이 새 머티리얼은 아무거나 될 수 있지만, 예제에서는 표준 셰이더를 사용한 간단한 빨간 머티리얼을 만들었다.
3. 마지막으로 새로운 디렉셔널 라이트를 만들고 씬을 저장하자.
4. 새로운 C# 스크립트를 만들고 TestRenderImage.cs라 하자. 정리를 위해 **Project** 탭에서 Scripts라는 폴더를 만들고 여기에 넣자.

모든 에셋을 준비했다면 다음 스크린샷과 비슷한 간단한 씬 설정이 있어야 한다.

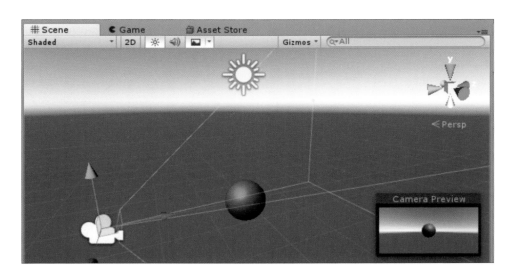

예제 구현

그레이스케일 화면 효과를 작동시키려면 스크립트와 셰이더가 필요하다. 그러므로 여기서 두 개의 새로운 아이템을 완성하고 화면 효과를 만드는 적절한 코드로 채울 것이다. 첫 번째 작업은 C# 스크립트를 완성하는 것이다. 이는 전체 시스템이 동작하도록 할 것이다. 그다음에는 셰이더를 완성하고 화면 효과의 결과를 볼 것이다. 다음 단계를 따라 스크립트와 셰이더를 완성하자.

1. TestRenderImage.cs C# 스크립트를 열고 중요한 오브젝트와 데이터를 저장하는 데 필요한 몇 가지 변수를 입력하자. TestRenderImage 클래스의 최상단에 다음 코드를 입력하자.

```
#region Variables
public Shader curShader;
public float grayscaleAmount = 1.0f;
private Material screenMat;
#endregion
```

2. 유니티 에디터가 플레이 중이지 않을 때 실시간으로 화면 효과를 조정하기 위해 TestRenderImage 클래스 선언의 바로 위에 다음 코드를 입력해야 한다.

```
using UnityEngine;

[ExecuteInEditMode]
public class TestRenderImage : MonoBehaviour {
```

3. 화면 이미지에서 픽셀 작업을 수행하기 위해 화면 효과가 셰이더를 사용하므로 셰이더 실행을 위한 머티리얼을 만들어야 한다. 머티리얼 없이는 셰이더의 속성에 접근할 수 없다. 이를 위해 머티리얼을 확인하기 위한 C# 속성을 만들고, 발견하지 못했다면 새롭게 하나를 만든다. 1단계의 변수 선언 바로 밑에 다음 코드를 입력하자.

```
#region Properties
Material ScreenMat
{
  get
  {
    if (screenMat == null)
    {
      screenMat = new Material(curShader);
      screenMat.hideFlags = HideFlags.HideAndDontSave;
    }
    return screenMat;
  }
}
#endregion
```

4. 유니티 게임이 빌드하는 현재 타깃 플랫폼이 이미지 효과를 실제로 지원하는지
   확인하기 위해 스크립트에서 몇 가지 확인을 하게 할 것이다. 이 스크립트의 시작
   에서 아무것도 찾지 못하면 스크립트는 스스로를 비활성화할 것이다.

```
void Start()
{
  if (!SystemInfo.supportsImageEffects)
  {
    enabled = false;
    return;
  }
  if (!curShader && !curShader.isSupported)
  {
    enabled = false;
  }
}
```

5. 유니티 렌더러에서 실제로 렌더링된 이미지를 그랩grab하기 위해 유니티가 제공
   하는 내장된 함수 OnRenderImage( )와 같은 것을 사용해야 한다. 현재 RenderTe
   xture에 접근할 수 있도록 다음 코드를 입력하자.

```
void OnRenderImage(RenderTexture sourceTexture, RenderTexture
destTexture)
{
  if (curShader != null)
  {
    ScreenMat.SetFloat("_Luminosity", grayscaleAmount);
    Graphics.Blit(sourceTexture, destTexture, ScreenMat);
  }
  else
  {
    Graphics.Blit(sourceTexture, destTexture);
  }
}
```

6. 지금 만드는 화면 효과에는 grayScaleAmount라는 변수가 있다. 최종 화면 효과
   를 위해 원하는 만큼의 그레이스케일 효과를 조절할 수 있는 변수다. 따라서 이
   경우 값을 0에서 1로 설정해야 한다. 0은 그레이스케일 효과가 없고, 1은 전체 그
   레이스케일 효과다. 게임이 실행되는 동안 매 프레임마다 호출되는 Update( ) 함
   수에서 이 작업을 수행할 것이다.

```
void Update ()
{
  grayscaleAmount = Mathf.Clamp(grayscaleAmount, 0.0f, 1.0f);
}
```

7. 마지막으로 스크립트가 시작할 때 생성한 오브젝트에 대해 약간의 정리를 수행
   하면서 스크립트를 완료한다.

```
void OnDisable()
{
  if(screenMat)
  {
    DestroyImmediate(screenMat);
```

```
    }
}
```

8. 유니티에서 에러 없이 컴파일됐다면, 이 시점에서 카메라에 이 스크립트를 적용
   할 수 있다. 씬의 메인 카메라에 TestRenderImage.cs 스크립트를 적용해보자.
   grayScaleAmount 값과 셰이더 필드가 표시돼야 하지만, 스크립트는 콘솔 창에
   에러를 던진다. 오브젝트에 인스턴스가 없어서 적절하게 처리하지 못했다고 말
   한다. 4단계로 돌아가보면 셰이더가 있는지, 현재 플랫폼이 셰이더를 지원하는
   지에 대해 몇 가지 확인을 한다. 화면 효과 스크립트가 셰이더를 사용하도록 지
   정하지 않았으므로 curShader는 단순히 null이고, 이는 에러를 발생시킨다. 셰
   이더를 완성해 화면 효과 시스템을 이어가보자.

9. ScreenGrayscale이라는 새 셰이더를 생성하자. 셰이더를 시작하기 위해 이 셰이
   더에 데이터를 보낼 수 있도록 몇 가지 변수로 Properties를 채울 것이다.

```
Properties
{
  _MainTex ("Base (RGB)", 2D) = "white" {}
  _Luminosity("Luminosity", Range(0.0, 1)) = 1.0
}
```

10. 이 셰이더는 이제 유니티의 내장 표면 셰이더 코드 대신 순수 CG 셰이더 코드를
    사용할 것이다. 이렇게 하면 RenderTexture의 픽셀에서만 작업해야 하므로 화면
    효과가 좀 더 최적화될 것이다. 따라서 이전에 Pass 안에 있던 모든 것을 삭제하
    고 셰이더 내에 새로운 Pass 블록을 생성한 후 이전에 보지 못한 새로운 #pragma
    문으로 채울 것이다.

```
SubShader
{
  Pass
  {
```

```
CGPROGRAM
#pragma vertex vert_img
#pragma fragment frag
#pragma fragmentoption ARB_precision_hint_fastest
#include "UnityCG.cginc"
```

11. 유니티 에디터에서 셰이더로 보내지는 데이터에 접근하기 위해 **CGPROGRAM**에 상응하는 변수를 만들어야 한다.

```
uniform sampler2D _MainTex;
fixed _Luminosity;
```

12. 마지막으로 픽셀 함수를 설정하는 것만 남았다. 이 경우에는 frag( ) 함수다. 이 것은 화면 효과의 알맹이가 있는 곳이다. 이 함수는 RenderTexture의 각 픽셀을 처리하고 TestRenderImage.cs 스크립트에 새 이미지를 반환한다.

```
fixed4 frag(v2f_img i) : COLOR
{
  // 렌더 텍스처로부터 색상을, v2f_img로부터 uv를 얻는다

  fixed4 renderTex = tex2D(_MainTex, i.uv);
  // 렌더링 텍스처에 Luminosity 값을 적용한다
  float luminosity = 0.299 * renderTex.r + 0.587 * renderTex.g + 0.114 *
renderTex.b;
  fixed4 finalColor = lerp(renderTex, luminosity, _Luminosity);
  renderTex.rgb = finalColor;

  return renderTex;
}
```

13. 마지막으로 FallBack 라인을 다음과 같이 변경한다.

```
FallBack off
```

14. 최종 셰이더는 다음과 같이 보여야 한다.

```
Shader "CookbookShaders/Chapter09/Grayscale"
{
  Properties
  {
    _MainTex ("Base (RGB)", 2D) = "white" {}
    _Luminosity("Luminosity", Range(0.0, 1)) = 1.0
  }

  SubShader
  {
    Pass
    {
      CGPROGRAM
      #pragma vertex vert_img
      #pragma fragment frag
      #pragma fragmentoption ARB_precision_hint_fastest
      #include "UnityCG.cginc"

      uniform sampler2D _MainTex;
      fixed _Luminosity;

      fixed4 frag(v2f_img i) : COLOR
      {
        // 렌더 텍스처로부터 색상을, v2f_img로부터 uv를 얻는다

        fixed4 renderTex = tex2D(_MainTex, i.uv);
        // 렌더링 텍스처에 Luminosity 값을 적용한다
        float luminosity = 0.299 * renderTex.r + 0.587 * renderTex.g +
0.114 * renderTex.b;
        fixed4 finalColor = lerp(renderTex, luminosity, _Luminosity);

        renderTex.rgb = finalColor;
        return renderTex;
      }
    ENDCG
    }
```

```
    }
    FallBack off
}
```

셰이더가 완료됐다면, 유니티로 돌아가 컴파일한 후 에러가 발생하는지 확인해보자. 에러가 없으면 새로운 셰이더를 TestRenderImage.cs 스크립트에 할당하고 그레이스케일 변수의 값을 변경하자. 게임의 컬러 버전에서 그레이스케일 버전으로 게임 뷰가 달라진 것을 봐야 한다.

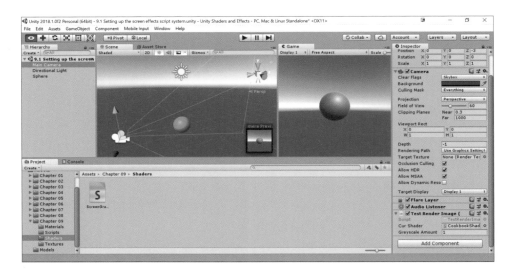

다음 스크린샷은 이 화면 효과를 보여준다.

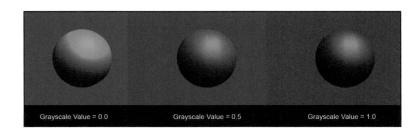

304

이제 이것이 완료되면, 전체 화면 효과 시스템을 반복해서 작성하지 않아도 새로운 화면 효과 셰이더를 테스트하는 쉬운 방법을 얻게 된다. 좀 더 깊이 들어가서 RenderTexture의 현재 상황과 이것이 처리되는 방법을 배워보자.

예제 분석

유니티 내부에서 화면 효과를 얻고 실행하려면 스크립트와 셰이더를 만들어야 한다.

스크립트는 에디터에서 실시간 업데이트를 구동하며 메인 카메라에서 RenderTexture를 캡처해 셰이더로 전달한다. RenderTexture가 셰이더에 도착하면 셰이더를 사용해 픽셀 당 작업을 수행할 수 있다.

스크립트를 시작할 때 현재 선택된 빌드 플랫폼이 실제로 화면 효과와 셰이더를 지원하는 지 몇 가지 검사를 수행해 확인한다. 현재 플랫폼이 사용하는 화면 효과나 셰이더를 지원하지 않는 경우가 있다. 따라서 Start() 함수에서 하는 검사는 플랫폼이 화면 시스템을 지원하지 않아도 에러가 발생하지 않도록 한다.

스크립트가 이러한 검사를 통과하면 내장된 OnRenderImage() 함수를 호출해 화면 효과 시스템을 시작한다. 이 함수는 렌더 텍스처를 잡아서 Graphics.Blit() 함수를 사용해 셰이더에게 이것을 전달하고 처리된 이미지를 유니티 렌더러에 반환한다. 다음 URL에서 이 두 함수에 대한 자세한 내용을 확인할 수 있다.

- OnRenderImage: http://docs.unity3d.com/Documentation/ScriptReference /MonoBehaviour.OnRenderImage.html
- Graphics.Blit: http://docs.unity3d.com/Documentation/ScriptReference /Graphics.Blit.html

현재 RenderTexture가 셰이더에 도달하면 셰이더는 이를 가져와서 frag() 함수를 통해 처리하고 각 픽셀의 최종 색상을 반환한다.

게임의 최종 렌더링된 이미지를 포토샵처럼 제어할 수 있으므로 이것이 얼마나 강력한지 알 수 있다. 이러한 화면 효과는 카메라가 보는 것 위에서 포토샵 레이어와 같이 순차적으로 작동한다. 이런 화면 효과를 하나씩 배치할 때 순서대로 처리될 것이다. 이것은 단순히 화면 효과가 작동하는 데 필요한 기본 단계일 뿐이지만, 화면 효과 시스템이 작동하는 방식의 핵심이다.

부연 설명

간단한 화면 효과 시스템을 만들고 실행했으므로, 이제는 유니티의 렌더러에서 얻을 수 있는 다른 유용한 정보의 일부를 살펴보자.

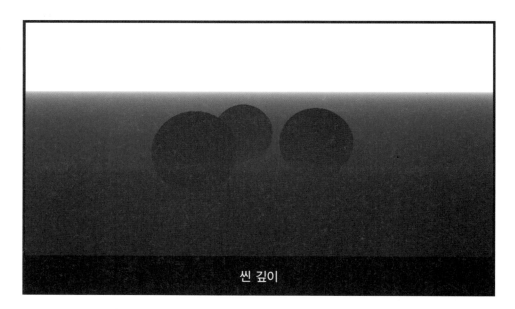

씬 깊이

유니티의 내장 Depth 모드를 켜서 현재 게임의 모든 것의 깊이를 얻을 수 있다. 이 기능을 켜면 다양한 효과의 깊이 정보를 사용할 수 있다. 이 작업이 수행되는 방법을 살펴보자.

1. 생성한 구체를 두 번 복제하고 아래에 플레인을 만들자.

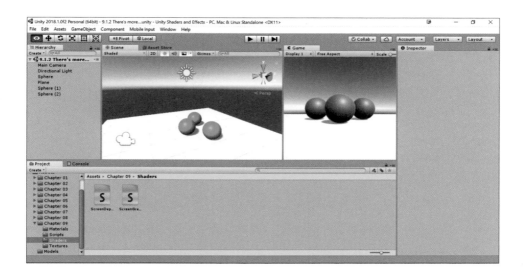

2. ScreenGrayscale 코드를 선택하고 **Ctrl+D**를 눌러 복제해서 새로운 셰이더를 생
   성하자. 복제한 스크립트의 이름을 SceneDepth라 하자. 그다음에는 이 셰이더
   를 더블 클릭해 스크립트 에디터에서 열자.

3. 메인 텍스처(_MainTex) 속성과 씬 깊이^{scene depth} 효과의 힘을 조절하기 위한 속성
   을 만들 것이다. 셰이더에 다음 코드를 입력하자.

```
Properties
{
  _MainTex ("Base (RGB)", 2D) = "white" {}
  _DepthPower("Depth Power", Range(0, 1)) = 1
}
```

---

4. 이제 CGPROGRAM에서 해당 변수를 생성해야 한다. _CameraDepthTexture라는 변
   수를 하나 추가할 것이다. 이것은 유니티가 UnityCG.cginclude 파일을 사용해
   제공한 내장 변수다. 이것은 카메라로부터의 깊이 정보를 제공한다.

```
Pass
{
```

```
CGPROGRAM
#pragma vertex vert_img
#pragma fragment frag
#pragma fragmentoption ARB_precision_hint_fastest
#include "UnityCG.cginc"

uniform sampler2D _MainTex;
fixed _DepthPower;
sampler2D _CameraDepthTexture;
```

5. 유니티가 제공하는 UNITY_SAMPLE_DEPTH( )와 linear01Depth( ) 내장 함수를 사용해 깊이 셰이더를 완성할 것이다. 첫 번째 함수는 실제로 _CameraDepthTexture에서 깊이 정보를 가져온 후 각 픽셀에 대해 하나의 float 값을 제공한다. Linear01Depth( ) 함수는 이 최종 깊이 값을 컨트롤할 수 있는 파워로 가져와서 값이 0-1 범위 내에 있는지 확인한다. 여기서 0-1 범위 내의 중간 값은 카메라 위치를 기반으로 씬에 위치한다.

```
fixed4 frag(v2f_img i) : COLOR
{
    // 렌더 텍스처로부터 색상을, v2f_img로부터 uv를 얻는다

    float depth = UNITY_SAMPLE_DEPTH(tex2D(_CameraDepthTexture, i.uv.xy));
    depth = pow(Linear01Depth(depth), _DepthPower);

    return depth;
}
```

6. 셰이더를 완성했다면, 유니티 에디터로 돌아가서 작업할 새 스크립트를 만들자. TestRenderImage 스크립트를 선택하고 복제한다.

   새로운 스크립트의 이름을 RenderDepth로 하고 스크립트 에디터에서 연다.

7. 6단계에서 변경한 이름(RenderDepth)과 클래스명이 같도록 스크립트를 업데이트한다.

```
using UnityEngine;

[ExecuteInEditMode]
public class RenderDepth : MonoBehaviour {
```

8. 에디터에서 값을 변경할 수 있도록 depthPower 변수를 스크립트에 추가해야 한다.

```
#region Variables
public Shader curShader;
public float depthPower = 0.2f;
private Material screenMat;
#endregion
```

9. OnRenderImage( ) 함수는 셰이더에 올바른 값을 전달하도록 업데이트해야 한다.

```
void OnRenderImage(RenderTexture sourceTexture, RenderTexture
destTexture)
{
  if (curShader != null)
  {
    ScreenMat.SetFloat("_DepthPower", depthPower);
    Graphics.Blit(sourceTexture, destTexture, ScreenMat);
  }
  else
  {
    Graphics.Blit(sourceTexture, destTexture);
  }
}
```

10. 깊이 화면 효과를 완성하려면 유니티에게 현재 카메라의 깊이 렌더링을 켜라고
    이야기해야 한다. 메인 카메라의 depthTextureMode를 설정하면 된다.

```
void Update ()
{
```

```
Camera.main.depthTextureMode = DepthTextureMode.Depth;
depthPower = Mathf.Clamp(depthPower, 0, 1);
}
```

모든 코드를 설정하고 스크립트와 셰이더를 저장한 후 유니티로 돌아와서 둘 다 컴파일되
게 하자. 그다음에는 메인 카메라를 선택하고 TextRenderImage 컴포넌트를 우클릭한 후
Remove Component를 선택하자. 그리고 나서 오브젝트에 새 컴포넌트를 연결하고, 내부
로 새로운 셰이더를 드래그 앤 드롭한다. 아무런 에러도 없으면 다음 스크린샷과 비슷한
결과를 보게 될 것이다.

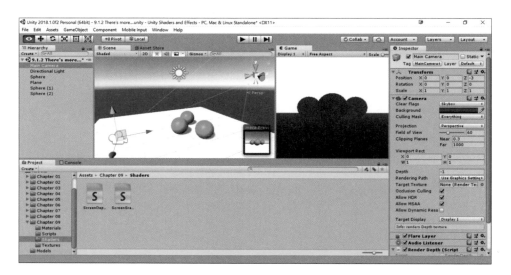

다음은 값을 더 조절하면 얻을 수 있는 것을 보여주는 예제다.

Depth Power = 0.1

Depth Power = 0.4

Depth Power = 0.8

▌ 화면 효과로 밝기, 채도, 대비 사용하기

이제 화면 효과 시스템을 보유하고 실행했으므로 오늘날의 게임에서 발견되는 몇 가지 좀 더 일반적인 화면 효과를 수행하기 위해 좀 더 복잡한 픽셀 작업을 만드는 방법을 살펴볼 수 있다.

화면 효과를 사용해 게임의 전반적인 최종 색상을 조절하는 것은 아티스트가 게임의 최종 모습을 전체적으로 제어하는 데 중요한 부분이다. 색상 조절 슬라이더와 같은 테크닉을 사용하면 최종 렌더링된 게임의 빨간색, 파란색, 초록색의 강도를 조절할 수 있다. 이 콘셉트는 세피아 필름 효과 등에서 보이는 것처럼, 화면 전체에 특정 색조를 적용하는 것 같은 기술에도 사용된다.

이 특정 레시피에서는 이미지에서 수행 가능한 좀 더 핵심적인 색상 조정 작업 중의 일부를 다룰 것이다. 그것들은 바로 밝기, 채도, 대비다. 이러한 색상 조정을 코딩하는 방법을 배우는 것은 화면 효과 예술을 배울 수 있는 좋은 기반을 제공한다.

준비

몇 가지 새로운 에셋을 생성해야 한다. 테스트 씬과 동일한 씬을 활용할 수 있지만, 새로운 스크립트와 셰이더가 필요하다.

1. File ➤ New Scene으로 가서 새로운 씬을 만든다.
2. 씬에 몇 가지 새로운 오브젝트를 추가하고 몇 가지 다른 색상의 디퓨즈 머티리얼을 설정하며, 무작위로 씬의 새 오브젝트에 할당되게 한다. 이로 인해 새로운 화면 효과로 테스트하기 위한 다양한 범위의 색상이 제공된다.

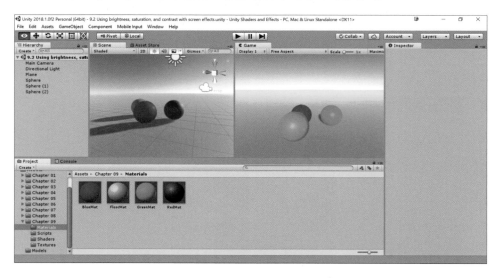

예제 구현

이제 씬 설정과 새로운 스크립트 및 셰이더의 생성을 완료했으므로 밝기, 채도, 대비 화면 효과를 달성하는 데 필요한 코드를 채우기 시작할 수 있다. 스크립트와 셰이더를 위한 픽셀 연산과 변수 설정에만 초점을 맞출 것이다. 화면 효과 시스템을 설정하고 실행하는 것은 9장의 '화면 효과 스크립트 시스템 설정하기' 레시피에서 설명했기 때문이다.

1. Chapter 9 > Shaders 폴더의 ScreenGrayscale 코드를 복제하고 ScreenBSC라고 이름을 변경하자. 그다음에는 이 셰이더를 더블 클릭해 스크립트 에디터에서 열자.

2. 우선 셰이더를 편집하는 것이 좀 더 맞는 말이다. C# 스크립트에서 필요한 변수 종류를 알 수 있기 때문이다. 밝기, 채도, 대비 효과에 적합한 속성을 입력하는 것부터 시작하자. 셰이더에서 _MainTex 속성을 유지해야 한다는 것은 기억해두자. 이것은 화면 효과를 만들 때 RenderTexture가 타깃으로 하는 속성이기 때문이다.

```
Properties
{
  _MainTex ("Base (RGB)", 2D) = "white" {}
  _Brightness("Brightness", Range(0.0, 1)) = 1.0
  _Saturation("Saturation", Range(0.0, 1)) = 1.0
  _Contrast("Contrast", Range(0.0, 1)) = 1.0
}
```

3. 평상시와 같이 CGPROGRAM의 속성으로 들어오는 데이터에 접근하기 위해 CGPROGRAM 내에 이전 것을 대체하는 해당 변수를 만들어야 한다.

```
Pass
{
  CGPROGRAM
  #pragma vertex vert_img
  #pragma fragment frag
  #pragma fragmentoption ARB_precision_hint_fastest
```

```
#include "UnityCG.cginc"

uniform sampler2D _MainTex;
fixed _Brightness;
fixed _Saturation;
fixed _Contrast;
```

4. 이제 밝기, 채도, 대비 효과를 수행할 연산을 만들어야 한다. 셰이더의 frag( ) 함수 바로 위에 다음의 새 함수를 입력하자.

```
float3 ContrastSaturationBrightness(float3 color, float brt, float sat,
float con)
{
    // r, g, b 색상 채널을 각각 조절하기 위해 아래 값을 조절한다

    float AvgLumR = 0.5;
    float AvgLumG = 0.5;
    float AvgLumB = 0.5;
    // 이미지에서 광도를 얻기 위한 광도 계수
    float3 LuminanceCoeff = float3(0.2125, 0.7154, 0.0721);
    // 밝기 연산
    float3 AvgLumin = float3(AvgLumR, AvgLumG, AvgLumB);
    float3 brtColor = color * brt;
    float intensityf = dot(brtColor, LuminanceCoeff);
    float3 intensity = float3(intensityf, intensityf, intensityf);
    // 채도 연산
    float3 satColor = lerp(intensity, brtColor, sat);
    // 대비 연산
    float3 conColor = lerp(AvgLumin, satColor, con);
    return conColor;
}
```

 TIP 아직 잘 이해되지 않더라도 걱정하지 말자. 모든 코드는 이 레시피의 '예제 분석' 절에서 설명할 것이다.

5. 마지막으로 실제로 ContrastSaturationBrightness() 함수를 사용하기 위해 frag() 함수를 업데이트해야 한다. 그러면 렌더 텍스처의 모든 픽셀이 처리되고 스크립트로 다시 전달될 것이다.

```
fixed4 frag(v2f_img i) : COLOR
{
    // 렌더 텍스처로부터 색상을, v2f_img로부터 uv를 얻는다

    fixed4 renderTex = tex2D(_MainTex, i.uv);
    // 밝기, 채도, 대비 작업 적용
    renderTex.rgb = ContrastSaturationBrightness(renderTex.rgb,
                        _Brightness,
                        _Saturation,
                        _Contrast);
    return renderTex;
}
```

셰이더에 코드를 입력했다면 유니티 에디터로 돌아가서 새 셰이더가 컴파일되게 하자. 에러가 없다면 코드 에디터로 돌아가서 스크립트 작업을 하자. 적절한 데이터를 셰이더에 전달하는 약간의 새 코드 라인을 만드는 것부터 시작하자.

1. 셰이더가 끝났으니 이제는 효과를 표시하는 데 필요한 스크립트를 작성하자. **Project** 탭에서 **Chapter 9 ➤ Scripts** 폴더로 이동한다. 폴더에서 TestRenderImage 스크립트를 선택하고 **Ctrl+D**를 눌러 복제한다. 복제한 스크립트의 이름은 RenderBSC로 한다. 이름을 변경했으면 더블 클릭해 IDE에서 열자.

2. 스크립트를 수정하려면 파일명인 RenderBSC와 일치하도록 클래스 이름을 변경해야 한다.

```
[ExecuteInEditMode]
public class RenderBSC : MonoBehaviour {
```

3. 그다음에는 화면 효과의 값을 조절할 적절한 변수를 추가해야 한다. 이 경우 밝기 슬라이더, 채도 슬라이더, 대비 슬라이더가 필요하다.

```
#region Variables
public Shader curShader;
public float brightness = 1.0f;
public float saturation = 1.0f;
public float contrast = 1.0f;
private Material screenMat;
#endregion
```

4. 변수를 설정했다면, 변수의 값을 스크립트가 셰이더에 보내도록 지시해야 한다. OnRenderImage( ) 함수에서 이 작업을 수행한다.

```
void OnRenderImage(RenderTexture sourceTexture, RenderTexture
destTexture)
{
  if (curShader != null)
  {
    ScreenMat.SetFloat("_Brightness", brightness);
    ScreenMat.SetFloat("_Saturation", saturation);
    ScreenMat.SetFloat("_Contrast", contrast);
    Graphics.Blit(sourceTexture, destTexture, ScreenMat);
  }
  else
  {
    Graphics.Blit(sourceTexture, destTexture);
  }
}
```

5. 마지막으로 합리적인 범위 내에서 변수의 값을 정해야 한다. 이 범위 값은 선택적이므로 적합하다고 생각되는 값을 사용하면 된다.

```
void Update()
{
```

```
        brightness = Mathf.Clamp(brightness, 0.0f, 2.0f);
        saturation = Mathf.Clamp(saturation, 0.0f, 2.0f);
        contrast = Mathf.Clamp(contrast, 0.0f, 3.0f);
    }
```

스크립트가 완료되고 셰이더가 끝났으면 스크립트를 카메라에 적용하고 셰이더를 스크립트에 적용하자. 그러면 속성 값을 조절하는 것으로 밝기, 채도, 대비 효과를 볼 수 있다.

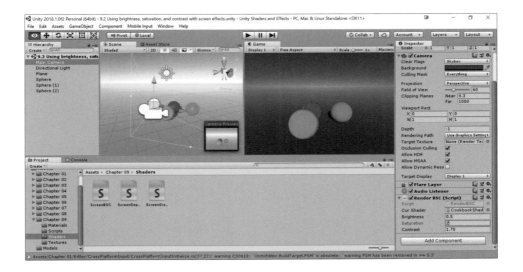

다음 스크린샷은 이 화면 효과로 얻을 수 있는 결과를 보여준다.

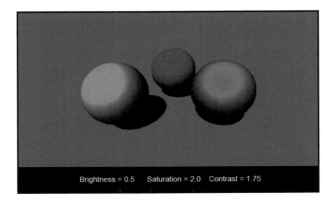

다음 스크린샷은 렌더링 이미지의 색상을 조절해 얻을 수 있는 또 다른 예제를 보여준다.

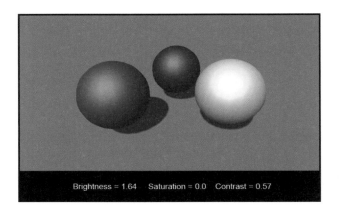

예제 분석

기본 화면 효과 시스템의 작동 방식을 알고 있으니 여기서는 ContrastSaturationBright ness( ) 함수에서 만든 픽셀당 작업을 살펴보자.

이 함수는 몇 가지 인자를 받는 것부터 시작한다. 첫 번째이자 가장 중요한 것은 현재 렌더 텍스처다. 다른 인자는 단순히 화면 효과의 전체 효과를 조절하며 화면 효과의 Inspector 탭에서 슬라이더로 표시된다. 함수가 렌더 텍스처와 조정 값을 받으면 원래의 렌더 텍스처를 수정하고 비교하는 데 사용할 몇 가지 상수 값을 선언한다.

luminanceCoeff 변수는 현재 이미지의 전체적인 밝기를 제공하는 값을 저장한다. 이 계수는 CIE 색상 매칭 기능을 기반으로 하며 업계 전반에 걸친 매우 표준적인 것이다. 현재 이미지와 이 광도 계수의 내적을 얻는 것으로 이미지의 전반적인 밝기를 찾을 수 있다. 일 단 밝기를 얻었다면, 밝기 작업의 그레이스케일 버전과 함수에 전달된 밝기 값을 곱한 원 래 이미지를 혼합하기 위해 lerp 함수를 여러 번 사용한다.

이와 같은 화면 효과는 현재 게임 씬의 각 머티리얼을 편집하지 않고도 게임의 최종 모양 을 조정할 수 있게 하므로 게임의 고품질 그래픽을 얻는 데 중요하다.

▌화면 효과로 포토샵 스타일의 혼합 모드 사용하기

화면 효과는 게임의 렌더링 이미지 색상을 조절하는 데만 국한돼 있지 않다. 렌더 텍스처와 다른 이미지를 결합할 수도 있다. 이 기술은 포토샵에서 새로운 레이어를 생성하고 두 이미지를 한데 혼합하는 혼합Blend 모드를 선택하는 것과 다를 바 없다. 이 경우에는 RenderTexture와 텍스처를 혼합한다. 이는 제작하는 아티스트가 포토샵뿐만 아니라 게임에서 혼합 모드를 시뮬레이트할 수 있는 방법을 제공하므로 매우 강력한 테크닉이 된다.

이 레시피에서는 곱하기Multiply, 더하기Add, 오버레이Overlay와 같은 좀 더 일반적인 혼합 모드를 살펴볼 것이다. 게임에서 포토샵 혼합 모드의 힘을 얻는 것이 얼마나 간단한지 살펴볼 것이다.

준비

시작하려면 에셋을 준비해야 한다. 다음 단계를 따라가 새로운 혼합 모드 화면 효과를 위해 화면 효과 시스템을 설정하고 실행하자.

1. 혼합 모드 효과를 수행하기 위해 또 다른 텍스처가 필요하다. 이 레시피에서는 그런지grunge 타입의 텍스처를 사용할 것이다. 이는 테스트할 때 매우 분명한 효과를 만들 것이다.

2. 다음 스크린샷은 이 효과를 만드는 데 사용되는 그런지 맵이다. 충분한 디테일과 좋은 범위의 그레이스케일 값을 가진 텍스처는 새로운 효과를 테스트하는 데 좋다.

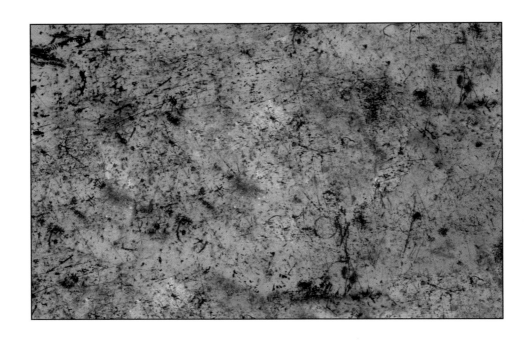

 이전 텍스처는 Chapter 9 ➤ Textures 폴더에서 찾을 수 있다.

예제 구현

구현할 첫 번째 혼합 모드는 포토샵에서 봤던 곱하기 혼합 모드다. 셰이더의 코드를 수정하는 것부터 시작하자.

1. Chapter 9 ➤ Shaders에 있는 ScreenGrayscale 코드를 선택하고 Ctrl+D를 눌러 복제한다. 복제한 스크립트는 ScreenBlendMode라고 한다. 그다음에는 더블 클릭해 스크립트 에디터에서 연다.

2. 혼합할 텍스처와 불투명도 값을 위한 슬라이더를 가지도록 새로운 속성을 추가해야 한다. 새로운 셰이더에 다음 코드를 입력하자.

```
Properties
{
  _MainTex ("Base (RGB)", 2D) = "white" {}
  _BlendTex ("Blend Texture", 2D) = "white"{}
  _Opacity ("Blend Opacity", Range(0,1)) = 1
}
```

3. CGPROGRAM에 해당 변수를 입력해 Properties 블록에서 데이터에 접근할 수 있도록 한다. 이전에 만든 변수를 대체하자.

```
Pass
{
  CGPROGRAM
  #pragma vertex vert_img
  #pragma fragment frag
  #pragma fragmentoption ARB_precision_hint_fastest
  #include "UnityCG.cginc"

  uniform sampler2D _MainTex;
  uniform sampler2D _BlendTex;
  fixed _Opacity;
```

4. frag() 함수를 수정해 두 텍스처의 곱하기 작업을 수행하도록 한다.

```
fixed4 frag(v2f_img i) : COLOR
{
  // 렌더 텍스처로부터 색상을, v2f_img로부터 uv를 얻는다

  fixed4 renderTex = tex2D(_MainTex, i.uv);
  fixed4 blendTex = tex2D(_BlendTex, i.uv);
  // 곱하기 혼합 모드를 수행한다
  fixed4 blendedMultiply = renderTex * blendTex;
  // lerp로 혼합 모드의 양을 조절한다
  renderTex = lerp(renderTex, blendedMultiply, _Opacity);
  return renderTex;
```

```
}
```

5. 셰이더를 저장하고 유니티 에디터로 돌아가서 새로운 셰이더 코드를 컴파일한 후 에러를 확인하자. 에러가 없으면 스크립트 파일 작성으로 넘어갈 수 있다.

6. 이제 셰이더가 끝났으니 효과를 나타내기 위해 필요한 스크립트를 작성하자. Project 탭에서 Chapter 09 ▶ Scripts 폴더로 이동하자. 거기서 TestRenderImage 스크립트를 선택하고 Ctrl+D를 눌러 복제하자. 이름은 RenderBlendMode로 하자. 이름을 변경했다면 더블 클릭해서 IDE를 열자.

7. 스크립트를 수정하는 첫 번째 단계는 파일명 RenderBlendMode와 맞도록 클래스의 이름을 변경하는 것이다.

```
[ExecuteInEditMode]
public class RenderBlendMode : MonoBehaviour {
```

8. 스크립트 파일에서 해당 변수를 만들어야 한다. 셰이더에 할당할 텍스처와 사용하길 원하는 혼합 모드의 최종 값을 조절할 슬라이더가 필요하다.

```
#region Variables
public Shader curShader;
public Texture2D blendTexture;
public float blendOpacity = 1.0f;
private Material screenMat;
#endregion
```

9. 그다음에는 OnRenderImage( ) 함수를 통해 변수 데이터를 셰이더로 보내야 한다.

```
void OnRenderImage(RenderTexture sourceTexture, RenderTexture
destTexture)
{
  if (curShader != null)
  {
```

```
        ScreenMat.SetTexture("_BlendTex", blendTexture);
        ScreenMat.SetFloat("_Opacity", blendOpacity);
        Graphics.Blit(sourceTexture, destTexture, ScreenMat);
    }
    else
    {
        Graphics.Blit(sourceTexture, destTexture);
    }
}
```

10. 스크립트를 완료하려면 Update( ) 함수를 채워서 blendOpacity 변수의 값을 0.0
    에서 1.0으로 정한다.

```
void Update( )
{
    blendOpacity = Mathf.Clamp(blendOpacity, 0.0f, 1.0f);
}
```

11. 완료했다면 메인 카메라에 화면 효과 스크립트를 할당하고(만약 이전 RenderBSC
    스크립트가 있다면 삭제한다.) 스크립트에 화면 효과 셰이더를 추가해 픽셀당 작업
    을 사용하는 셰이더를 가지도록 한다. 효과가 완벽하게 작동하도록 하기 위해 스
    크립트와 셰이더는 텍스처를 찾는다. 화면 효과 스크립트를 위해 **Inspecter** 탭의
    Texture 필드에 텍스처를 할당한다. 텍스처를 할당했다면, 게임의 렌더링된 스크
    린샷에서 이 텍스처가 곱해진 효과를 볼 수 있다.

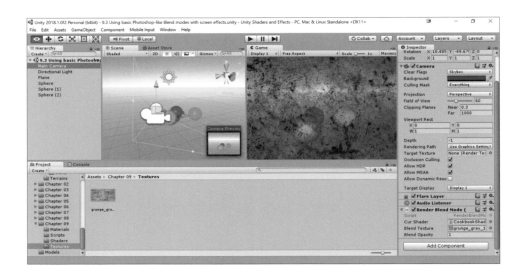

12. 다음 스크린샷은 좀 더 작은 혼합 불투명도 옵션을 가진 화면 효과를 보여준다.

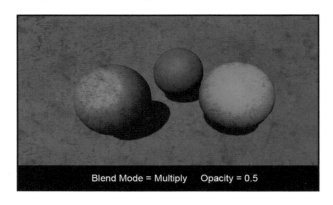

Blend Mode = Multiply   Opacity = 0.5

첫 번째 혼합 모드가 설정됐다면, 더 많은 효과를 추가하고 게임의 최종 결과를 실제로 미세 조정하는 것이 얼마나 쉬운지를 이해하기 위해 단순한 혼합 모드 둘을 추가할 수 있다. 그러나 우선 여기서 일어나는 일에 대해 하나씩 살펴보자.

예제 분석

이제 화면 효과 프로그래밍에 대한 엄청난 힘과 유연성을 얻기 시작했다. 유니티에서 간단한 시스템으로 얼마나 많은 일을 할 수 있는지를 이해하기 시작했을 것이라 생각한다. 짧은 시간 내에 고품질의 그래픽을 얻는 데 필요한 유연성을 아티스트에게 제공하기 위해 게임에서 포토샵 레이어 혼합 모드의 효과를 복제할 수 있다.

이 특별한 레시피를 통해 약간의 수학을 사용하는 것으로 두 이미지를 한데 곱하거나 더하거나 화면 혼합 모드를 수행하는 방법을 살펴볼 것이다. 혼합 모드로 작업할 때는 픽셀당 레벨에 대해 생각해야 한다. 예를 들어 곱하기 혼합 모드를 사용할 때 원래의 렌더 텍스처에서 각 픽셀을 가져온 후 혼합 텍스처의 각 픽셀과 곱한다. 더하기 혼합 모드에서도 마찬가지다. 이것은 원본 텍스처 혹은 렌더 텍스처의 각 픽셀을 혼합 텍스처와 합치는 간단한 수학 작업이다.

화면 혼합 모드는 분명 좀 더 복잡하지만 실제로는 같은 작업을 수행한다. 이것은 각각의 이미지인 렌더 텍스처와 혼합 텍스처를 가져와서 반전시킨 후에 서로 곱하고 다시 반전해 최종 모양을 얻는다. 포토샵이 혼합 모드를 사용해 텍스처를 한데 혼합하는 것처럼 화면 효과에서 같은 것을 할 수 있다.

부연 설명

화면 효과에 몇 가지 혼합 모드를 추가하기 위해 이 레시피를 계속 이어가보자.

1. 화면 효과 셰이더에서 frag( ) 함수에 다음 코드를 추가하고 스크립트에 반환하는 값을 변경하자. 또한 곱셈 혼합을 주석 처리해서 반환하지 않도록 해야 한다.

```
fixed4 frag(v2f_img i) : COLOR
{
    // 렌더 텍스처로부터 색상을, v2f_img로부터 uv를 얻는다

    fixed4 renderTex = tex2D(_MainTex, i.uv);
```

```
fixed4 blendTex = tex2D(_BlendTex, i.uv);
// 곱하기 혼합 모드를 수행한다
// fixed4 blendedMultiply = renderTex * blendTex;

// 더하기 혼합 모드를 수행한다
fixed4 blendedAdd = renderTex + blendTex;
// lerp로 혼합 모드의 양을 조절한다
renderTex = lerp(renderTex, blendedAdd, _Opacity);
return renderTex;
}
```

2. 셰이더 파일을 저장하고 유니티 에디터로 돌아와서 셰이더가 컴파일되게 하자. 에러가 없다면 다음 스크린샷과 비슷한 결과를 보게 될 것이다.

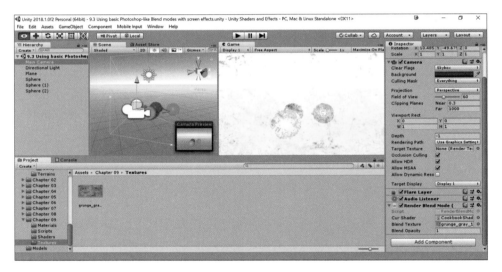

3. 이것은 Blend Opacity를 0.5로 설정한 간단한 더하기 혼합 모드다.

블렌딩 모드 추가

 보다시피 두 이미지를 합치므로 곱하기의 반대 효과가 있다.

4. 마지막으로 화면 혼합이라는 혼합 모드를 하나 더 추가하겠다. 이것은 수학적인 관점에서 약간 더 복잡하지만 여전히 구현하기가 쉽다. 셰이더의 frag( ) 함수에 다음 코드를 추가한다.

```
fixed4 frag(v2f_img i) : COLOR
{
    // 렌더 텍스처로부터 색상을, v2f_img로부터 uv를 얻는다

    fixed4 renderTex = tex2D(_MainTex, i.uv);
    fixed4 blendTex = tex2D(_BlendTex, i.uv);
    // 곱하기 혼합 모드를 수행한다
    // fixed4 blendedMultiply = renderTex * blendTex;

    // 더하기 혼합 모드를 수행한다
    // fixed4 blendedAdd = renderTex + blendTex;

    // 화면 혼합 모드를 수행한다
    fixed4 blendedScreen = (1.0 - ((1.0 - renderTex) * (1.0 - blendTex)));
    // lerp로 혼합 모드의 양을 조절한다
```

```
    renderTex = lerp(renderTex, blendedScreen, _Opacity);
    return renderTex;
}
```

다음 스크린샷은 화면 효과에서 두 이미지를 한데 혼합하기 위해 화면 타입 혼합 모드를
사용한 결과를 보여준다.

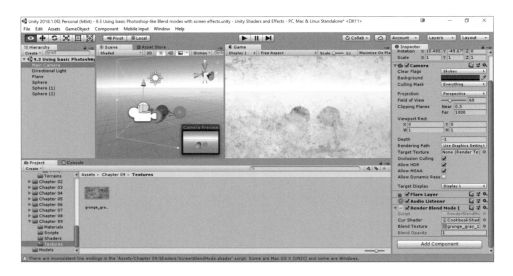

다음은 효과를 보여주는 스크린샷이다.

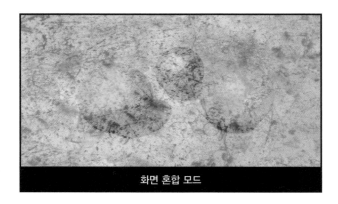

화면 혼합 모드

▌ 화면 효과로 오버레이 혼합 모드 사용하기

마지막 레시피는 또 다른 종류의 혼합 모드인 오버레이 혼합 모드를 살펴보는 것이다. 이 혼합 모드는 실제로 각 채널의 각 픽셀의 최종 색상을 결정하는 몇 가지 조건문을 사용한다. 따라서 이런 종류의 혼합 모드를 사용하는 데는 약간의 코딩 작업이 필요하다. 다음 몇 몇 레시피에서 이것이 이뤄지는 방식을 살펴보자.

예제 구현

오버레이 화면 효과를 시작하려면 셰이더 코드를 에러 없이 설정하고 실행할 수 있어야 한다. 그리고 나서 스크립트 파일을 수정해 올바른 데이터를 셰이더에 전달할 수 있다.

1. Chapter 9 > Shaders에 있는 ScreenGrayscale 코드를 복제하고 이름을 Screen Overlay로 하자. 그다음에는 더블 클릭함으로써 스크립트 에디터에서 연다.

2. 우선 Properties 블록에 속성을 설정해야 한다. 여기서는 9장에서 앞서 소개한 몇 가지 레시피에서와 같은 속성을 사용할 것이다.

```
Properties
{
  _MainTex ("Base (RGB)", 2D) = "white" {}
  _BlendTex ("Blend Texture", 2D) = "white"{}
  _Opacity ("Blend Opacity", Range(0,1)) = 1
}
```

3. 이전에 생성된 CGPROGRAM 내의 변수를 삭제하고 해당되는 변수를 생성해야 한다.

```
Pass
{
CGPROGRAM
#pragma vertex vert_img
#pragma fragment frag
#pragma fragmentoption ARB_precision_hint_fastest
```

```
#include "UnityCG.cginc"
uniform sampler2D _MainTex;
uniform sampler2D _BlendTex;
fixed _Opacity;
```

4. 오버레이 혼합 효과가 작동하도록 하기 위해 각 채널의 각 픽셀을 개별적으로 처리해야 한다. 이것을 셰이더에서 하려면 단일 채널(빨간색 채널 같은)을 가져온 후 오버레이 작업을 수행하는 커스텀 함수를 작성해야 한다. 셰이더의 변수 선언 바로 아래에 다음 코드를 입력하자.

```
fixed OverlayBlendMode(fixed basePixel, fixed blendPixel)
{
  if(basePixel < 0.5)
  {
    return (2.0 * basePixel * blendPixel);
  }
  else
  {
    return (1.0 - 2.0 * (1.0 - basePixel) * (1.0 - blendPixel));
  }
}
```

5. 혼합을 수행하기 위해 텍스처의 각 채널을 처리하도록 frag( ) 함수를 업데이트해야 한다.

```
fixed4 frag(v2f_img i) : COLOR
{
  // 렌더 텍스처로부터 색상을, v2f_img로부터 uv를 얻는다

  fixed4 renderTex = tex2D(_MainTex, i.uv);
  fixed4 blendTex = tex2D(_BlendTex, i.uv);
  fixed4 blendedImage = renderTex;
  blendedImage.r = OverlayBlendMode(renderTex.r, blendTex.r);
  blendedImage.g = OverlayBlendMode(renderTex.g, blendTex.g);
```

```
blendedImage.b = OverlayBlendMode(renderTex.b, blendTex.b);
// lerp로 혼합 모드의 양을 조절한다
renderTex = lerp(renderTex, blendedImage, _Opacity);
return renderTex;
}
```

6. 셰이더 코드가 완료됐다면 효과가 작동해야 한다. 셰이더를 저장하고 유니티 에디터로 돌아가서 셰이더를 컴파일하도록 하자. 스크립트는 이미 준비돼 있다. 메인 카메라 오브젝트를 선택하자. Project 탭에서 ScreenOverlay 셰이더를 Inspector 탭의 Render Blend Mode 컴포넌트에 있는 Cur Shader 속성으로 끌어다 놓는다. 셰이더가 컴파일되면 다음 스크린샷과 비슷한 결과를 볼 수 있다.

다음 스크린샷은 Blend Opacity를 0.5로 사용한 것이다.

오버레이 혼합 모드

예제 분석

오버레이 혼합 모드는 확실히 더 복잡하지만, 실제로 함수를 분해해보면 단순히 곱하기 혼합 모드와 화면 혼합 모드인 것을 알게 된다. 이 경우 하나 혹은 다른 혼합 모드를 픽셀에 적용하기 위해 조건부 검사를 수행한다.

이 특정 화면 효과에서 오버레이 함수가 픽셀을 받을 때 0.5 미만인지를 확인한다. 미만일 경우 수정된 곱하기 혼합 모드를 픽셀에 적용한다. 이상일 경우 수정된 화면 혼합 모드를 픽셀에 적용한다. 각 채널의 각 픽셀에 대해 이 작업을 수행해서 화면 효과를 위한 최종 RGB 값을 제공한다.

보다시피 화면 효과로 할 수 있는 것이 많다. 이는 플랫폼과 화면 효과에 할당된 메모리 양에 달려 있다. 일반적으로 이것은 게임 프로젝트를 진행하는 도중에 결정되므로 화면 효과에 대해 즐기고 창의적으로 생각하자.

10

게임플레이와 화면 효과

믿을 만하고 몰입할 만한 게임을 만들려고 할 때 머티리얼 디자인만이 고려해야 할 대상은 아니다. 전반적인 느낌은 화면 효과를 사용해 변경할 수 있다. 이는 영화에서 매우 흔한데, 예를 들어 후반 작업 단계에서 색을 수정할 때다. 9장에서 다룬 지식을 사용하면 이런 테크닉을 게임에서도 구현할 수 있다. 10장에서는 두 가지 재미있는 효과가 제공된다. 그러나 필요에 맞게 조정해 자신만의 화면 효과를 생성할 수도 있다.

10장에서는 다음 내용을 배운다.

- 오래된 영화 화면 효과 만들기
- 나이트 비전^{night vision} 화면 효과 만들기

▌ 소개

이 책을 읽는다면 아마 게임 한두 개 정도는 해봤을 것이다. 실시간 게임의 한 측면은 실세계에서 플레이하는 것처럼 느낄 수 있도록 플레이어를 게임 세계에 몰입시키는 효과다. 좀 더 현대적인 게임은 이러한 몰입감을 얻기 위해 화면 효과를 많이 사용한다.

화면 효과를 통해 화면의 모양을 변경하는 것만으로도 특정 환경의 분위기를 평온함에서 공포로 바꿀 수 있다. 레벨 내에 포함된 방으로 걸어 들어가면 게임이 그것을 인계받아 시네마틱한 상황으로 들어간다고 상상해보자. 많은 현대 게임은 현재 순간의 분위기를 변경하기 위해 다른 화면 효과를 켤 것이다. 게임플레이가 실행하는 효과를 생성하는 방법을 이해하는 것은 셰이더 작성 여행의 다음 단계다.

10장에서는 좀 더 일반적인 게임플레이 화면 효과의 일부를 살펴볼 것이다. 게임의 모습을 보통에서 오래된 영화 효과로 바꾸는 방법을 알아보고, 많은 1인칭 슈터 게임이 화면에 나이트 비전 효과를 적용하는 방법을 살펴볼 것이다. 이러한 레시피를 가지고 게임 이벤트와 연결해서 게임에 현재 필요한지에 따라 켜고 끌 수 있는 방법을 살펴볼 것이다.

▌ 오래된 영화 화면 효과 만들기

많은 게임은 다른 시간대에 설정된다. 몇몇은 판타지 세계나 미래의 공상 과학 세계며, 몇몇은 필름 카메라가 개발된 곳인 옛 서부였다. 그리고 사람들이 보던 영화는 흑백이거나 세피아 효과sepia effect라고 불리는 색이 입혀져 있었다. 이 모습은 굉장히 독특하다. 그리고 유니티에서 화면 효과를 사용해 이 모습을 구현할 것이다.

이 모습을 구현하기 위한 몇 가지 단계가 있다. 화면 전체를 흑백이나 회색조로 만들려면 이 효과를 컴포넌트 파츠component parts로 분해해야 한다. 오래된 영화의 영상을 분석하면 이것을 시작할 수 있다. 다음 이미지를 살펴보고 오래된 영화 모습을 구성하는 요소를 분석해보자.

온라인에서 발견한 몇 가지 레퍼런스 이미지를 사용해 이전의 이미지를 생성했다. 새 화면 효과에 대한 계획을 세우는 데 도움이 되도록 이와 같은 이미지를 포토샵으로 시도하고 구성해보는 것은 좋은 생각이다. 이 과정을 수행하면 코딩해야 하는 요소를 알 수 있을 뿐만 아니라 블렌딩 모드의 작동 방식과 화면 효과의 레이어를 구성하는 방법을 빠르게 확인할 수 있는 길을 제공한다.

준비

만들어야 하는 것을 알았으니 각 레이어가 최종 효과를 생성하기 위해 결합되는 방식을 살펴보고 셰이더와 화면 효과 스크립트를 위한 약간의 리소스를 모아보자.

- **세피아 톤**sepia tone : 이것은 비교적 달성하기 쉬운 효과다. 원래의 렌더 텍스처의 모든 픽셀 색상을 단일 색상 범위로 가져와야 하기 때문이다. 이는 원본 이미지의 휘도를 사용하고 상수 색상을 추가함으로써 쉽게 달성할 수 있다. 첫 번째 레이어는 다음 스크린샷처럼 보인다.

- **비네트 효과**_{vignette effect} : 오래된 영화 프로젝터를 사용해 오래된 영화를 감상하면, 일종의 부드러운 경계선을 볼 수 있다. 이는 영화 프로젝터에 사용되는 전구가 필름 가장자리보다 중앙을 더 밝게 하기 때문에 발생한다. 이 효과는 일반적으로 비네트 효과라고 하며, 여기서 다루는 화면 효과의 두 번째 레이어다. 전체 화면에서 오버레이된 텍스처로 이를 수행할 수 있다. 다음 스크린샷은 이 레이어가 텍스처가 분리된 듯이 보이는 것을 나타낸다.

- **더스트**dust**와 스크래치**scratch: 오래된 영화 화면 효과의 세 번째이자 마지막 레이어는 더스트와 스크래치다. 이 레이어는 두 개의 다른 타일 텍스처를 사용한다. 하나는 스크래치, 다른 하나는 더스트다. 다른 타일링 비율로 시간이 지남에 따라 두 텍스처를 애니메이션 처리하길 원하기 때문이다. 이것은 각 프레임에 작은 스크래치와 먼지가 있는 오래된 영화가 움직이는 효과를 제공한다. 다음 스크린샷은 텍스처와 분리된 효과를 보여준다.

이전의 텍스처를 사용해 화면 효과 시스템을 준비해보자. 다음 단계를 따르자.

1. 방금 본 것과 같은 비네트 텍스처 및 더스트와 스크래치 텍스처를 얻자.
2. 또한 작성하려는 효과를 에뮬레이트하는 씬이 필요하다. 10.1 Starter Scene이라는, 예제 코드의 10장 폴더에서 사용할 수 있는 예제 씬을 만들어뒀다.

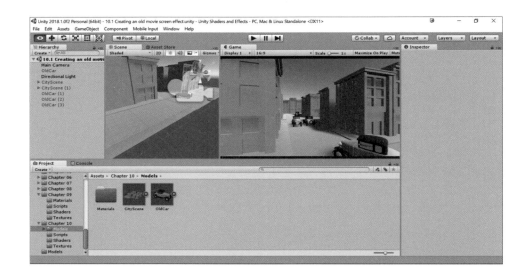

3. ScreenGrayscale 코드를 복제해 새 셰이더를 생성하자. Chapter 9 ➤ Shaders 폴더의 코드를 선택하고 Ctrl+D를 누르자. 복제했다면 이름은 ScreenOldFilm으로 변경하자. 그다음에는 Chapter 10 ➤ Shaders 폴더로 이동시키자. 필요하면 폴더를 생성하자.

4. 그다음에는 Chapter 9 ➤ Scripts 폴더로 가서 TestRenderImage 스크립트를 복제하자. 새 파일의 이름을 RenderOldFilm으로 변경한 후 Chapter 10 ➤ Scripts 폴더로 옮기자. 필요하면 폴더를 생성하자.

마지막으로 화면 효과 시스템을 가동하고 텍스처를 모아서 이 오래된 영화 효과의 재창조 과정을 시작할 수 있다.

예제 구현

오래된 영화 화면 효과를 위한 각각의 레이어는 꽤 간단하지만, 결합됐을 때 시각적으로 놀라운 효과를 얻을 수 있다. 스크립트와 셰이더용 코드를 작성하는 방법을 살펴본 다음, 각 코드 라인을 하나씩 살펴보고 동작하는 방식을 배울 수 있다.

이 시점에서는 화면 효과 시스템을 구성하고 동작시켜야 한다. 이 레시피에서 설정하는 방법은 다루지 않을 것이기 때문이다.

1. 스크립트에 코드를 입력하는 것부터 시작해보자. 첫 번째 단계는 파일명인 RenderOldFilm과 클래스명이 맞도록 스크립트를 수정하는 것이다.

```
[ExecuteInEditMode]
public class RenderOldFilm : MonoBehaviour {
```

2. 입력할 첫 번째 코드 블록은 이 효과의 사용자가 적합하게 조절할 수 있도록 하기 위해 인스펙터에 표시하고자 하는 변수를 정의할 것이다. 이 효과의 인스펙터에 무엇을 노출해야 할지 결정할 때 참고용으로 포토샵 파일을 사용할 수도 있다. 효과 스크립트에 다음 코드를 입력하자.

```
#region Variables
public Shader curShader; // 오래된 영화 셰이더

public float OldFilmEffectAmount = 1.0f;

public Color sepiaColor = Color.white;
public Texture2D vignetteTexture;
public float vignetteAmount = 1.0f;

public Texture2D scratchesTexture;
public float scratchesYSpeed = 10.0f;
public float scratchesXSpeed = 10.0f;

public Texture2D dustTexture;
public float dustYSpeed = 10.0f;
public float dustXSpeed = 10.0f;

private Material screenMat;
private float randomValue;
#endregion
```

3. 이어서 `OnRenderImage()` 함수의 내용을 채워야 한다. 여기서는 변수의 데이터를 셰이더로 전달해, 셰이더가 이 데이터를 렌더 텍스처 처리에 사용할 수 있도록 한다.

```
void OnRenderImage(RenderTexture sourceTexture, RenderTexture
destTexture)
{
  if (curShader != null)
  {
    ScreenMat.SetColor("_SepiaColor", sepiaColor);
    ScreenMat.SetFloat("_VignetteAmount", vignetteAmount);
    ScreenMat.SetFloat("_EffectAmount", OldFilmEffectAmount);

    if (vignetteTexture)
    {
      ScreenMat.SetTexture("_VignetteTex", vignetteTexture);
    }

    if (scratchesTexture)
    {
      ScreenMat.SetTexture("_ScratchesTex", scratchesTexture);
      ScreenMat.SetFloat("_ScratchesYSpeed", scratchesYSpeed);
      ScreenMat.SetFloat("_ScratchesXSpeed", scratchesXSpeed);
    }

    if (dustTexture)
    {
      ScreenMat.SetTexture("_DustTex", dustTexture);
      ScreenMat.SetFloat("_dustYSpeed", dustYSpeed);
      ScreenMat.SetFloat("_dustXSpeed", dustXSpeed);
      ScreenMat.SetFloat("_RandomValue", randomValue);
    }

    Graphics.Blit(sourceTexture, destTexture, ScreenMat);
  }
  else
  {
```

```
    Graphics.Blit(sourceTexture, destTexture);
  }
}
```

4. 이 효과의 스크립트 부분을 완성하려면 임의의 값 대신 클램프 범위를 가져야 하는 변수의 값을 정해야 한다.

```
void Update()
{
  vignetteAmount = Mathf.Clamp01(vignetteAmount);
  OldFilmEffectAmount = Mathf.Clamp(OldFilmEffectAmount, 0f, 1.5f);
  randomValue = Random.Range(-1f, 1f);
}
```

5. 스크립트가 완료되면 셰이더 파일을 살펴보자. 셰이더의 스크립트에서 생성한 해당 변수를 만들어야 한다. 이것은 스크립트와 셰이더가 각자 통신할 수 있도록 한다. 셰이더의 Properties 블록에 다음 코드를 입력하자.

```
Properties
{
  _MainTex ("Base (RGB)", 2D) = "white" {}
  _VignetteTex ("Vignette Texture", 2D) = "white"{}
  _ScratchesTex ("Scratches Texture", 2D) = "white"{}
  _DustTex ("Dust Texture", 2D) = "white"{}
  _SepiaColor ("Sepia Color", Color) = (1,1,1,1)
  _EffectAmount ("Old Film Effect Amount", Range(0,1)) = 1.0
  _VignetteAmount ("Vignette Opacity", Range(0,1)) = 1.0
  _ScratchesYSpeed ("Scratches Y Speed", Float) = 10.0
  _ScratchesXSpeed ("Scratches X Speed", Float) = 10.0
  _dustXSpeed ("Dust X Speed", Float) = 10.0
  _dustYSpeed ("Dust Y Speed", Float) = 10.0
  _RandomValue ("Random Value", Float) = 1.0
  _Contrast ("Contrast", Float) = 3.0
}
```

6. 그다음에는 평소와 같이 `CGPROGRAM` 블록에 동일한 변수를 추가해 `Properties` 블록이 `CGPROGRAM` 블록과 통신할 수 있게 한다.

```
Pass
{
  CGPROGRAM
  #pragma vertex vert_img
  #pragma fragment frag
  #pragma fragmentoption ARB_precision_hint_fastest
  #include "UnityCG.cginc"
  uniform sampler2D _MainTex;
  uniform sampler2D _VignetteTex;
  uniform sampler2D _ScratchesTex;
  uniform sampler2D _DustTex;
  fixed4 _SepiaColor;
  fixed _VignetteAmount;
  fixed _ScratchesYSpeed;
  fixed _ScratchesXSpeed;
  fixed _dustXSpeed;
  fixed _dustYSpeed;
  fixed _EffectAmount;
  fixed _RandomValue;
  fixed _Contrast;
```

7. 이제 화면 효과를 위해 픽셀을 처리할 수 있도록 frag() 함수의 내용을 채운다. 시작하려면 스크립트가 전달한 렌더 텍스처와 비네트 텍스처를 얻자.

```
fixed4 frag(v2f_img i) : COLOR
{
  // 렌더 텍스처로부터 색상을, v2f_img로부터 uv를 얻는다

  fixed4 renderTex = tex2D(_MainTex, i.uv);
  // 비네트 텍스처로부터 픽셀 얻기
  fixed4 vignetteTex = tex2D(_VignetteTex, i.uv);
```

8. 다음 코드를 입력해 더스트와 스크래치를 위한 처리를 추가한다.

```
// 스크래치 UV와 픽셀
half2 scratchesUV = half2(i.uv.x + (_RandomValue * _SinTime.z * _
ScratchesXSpeed), i.uv.y + (_Time.x * _ScratchesYSpeed));
fixed4 scratchesTex = tex2D(_ScratchesTex, scratchesUV);
// 더스트 UV와 픽셀
half2 dustUV = half2(i.uv.x + (_RandomValue * (_SinTime.z * _
dustXSpeed)), i.uv.y + (_RandomValue * (_SinTime.z * _dustYSpeed)));
fixed4 dustTex = tex2D(_DustTex, dustUV);
```

9. 세피아 톤 과정은 다음과 같다.

```
// YIQ 값을 사용해 렌더 텍스처에서 광도 값을 가져온다
fixed lum = dot (fixed3(0.299, 0.587, 0.114), renderTex.rgb);
// lum 값에 상수 색상 추가
fixed4 finalColor = lum + lerp(_SepiaColor, _SepiaColor +
fixed4(0.1f,0.1f,0.1f,1.0f), _RandomValue);
finalColor = pow(finalColor, _Contrast);
```

10. 마지막으로 모든 레이어와 색상을 결합하고 최종 화면 효과 텍스처를 반환한다.

```
// 효과의 불투명도를 조절하는 데 사용 가능한 상수 흰색을 생성한다
fixed3 constantWhite = fixed3(1,1,1);
// 최종 화면 효과 생성을 위해 다른 레이어를 한데 결합한다
finalColor = lerp(finalColor, finalColor * vignetteTex, _
VignetteAmount);
finalColor.rgb *= lerp(scratchesTex, constantWhite, (_RandomValue));
finalColor.rgb *= lerp(dustTex.rgb, constantWhite, (_RandomValue * _
SinTime.z));
finalColor = lerp(renderTex, finalColor, _EffectAmount);
return finalColor;
}
```

11. 모든 코드를 입력하고 나서 에러가 없다면, 유니티 에디터로 돌아가 예제 씬의 메인 카메라에 RenderOldFilm 컴포넌트를 추가하자. 거기서 Cur Shader 속성으로 셰이더를 끌어다 놓자. 그다음에는 Sepia Color에 다음과 같은 갈색을 지정하자.

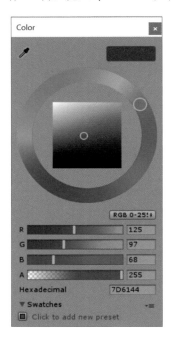

12. 그다음에는 지정된 텍스처를 적절한 속성에 할당한다. 그러면 화면에 다음과 비슷한 것이 나타난다.

13. 더스트와 스크래치의 효과와 화면 효과에 부여한 약간의 이미지 이동을 보기 위해 유니티 에디터에서 Play를 누르자.

예제 분석

이제 이 화면 효과의 각 레이어를 살펴보고, 각 코드 라인이 작동하는 방식을 분석하자. 또한 이 화면 효과에 더 많이 추가하는 방법을 살펴보자.

오래된 영화 화면 효과가 작동하니 frag( ) 함수의 코드 라인을 살펴보자.

포토샵 레이어와 마찬가지로 셰이더는 각 레이어를 처리하고 하나로 합치므로 각 레이어를 거치면서 포토샵에서 레이어가 작동하는 방식을 상상해보자. 이 개념을 염두에 두는 것은 새로운 화면 효과를 개발할 때 언제나 도움이 된다.

여기서 frag( ) 함수의 첫 번째 코드 라인 세트를 가진다.

```
fixed4 frag(v2f_img i) : COLOR
{
  // 렌더 텍스처로부터 색상을, v2f_img로부터 uv를 얻는다
```

```
fixed4 renderTex = tex2D(_MainTex, i.uv);
// 비네트 텍스처로부터 픽셀 얻기
fixed4 vignetteTex = tex2D(_VignetteTex, i.uv);
```

frag( ) 함수 선언 직후의 첫 번째 코드 라인은 메인 렌더링 텍스처 혹은 게임의 실제 렌더 링된 프레임을 위해 UV가 작동하는 방식에 대한 정의다. 오래된 영화 스타일의 효과를 흉내 내 내려고 할 때, 매 프레임의 렌더링 텍스처의 UV를 조절해 깜빡이게 하려고 한다. 이 깜빡임은 영화 프로젝터가 조금 흐려지는 것을 시뮬레이트한다. 이는 UV를 애니메이션화해 야 한다는 것을 알려주며, 이것이 첫 번째 코드 라인이 하는 일이다.

-1에서 1 사이의 값을 얻기 위해 유니티가 제공하는 내장 _SinTime 변수를 사용했다. 그 다음에는 효과의 강도를 줄이기 위해 매우 작은 숫자를 곱한다. 여기서는 0.005를 사용했다. 최종 값은 효과 스크립트에서 생성한 _RandomValue 변수가 다시 곱해진다. 이 값은 모션의 방향을 앞뒤로 뒤집기 위해 -1에서 1 사이를 왔다갔다 한다.

UV가 만들어지고 renderTexUV 변수에 저장되면 tex2D( ) 함수를 사용해 렌더링 텍스처를 샘플링할 수 있다. 이 작업은 셰이더의 나머지에서 더 많이 처리하는 데 사용 가능한 최종 렌더링 텍스처를 제공한다.

이전 이미지의 마지막 줄로 이동하면 tex2D( ) 함수를 사용해 비네트 텍스처를 직접 샘플 링한다. 이미 만든 애니메이션된 UV를 사용할 필요는 없다. 비네트 텍스처는 카메라 필름의 깜빡임이 아닌 카메라의 모션에 묶여 있기 때문이다.

다음 코드 조각은 frag( ) 함수의 두 번째 코드 라인 세트를 보여준다.

```
// 스크래치 UV와 픽셀
half2 scratchesUV = half2(i.uv.x + (_RandomValue * _SinTime.z * _
ScratchesXSpeed), i.uv.y + (_Time.x * _ScratchesYSpeed));
fixed4 scratchesTex = tex2D(_ScratchesTex, scratchesUV);
// 더스트 UV와 픽셀
half2 dustUV = half2(i.uv.x + (_RandomValue * (_SinTime.z * _dustXSpeed)), i.uv.
y + (_RandomValue * (_SinTime.z * _dustYSpeed)));
```

```
fixed4 dustTex = tex2D(_DustTex, dustUV);
```

이 코드 라인은 화면 효과 레이어의 위치를 조절하기 위해 독특^{unique}하게 UV 값을 애니메이트해야 하는 이전 코드 라인과 거의 비슷하다. 내장된 _SinTime 값을 사용해 -1에서 1 사이의 값을 얻고 랜덤한 값을 곱한 후 애니메이션의 전체 속도를 조절하기 위해 다른 숫자를 곱한다. 이 UV 값이 생성됐다면, 이 값을 사용해 더스트와 스크래치 텍스처를 샘플링할 수 있다.

다음 코드 세트는 오래된 영화 화면 효과를 위한 색상 효과의 생성을 처리한다. 다음 코드 조각은 이러한 라인을 보여준다.

```
// YIQ 값을 사용해 렌더링 텍스처에서 광도 값을 가져온다
fixed lum = dot (fixed3(0.299, 0.587, 0.114), renderTex.rgb);
// lum 값에 상수 색상 추가
fixed4 finalColor = lum + lerp(_SepiaColor, _SepiaColor +
fixed4(0.1f,0.1f,0.1f,1.0f), _RandomValue);
```

이 코드 세트를 사용해 전체 렌더링된 텍스처의 실제 색조를 생성한다. 이를 달성하기 위해서는 먼저 렌더링 텍스처를 그레이스케일 버전으로 바꿔야 한다. 이를 위해 YIQ 값이 제공하는 광도 값을 사용할 수 있다. YIQ 값은 NTSC 색상 TV 시스템에서 사용하는 색상 공간이다. YIQ의 각 문자는 가독성을 위해 색상을 조절하고자 TV에서 사용하는 색상 상수를 실제로 저장한다.

이 색상 스케일에 대한 이유를 실제로 알 필요가 없다고는 해도 YIQ의 Y 값은 이미지의 상수 휘도 값이라는 것을 알아야 한다. 따라서 렌더링 텍스처의 각 픽셀을 가져온 후 광도 값과 내적해 렌더링 텍스처의 그레이스케일 이미지를 생성할 수 있다. 이것이 이 코드 세트의 첫 번째 라인이 하는 일이다.

일단 휘도 값을 얻었다면, 이미지에 색조를 적용하려는 색상을 간단히 추가할 수 있다. 이 색은 스크립트에서 셰이더로 전달된 후, 텍스처에 그레이스케일 렌더를 추가할 수 있는

곳인 CGPROGRAM 블록으로 간다. 완료되면 완벽하게 색이 물든 이미지를 얻게 될 것이다.

마지막으로 화면 효과의 각 레이어 간 혼합을 만들어야 한다. 다음 코드 조각은 혼합에 대한 코드 세트를 보여준다.

```
// 효과의 불투명도를 조절하는 데 사용 가능한 상수 흰색을 생성한다
fixed3 constantWhite = fixed3(1,1,1);
// 최종 화면 효과 생성을 위해 다른 레이어를 한데 결합한다
finalColor = lerp(finalColor, finalColor * vignetteTex, _VignetteAmount);
finalColor.rgb *= lerp(scratchesTex, constantWhite, (_RandomValue));
finalColor.rgb *= lerp(dustTex.rgb, constantWhite, (_RandomValue * _SinTime.z));
finalColor = lerp(renderTex, finalColor, _EffectAmount);
return finalColor
```

마지막 코드 세트는 비교적 간단하며 많은 설명을 할 필요가 없다. 간단히 말해, 최종 결과에 도달하기 위해 모든 레이어를 한데 곱하는 것이다. 포토샵에서 레이어를 한데 곱하는 것처럼 셰이더에서 모두를 곱했다. 각 레이어는 lerp() 함수를 통해 처리되므로 각 레이어의 투명도를 조절할 수 있으며, 이는 최종 효과를 좀 더 예술적으로 제어할 수 있도록 해준다. 조절 가능한 것이 많이 제공될수록 화면 효과를 조절하는 데 더 유리하다.

참고 사항

YIQ 값에 대한 자세한 내용은 다음 링크를 참고하자.

- http://en.wikipedia.org/wiki/YIQ
- http://www.blackice.com/colorspaceYIQ.htm

▌ 나이트 비전 화면 효과 만들기

다음 화면 효과는 확실히 더 인기 있는 것이다. 나이트 비전 화면 효과는 〈콜 오브 듀티: 모던 워페어〉, 〈헤일로〉와 오늘날 시장에 나온 1인칭 슈팅 게임 등에서 나온다. 이것은 매우 뚜렷한 라임그린 색을 사용해 전체 이미지를 밝게 하는 효과다.

나이트 비전 효과를 얻기 위해 포토샵을 사용해 효과를 분해해야 한다. 이것은 필요한 혼합 모드의 종류를 보거나 레이어를 합치는 데 필요한 순서를 보기 위해 온라인에서 일부 레퍼런스 이미지를 찾고 계층화된 이미지를 작성하는 쉬운 과정이다. 다음 스크린샷은 포토샵에서 이 과정을 수행한 결과를 보여준다.

수집해야 할 에셋을 더 잘 이해하기 위해 포토샵 합성 이미지를 구성 요소로 분해해보자. 다음 레시피에서는 이를 수행하는 과정을 다룰 것이다.

준비

이 화면 효과를 구성 요소 레이어로 다시 분해하는 것부터 시작하겠다. 나이트 비전의 효과를 얻는 방법을 좀 더 잘 설명할 수 있도록 포토샵을 사용해 계층적 이미지를 구성할 수 있다.

- **초록색 채색**: 화면 효과의 첫 번째 레이어는 모든 나이트 비전 이미지에서 발견되는 상징적인 초록색 색상이다. 이것은 다음의 스크린샷과 같은 나이트 비전 모양을 표시하는 효과를 제공한다.

- **스캔 라인**scan line: 플레이어를 위한 새로운 타입의 디스플레이인 이 효과를 높이기 위해 색이 입혀진 레이어의 최상단에 스캔 라인을 추가했다. 이를 위해 포토샵에서 생성한 텍스처를 사용하고 사용자가 스캔 라인을 크게 혹은 작게 할 수 있도록 한다.

- **노이즈**noise : 다음 레이어는 이미지를 분할하고 효과에 디테일을 좀 더 더하기 위해 착색된 이미지와 스캔 라인이 타일링된 단순한 노이즈 텍스처다. 이 레이어는 단순히 디지털 판독 값을 강조한다.

- **비네트**vignette : 나이트 비전 효과의 마지막 레이어는 비네트다. 〈콜 오브 듀티: 모던 워페어〉의 나이트 비전 효과를 살펴보면, 스코프를 내려다보는 효과를 가짜로 구현하는 비네트를 사용한다는 것을 알 수 있다. 이 화면 효과를 위해 그것을 사용할 것이다.

텍스처를 모으는 것으로 화면 효과 시스템을 생성하자. 다음 단계를 따르자.

1. 방금 본 것과 같이 비네트 텍스처, 노이즈 텍스처, 스캔 라인 텍스처를 모으자. 이전과 마찬가지로 Chapter 10 › Textures 폴더에 사용 가능한 텍스처를 뒀다.

2. 셰이더의 효과를 쉽게 볼 수 있도록 샘플 씬을 찾는다. 이전 레시피와 같은 씬을 사용할 것이므로 10.1 샘플 씬을 다시 사용하자.

3. ScreenGrayscale 코드를 복제해 새 셰이더를 만들자. Chapter 9 › Shaders 폴더에서 선택한 후 Ctrl+D를 누르자. 복제했다면 이름을 ScreenNightVision으로 변경하자. 이어서 Chapter 10 › Shaders 폴더로 스크립트를 끌어다 놓자. 필요하면 폴더를 생성하자.

4. 그다음에는 Chapter 9 › Scripts 폴더로 가서 TestRenderImage 스크립트를 복제하자. 새로운 파일의 이름은 RenderNightVision으로 하고, Chapter 10 › Scripts 폴더로 스크립트를 끌어다 놓자. 필요하면 폴더를 생성하자.

마지막으로 화면 효과 시스템을 실행하고 텍스처를 모았다면, 나이트 비전 효과의 재창조 과정을 시작할 수 있다.

예제 구현

모든 에셋을 모으고 화면 효과 시스템이 원활하게 돌아가면 스크립트와 셰이더 모두에 필요한 코드를 추가하기 시작하자. RenderNightVision.cs 스크립트의 코딩을 시작할 것이므로 이 파일을 더블 클릭해 열자.

1. 스크립트에서 코드를 입력하는 것부터 시작할 것이다. 스크립트 수정의 첫 번째 단계는 파일명 RenderNightVision에 맞게 클래스 이름을 수정하는 것이다.

```
[ExecuteInEditMode]
public class RenderNightVision : MonoBehaviour {
```

2. 스크립트의 인스펙터에서 이 효과를 사용자가 조종할 수 있도록 하기 위해 몇 가지 변수를 만들어야 한다. 다음 코드를 NightVisionEffect.cs 스크립트에 추가하자.

```
#region Variables
  public Shader curShader;
  public float contrast = 3.0f;
  public float brightness = 0.1f;
  public Color nightVisionColor = Color.green;
  public Texture2D vignetteTexture;
  public Texture2D scanLineTexture;
  public float scanLineTileAmount = 4.0f;
  public Texture2D nightVisionNoise;
  public float noiseXSpeed = 100.0f;
  public float noiseYSpeed = 100.0f;
  public float distortion = 0.2f;
  public float scale = 0.8f;
  private float randomValue = 0.0f;
  private Material screenMat;
  #endregion
```

3. 다음으로 OnRenderImage( ) 함수를 완료해 셰이더가 화면 효과를 제대로 처리하도록 셰이더에 올바른 데이터를 전달해야 한다. 다음 코드로 OnRenderImage( ) 함수를 완성하자.

```
void OnRenderImage(RenderTexture sourceTexture, RenderTexture
destTexture)
{
  if (curShader != null)
  {
    ScreenMat.SetFloat("_Contrast", contrast);
    ScreenMat.SetFloat("_Brightness", brightness);
    ScreenMat.SetColor("_NightVisionColor", nightVisionColor);
    ScreenMat.SetFloat("_RandomValue", randomValue);
    ScreenMat.SetFloat("_distortion", distortion);
    ScreenMat.SetFloat("_scale", scale);

    if (vignetteTexture)
    {
      ScreenMat.SetTexture("_VignetteTex", vignetteTexture);
    }

    if (scanLineTexture)
    {
      ScreenMat.SetTexture("_ScanLineTex", scanLineTexture);
      ScreenMat.SetFloat("_ScanLineTileAmount", scanLineTileAmount);
    }

    if (nightVisionNoise)
    {
      ScreenMat.SetTexture("_NoiseTex", nightVisionNoise);
      ScreenMat.SetFloat("_NoiseXSpeed", noiseXSpeed);
      ScreenMat.SetFloat("_NoiseYSpeed", noiseYSpeed);
    }

    Graphics.Blit(sourceTexture, destTexture, ScreenMat);
  }
  else
```

```
  {
    Graphics.Blit(sourceTexture, destTexture);
  }
}
```

4. NightVisionEffect.cs 스크립트를 완료하려면 특정 변수의 범위를 지정해야 한다. 이 범위는 임의적이며 나중에 변경할 수 있다. 다음은 잘 작동한 값이다.

```
void Update()
{
  contrast = Mathf.Clamp(contrast, 0f, 4f);
  brightness = Mathf.Clamp(brightness, 0f, 2f);
  randomValue = Random.Range(-1f, 1f);
  distortion = Mathf.Clamp(distortion, -1f, 1f);
  scale = Mathf.Clamp(scale, 0f, 3f);
}
```

5. 이제 이 화면 효과의 셰이더 부분으로 눈을 돌릴 수 있게 됐다. 셰이더를 열고 Properties 블록에 다음 속성을 입력하는 것부터 시작하자.

```
Properties
{
  _MainTex ("Base (RGB)", 2D) = "white" {}
  _VignetteTex ("Vignette Texture", 2D) = "white"{}
  _ScanLineTex ("Scan Line Texture", 2D) = "white"{}
  _NoiseTex ("Noise Texture", 2D) = "white"{}
  _NoiseXSpeed ("Noise X Speed", Float) = 100.0
  _NoiseYSpeed ("Noise Y Speed", Float) = 100.0
  _ScanLineTileAmount ("Scan Line Tile Amount", Float) = 4.0
  _NightVisionColor ("Night Vision Color", Color) = (1,1,1,1)
  _Contrast ("Contrast", Range(0,4)) = 2
  _Brightness ("Brightness", Range(0,2)) = 1
  _RandomValue ("Random Value", Float) = 0
  _distortion ("Distortion", Float) = 0.2
  _scale ("Scale (Zoom)", Float) = 0.8
```

```
}
```

6. CGPROGRAM 블록으로 Properties 블록의 데이터를 전달하기 위해 CGPROGRAM에서 같은 이름으로 선언해야 한다.

```
Pass
{
  CGPROGRAM
  #pragma vertex vert_img
  #pragma fragment frag
  #pragma fragmentoption ARB_precision_hint_fastest
  #include "UnityCG.cginc"
  uniform sampler2D _MainTex;
  uniform sampler2D _VignetteTex;
  uniform sampler2D _ScanLineTex;
  uniform sampler2D _NoiseTex;
  fixed4 _NightVisionColor;
  fixed _Contrast;
  fixed _ScanLineTileAmount;
  fixed _Brightness;
  fixed _RandomValue;
  fixed _NoiseXSpeed;
  fixed _NoiseYSpeed;
  fixed _distortion;
  fixed _scale;
```

7. 이 효과는 또한 렌즈를 통해 보는 효과를 전달하고 이미지의 가장자리가 렌즈의 각도에 의해 왜곡되는 것을 전달하기 위해 렌즈 왜곡을 포함시킬 것이다. CGPROGRAM 블록의 변수 선언 바로 다음에 다음 함수를 입력하자.

```
float2 barrelDistortion(float2 coord)
{
  // 렌즈 왜곡 알고리즘
  // 참고: http://www.ssontech.com/content/lensalg.htm
```

```
    float2 h = coord.xy - float2(0.5, 0.5);
    float r2 = h.x * h.x + h.y * h.y;
    float f = 1.0 + r2 * (_distortion * sqrt(r2));

    return f * _scale * h + 0.5;
}
```

8. 이제 NightVisionEffect 셰이더의 중요 부분에 집중할 수 있다. 렌더링 텍스처
   와 비네트 텍스처를 얻기 위해 필요한 코드를 입력하는 것부터 시작하자. 셰이더
   의 frag() 함수에 다음 코드를 추가한다.

```
fixed4 frag(v2f_img i) : COLOR
{
    // 렌더 텍스처로부터 색상을, v2f_img로부터 uv를 얻는다

    half2 distortedUV = barrelDistortion(i.uv);
    fixed4 renderTex = tex2D(_MainTex, distortedUV);
    fixed4 vignetteTex = tex2D(_VignetteTex, i.uv);
```

9. frag() 함수의 다음 단계는 스캔 라인과 노이즈 텍스처를 처리하고 적절한 애니
   메이션된 UV를 적용하는 것이다.

```
// 스캔 라인과 노이즈 처리하기
half2 scanLinesUV = half2(i.uv.x * _ScanLineTileAmount, i.uv.y * _
ScanLineTileAmount);
fixed4 scanLineTex = tex2D(_ScanLineTex, scanLinesUV);
half2 noiseUV = half2(i.uv.x + (_RandomValue * _SinTime.z * _
NoiseXSpeed), i.uv.y + (_Time.x * _NoiseYSpeed));
fixed4 noiseTex = tex2D(_NoiseTex, noiseUV);
```

10. 화면 효과에서 모든 레이어를 완성하려면 렌더링 텍스처의 광도 값을 처리한 후 나이트 비전 모습을 달성하기 위해 나이트 비전 색상을 적용해야 한다.

```
// YIQ 값을 사용해 렌더링 텍스처에서 광도 값을 얻는다

fixed lum = dot (fixed3(0.299, 0.587, 0.114), renderTex.rgb);
lum += _Brightness;
fixed4 finalColor = (lum *2) + _NightVisionColor;
```

11. 마지막으로 모든 레이어를 결합하고 나이트 비전 효과의 최종 색을 반환한다.

```
    // 최종 출력
    finalColor = pow(finalColor, _Contrast);
    finalColor *= vignetteTex;
    finalColor *= scanLineTex * noiseTex;
    return finalColor;
}
```

12. 코드 입력이 끝나면 유니티 에디터로 돌아가서 스크립트와 셰이더가 컴파일되게 하자. 에러가 없으면 씬의 메인 카메라를 선택하자. **Render Old Film** 컴포넌트가 있다면 없애고 **RenderNightVision** 컴포넌트를 추가하자. 컴포넌트의 **Cur Shader** 속성에 **ScreenNightVision** 셰이더를 끌어다 놓고 **Night Vision Color** 속성에 다음과 같은 초록색을 할당한다.

13. 그러고 나서 적절한 위치에 텍스처를 지정하자.

14. 그다음에는 에디터에서 플레이해 효과의 최종 버전을 확인하자.

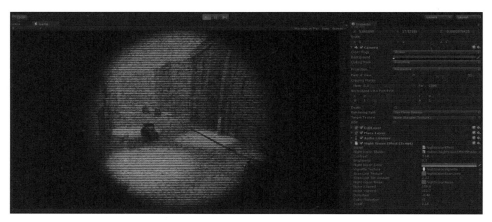

나이트 비전 화면 효과의 최종 결과

예제 분석

나이트 비전 효과는 실제로 오래된 영화 화면 효과와 매우 유사하다. 이는 이러한 컴포넌트를 모듈로 만들 수 있는 방법을 보여준다. 단순히 오버레이에 사용하는 텍스처를 바꾸고 타일링 비율을 계산하는 데 사용되는 속도를 변경하면 동일한 코드로 매우 다른 결과를 얻을 수 있다.

이 효과의 유일한 차이점은 화면 효과에 렌즈 왜곡이 포함됐다는 것이다. 그러므로 작동방식을 좀 더 잘 이해하기 위해 그것을 분해해보자.

다음 코드 조각은 렌즈 왜곡을 처리하는 데 사용된 코드를 보여준다. 이것은 SynthEyes 제작자가 제공한 코드 조각이며, 코드는 자유롭게 사용 가능하다.

```
float2 barrelDistortion(float2 coord)
{
  // 렌즈 왜곡 알고리즘
  // 참고: http://www.ssontech.com/content/lensalg.htm
  float2 h = coord.xy - float2(0.5, 0.5);
  float r2 = h.x * h.x + h.y * h.y;
```

```
  float f = 1.0 + r2 * (_distortion * sqrt(r2));

  return f * _scale * h + 0.5;
}
```

부연 설명

비디오 게임에서 특정 물체를 강조 표시해야 하는 경우는 드물지 않다. 예를 들어 열 감지기는 사람과 기타 열원에 대해서만 포스트 프로세싱 효과를 적용해야 한다. 이는 이 책에서 이미 얻은 지식만으로도 충분히 구현할 수 있다. 사실, 코드로 오브젝트의 셰이더나 머티리얼을 변경할 수 있다. 그러나 이것은 종종 힘들며, 모든 오브젝트에 복제돼야만 한다.

교체되는 셰이더를 사용하는 좀 더 효과적인 방법이 있다. 각 셰이더에는 지금까지 사용된 적이 없는 RenderType이라는 태그가 있다. 이 속성은 카메라가 특정 오브젝트에만 셰이더를 적용하도록 하는 데 사용할 수 있다. 다음 스크립트를 카메라에 첨부해 이를 수행할 수 있다.

```
using UnityEngine;

public class ReplacedShader : MonoBehaviour {

  public Shader shader;
  void Start () {
    GetComponent<Camera>().SetReplacementShader(shader, "Heat");
  }
}
```

플레이play 모드로 들어간 후에 카메라는 렌더링해야 하는 모든 오브젝트를 쿼리한다. RenderType = "Heat"로 표시된 셰이더가 없다면 렌더링되지 않는다. 태그가 있는 오브젝트는 스크립트에 첨부된 셰이더로 렌더링된다.

11

고급 셰이딩 기법

11장에서는 다음 내용을 배운다.

- 유니티 내장 CgInclude 파일 사용하기
- CgInclude를 사용해 모듈러 방식으로 셰이더 월드 만들기
- 모피 셰이더 구현하기
- 배열로 히트맵Heatmap 구현하기

▌ 소개

11장에서는 게임에 사용할 수 있는 몇 가지 고급 셰이딩 기법을 다룬다. 게임에서 보이는 가장 눈에 띄는 다양한 효과는 셰이더가 할 수 있는 것의 한계를 테스트함으로써 만들어진다는 것을 기억해야 한다. 이 책은 셰이더를 수정하고 생성하는 기술적 토대를 제공하지만, 최대한 많이 플레이해보고 실험해보는 것을 강력히 권장한다. 좋은 게임을 만드는 것은 포토리얼리즘을 추구하는 것이 아니다. 현실 재현은 일어나기 힘들므로 현실을 재현하려는 의도로 셰이더에 접근하면 안 된다. 대신 게임을 진정으로 독특하게 만드는 도구로 셰이더를 사용해야 한다. 11장의 지식을 통해 원하는 머티리얼을 만들 수 있을 것이다.

▌ 유니티 내장 CgInclude 파일 사용하기

CgInclude 파일 작성의 첫 번째 단계는 셰이더용으로 유니티가 이미 제공하는 것을 이해하는 것이다. 표면 셰이더를 작성할 때, 표면 셰이더를 매우 효율적으로 작성하는 과정에서 많은 것이 벌어진다. 유니티가 설치된 디렉터리의 **Editor ➤ Data ➤ CGIncludes**에 포함된 CgInclude에서 이 코드를 볼 수 있다. 이 폴더 내에 포함된 모든 파일은 화면에 셰이더로 오브젝트를 렌더링하기 위한 역할을 한다. 몇몇 파일은 그림자와 라이팅을 다루고, 몇몇은 도우미 기능을, 일부는 플랫폼 종속성을 관리한다. 이것이 없다면 셰이더 작성 경험은 훨씬 힘들어질 것이다.

유니티가 제공하는 정보의 목록은 다음 링크에서 찾을 수 있다.

http://docs.unity3d.com/Documentation/Components/SL-BuiltinIncludes.html

UnityCG.cginc 파일의 내장 헬퍼 함수 중 일부를 사용해 내장된 CgInclude 파일을 이해하는 과정을 시작해보자.

준비

셰이더 작성을 하기 전에 씬에서 몇 가지 아이템을 설정해야 한다. 다음을 수행한 후 셰이더를 열자.

1. 새로운 씬을 생성하고 간단한 구체 모델로 채우자.
2. 새로운 셰이더(Desaturate)와 머티리얼(DesaturateMat)을 생성하자.
3. 새 머티리얼에 새 셰이더를 연결하고 머티리얼을 구체에 연결한다.
4. 디렉셔널 라이트를 생성하고 구체 위에 배치한다.
5. 마지막으로 유니티의 설치 폴더에 위치한 CgInclude 폴더에 있는 UnityCG. cginc 파일을 연다. 이는 헬퍼 함수의 코드 일부를 분석해 이것을 사용할 때 벌어지는 것을 이해할 수 있도록 해준다.
6. 이제 셰이더에서 작업하기 위해 간단한 씬 설정을 해야 한다. 다음 스크린샷을 참고하자.

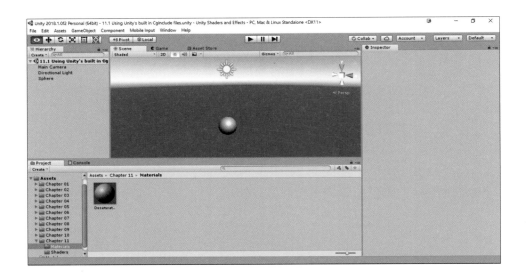

예제 구현

씬이 준비되면 UnityCG.cginc 파일에 포함된 내장 헬퍼 함수를 사용하는 실험 과정을 시작할 수 있다. 씬에서 사용하기 위해 생성한 셰이더를 열고 다음 단계를 따라 주어진 코드를 삽입하자.

1. 새로운 셰이더 파일의 Properties 블록에 다음 코드를 추가하자. 예제 셰이더를 위해 하나의 텍스처와 슬라이더가 필요하다.

```
Properties
{
  _MainTex ("Base (RGB)", 2D) = "white" {}
  _DesatValue ("Desaturate", Range(0,1)) = 0.5
}
```

그다음에는 Properties와 CGPROGRAM 블록 간의 데이터 연결을 생성해야 한다.

2. 다음 코드를 CGPROGRAM 선언과 #pragma문 뒤에 배치하자. 다른 기본 속성은 없

366

애자.

```
sampler2D _MainTex;
fixed _DesatValue;
```

3. 그러고 나서 다음 코드를 추가하기 위해 surf( ) 함수를 업데이트하자. 유니티의
   UnityCG.cginc 파일이 내장된 아직 보지 못한 새로운 함수를 소개한다.

```
void surf (Input IN, inout SurfaceOutputStandard o)
{
  half4 c = tex2D (_MainTex, IN.uv_MainTex);
  c.rgb = lerp(c.rgb, Luminance(c.rgb), _DesatValue);
  o.Albedo = c.rgb;
  o.Alpha = c.a;
}
```

4. 스크립트를 저장하고 유니티 에디터로 돌아가자. 거기서 DesaturateMat에 머티
   리얼을 할당할 수 있어야 한다(Chapter 3 ➤ Textures 폴더의 TerrianBlend 텍스처를 사
   용했다).

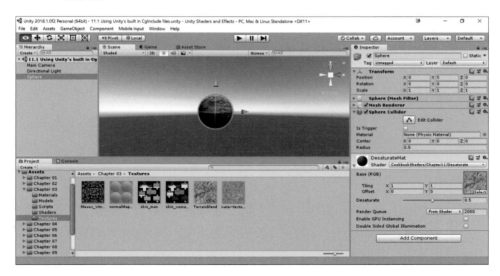

5. 셰이더 코드를 수정했다면 이전 스크린샷과 비슷한 것을 볼 수 있다. 셰이더의 주요 텍스처의 채도를 감소시키는 효과를 위해 유니티의 CgInclude 파일에 내장된 헬퍼 함수를 사용했다. 값을 1로 바꾼다면 모든 색상이 날아가고 그레이스케일 효과가 나타난다.

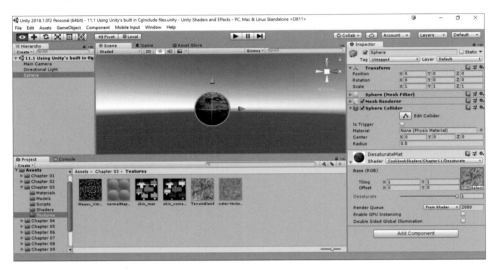

예제 분석

Luminance( )라는 내장 헬퍼 함수를 사용해 셰이더에서 채도 감소 혹은 그레이스케일 효과를 빠르게 얻을 수 있다. 이는 표면 셰이더를 사용할 때 UnityCG.cginc 파일이 자동으로 셰이더로 가져오기 때문에 가능하다.

스크립트 에디터에서 열렸을 때 UnityCG.cginc 파일을 열어 검색하면, 473줄에서 이 함수의 구현을 찾을 수 있다. 다음 조각은 파일에서 가져온 것이다.

```
// 색상을 광도(그레이스케일)로 변경
inline half Luminance(half3 rgb)
{
```

```
    return dot(rgb, unity_ColorSpaceLuminance.rgb);
}
```

이 함수는 파일에 포함돼 있고 유니티는 자동으로 이 파일을 컴파일하므로, 코드에서 이 함수를 사용할 수 있으며 반복해서 작성해야 하는 코드의 양이 줄어든다.

유니티가 제공하는 Lighting.cginc 파일도 있다. 이 파일에는 #pragma Surface surf Lambert 같은 것을 선언할 때 사용하는 모든 라이팅 모델이 들어있다. 이 파일을 살펴보면, 재사용 및 모듈성을 위해 모든 내장 라이팅 모델이 정의된 것을 알 수 있다.

부연 설명

앞에서 사용한 Luminance 함수는 전달한 색상과 unity_ColorSpaceLuminance 속성의 내적을 반환한다. 이것이 무엇인지 보려면 텍스트 에디터에서 Find 메뉴(Ctrl+F)를 사용하고 입력할 수 있다. 이것을 검색한 후에 28번째 줄에서 다음을 볼 수 있다.

```
#ifdef UNITY_COLORSPACE_GAMMA
#define unity_ColorSpaceGray fixed4(0.5, 0.5, 0.5, 0.5)
#define unity_ColorSpaceDouble fixed4(2.0, 2.0, 2.0, 2.0)
#define unity_ColorSpaceDielectricSpec half4(0.220916301, 0.220916301,
0.220916301, 1.0 - 0.220916301)
#define unity_ColorSpaceLuminance half4(0.22, 0.707, 0.071, 0.0) // 레거시: 알파는 감마 모드 지정을 위해 0.0으로 설정한다
#else // 선형 값
#define unity_ColorSpaceGray fixed4(0.214041144, 0.214041144, 0.214041144, 0.5)
#define unity_ColorSpaceDouble fixed4(4.59479380, 4.59479380, 4.59479380, 2.0)
#define unity_ColorSpaceDielectricSpec half4(0.04, 0.04, 0.04, 1.0 - 0.04)
// 입사각에서의 표준 유전체(dielectric) 반사 계수(= 4%)
#define unity_ColorSpaceLuminance half4(0.0396819152, 0.458021790, 0.00609653955,
1.0) // 레거시: 알파는 감마 모드 지정을 위해 0.0으로 설정한다
#endif
```

즉 사용하는 색상 공간에 따라 주어지는 값이 변한다는 뜻이다. 기본적으로 유니티는 선형을 지원하는 특정 플랫폼으로 감마 색상 공간을 사용한다. 프로젝트에서 사용하는 색상 공간이 무엇인지 확인하려면 Edit ➤ Project Settings ➤ Player ➤ Other Settings로 가서 Color Space 속성을 확인하자.

 색상 공간에 대한 자세한 정보는 다음 링크를 확인하자.
http://www.kinematicsoup.com/news/2016/6/15/gamma-and-linear-space-whatthey-are-how-they-differ

CgInclude를 사용해 모듈러 방식으로 셰이더 월드 만들기

내장 CgInclude 파일에 대해 아는 것은 좋지만, 자체 라이팅 모델과 헬퍼 함수를 저장하기 위한 CgInclude 파일을 작성하고 싶다면 어떻게 해야 할까? 실제로 자신만의 CgInclude 파일을 만들 수는 있지만, 셰이더 작성 파이프라인에서 효율적으로 사용하기 전에 좀 더 많은 코드 구문을 배워야 한다. 새로운 CgInclude 파일의 생성 과정을 처음부터 살펴보자.

준비

이 레시피의 새 아이템을 생성하는 과정을 살펴보자.

1. Project 탭에서 Assets 폴더를 우클릭하고 Show in Explorer를 선택한다. 그러면 프로젝트 폴더를 보게 된다. 그다음에는 마우스 오른쪽 버튼을 클릭하고, New ➤ Text Document를 선택한다.

2. 파일명은 MyCGInclude로, 확장자는 .txt에서 .cginc로 변경한다.

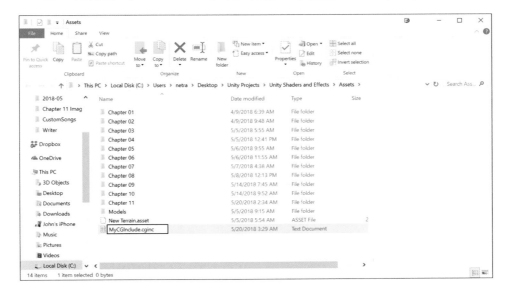

3. 윈도우는 파일의 확장명을 변경하면 사용하지 못하게 될 수도 있다고 말하지만, 여전히 사용할 수 있다.

4. 이 새 .cginc 파일을 유니티 프로젝트에 임포트하고 컴파일되게 하자. 제대로 했다면, 유니티가 CgInclude 파일로 컴파일하는 것을 볼 수 있다.

이제 자신만의 CgInclude 코드를 만들 준비가 됐다. 원하는 IDE에서 CgInclude 파일을 더블 클릭해 열자.

예제 구현

CgInclude 파일을 열면 표면 셰이더로 작업할 코드를 입력할 수 있다. 다음 단계는 표면 셰이더 내에서 CgInclude 파일을 사용할 준비를 하며, 더 많은 셰이더를 개발하기 위해 많은 코드를 지속적으로 추가할 수 있도록 한다.

1. CgInclude 파일을 전처리 지시문이라는 것으로 시작할 것이다. 이것은 #pragma 나 #include 같은 명령문이다. 이 경우 셰이더가 컴파일러 지시문에 이 파일을 포함시킬 경우 실행할 새로운 코드 세트를 정의하려고 한다. 다음 코드를 CgInclude 파일의 최상단에 입력한다.

```
#ifndef MY_CG_INCLUDE
#define MY_CG_INCLUDE
```

2. C#에서 if문을 대괄호로 닫아야 하는 것처럼, 정의 확인을 닫기 위해 #ifndef 혹은 #ifdef를 #endif로 닫아야 한다. #define 지시문 바로 다음에 코드를 입력하자.

```
#endif
```

3. 이 시점에서 CgInclude 파일의 내용을 구현해야 한다. #define과 #endif 사이에 다음 코드를 입력해 CgInclude 파일을 완성하자.

```
fixed4 _MyColor;
inline fixed4 LightingHalfLambert(SurfaceOutput s, fixed3 lightDir, fixed
atten)
{
  fixed diff = max(0, dot(s.Normal, lightDir));
  diff = (diff + 0.5)*0.5;

  fixed4 c;
  c.rgb = s.Albedo * _LightColor0.rgb * ((diff * _MyColor.rgb) * atten);
  c.a = s.Alpha;
  return c;
}
#endif
```

4. 이것이 완료되면 첫 번째 CgInclude 파일이 완성된다. 이것만으로도 재작성해야 하는 코드의 양을 크게 줄일 수 있으며, 언제나 사용하기 때문에 절대 잃어버려서는 안 되는 라이팅 모델을 저장할 수도 있다. CgInclude 파일은 다음 코드와 비슷해야 한다.

```
#ifndef MY_CG_INCLUDE
#define MY_CG_INCLUDE

fixed4 _MyColor;

inline fixed4 LightingHalfLambert(SurfaceOutput s, fixed3 lightDir, fixed
atten)
{
  fixed diff = max(0, dot(s.Normal, lightDir));
  diff = (diff + 0.5)*0.5;

  fixed4 c;
  c.rgb = s.Albedo * _LightColor0.rgb * ((diff * _MyColor.rgb) * atten);
  c.a = s.Alpha;
  return c;
}
```

```
#endif
```

이 CgInclude 파일을 완벽히 활용하기 전에 완료해야 할 몇 단계가 더 남아있다. 이 파일과 코드를 사용하기 위해 현재 작업 중인 셰이더에게 알려주기만 하면 된다. CgInclude 파일의 생성과 사용 과정을 완료하려면 다음 단계를 완료하자.

1. CgInclude 파일을 셰이더와 동일한 디렉터리에 넣어야 하므로 **Project** 탭에서 **Chapter 11 > Shaders** 폴더로 끌어다 놓자.

 1단계가 완료되지 않으면 컴파일 에러가 나타날 것이다.

2. 폴더에서 이전 레시피에서 만든 Desaturate 셰이더를 선택하고 복제하자(Ctrl+D). 복제한 셰이더 이름을 Colorize로 하고 더블 클릭해 열자.

3. 셰이더 이름을 업데이트하자.

```
Shader "CookbookShaders/Chapter11/Colorize"
```

4. 셰이더에 주의를 기울이면, 새로운 CgInclude를 추가하기 위해 CGPROGRAM에 알려야 하는 것을 볼 수 있다. 그래야 그것을 포함하는 코드에 접근할 수 있다. CGPROGRAM 블록의 지시문을 다음 코드를 포함하도록 수정하자.

```
CGPROGRAM
#include "MyCGInclude.cginc"
// 물리 기반의 표준 라이팅 모델이며 모든 라이트 타입에서 그림자 가능
#pragma surface surf Standard fullforwardshadows
```

5. 현재 셰이더는 내장 표준 라이팅 모델을 사용 중이지만, CgInclude에 만들어둔 하프 램버트^{Half Lambert} 라이팅 모델을 사용하고 싶다. CgInclude 파일에 코드를

포함시켰으므로 다음 코드로 하프 램버트 라이팅 모델을 사용할 수 있다.

```
CGPROGRAM
#include "MyCGInclude.cginc"
#pragma surface surf HalfLambert
```

6. 마지막으로 셰이더가 사용할 기본 변수를 설정할 수 있음을 보여주기 위해 Cg Include 파일에 커스텀 변수를 선언했다. 셰이더의 Properties 블록에 다음 코드를 입력하자.

```
Properties
{
  _MainTex ("Base (RGB)", 2D) = "white" {}
  _DesatValue ("Desaturate", Range(0,1)) = 0.5
  _MyColor ("My Color", Color) = (1,1,1,1)
}
```

7. 마지막으로 LightingHalfLambert 함수에서 SurfaceOutput을 사용하기 때문에 surf 함수 헤더를 업데이트해야 한다.

```
void surf (Input IN, inout SurfaceOutput o)
```

8. 유니티로 돌아와서 새롭게 생성한 Colorize 셰이더를 사용할 머티리얼(Colorize Mat)을 새로 생성하고, 이전 레시피에서 만든 구체에 할당한다. 오브젝트가 변경되는 방식을 보기 위해 머티리얼을 노멀normal로 할당하고 Inspector 탭의 MyColor 값을 수정하자. 다음 스크린샷은 CgInclude 파일의 사용 결과를 보여준다.

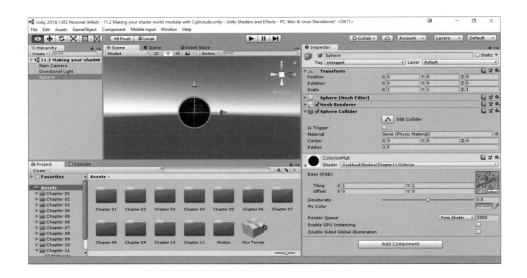

예제 분석

셰이더를 사용할 때 #include 전처리 지시문을 사용해 다른 코드 세트를 포함시킬 수 있다. 이는 유니티에게 현재 셰이더가 셰이더에 포함된 파일 내의 코드를 사용하고 싶다고 알리는 것이다(이것이 CgInclude 파일이라고 부르는 이유다). #include 지시문을 사용해 Cg 코드의 조각을 포함한다.

#include 지시문을 선언하고 유니티가 프로젝트에서 파일을 찾을 수 있으면 유니티는 정의된 코드 조각을 찾는다. 이것이 #ifndef와 #endif 지시문을 사용하기 시작하는 곳이다. #ifndef 지시문을 선언하는 것은 "선언되지 않았으면 이 이름으로 정의하세요."라고 말하는 것이다. 이 레시피의 경우 #define MY_CG_INCLUDE를 원한다고 말했다. 따라서 유니티가 MY_CG_INCLUDE 정의를 발견하지 못했다면, CgInclude 파일이 컴파일될 때 생성하고 그 뒤에 있는 파일에 대한 엑세스가 제공된다. #endif 메소드는 단순히 이것이 정의의 끝이라고 말하는 것이므로 더 많은 코드를 찾는 것을 그만두자.

이제 한 파일에 모든 라이팅 모델과 커스텀 변수를 저장할 수 있는 것과 작성해야 하는 코드의 양을 크게 줄일 수 있는 것이 얼마나 강력한지를 살펴봤다. 진정한 강력함은 CgInclude 파일에 함수의 여러 상태를 정의함으로써 셰이더에 유연성을 제공할 수 있는 시점에서 발휘된다.

▌ 모피 셰이더 구현하기

머티리얼의 모양은 물리적 구조에 따른다. 셰이더는 그것을 시뮬레이트하려고 하지만, 그렇게 하면 빛의 작동 방식을 지나치게 단순화한다. 복잡한 거시적 구조를 가진 머티리얼은 특히 렌더링하기 어렵다. 이것은 많은 직물과 동물성 모피의 경우다. 이 레시피는 단순히 평평한 표면이 아닌 모피와 다른 머티리얼(풀 같은)을 시뮬레이트하는 방식을 보여준다. 이를 위해서는 같은 머티리얼이 매번 크기를 키우면서 여러 번 계속 그려져야 한다. 이것은 모피의 환영illusion을 만든다.

여기서 제공하는 셰이더는 조나단 체크Jonathan Czeck와 아라스 프란케비시우스Aras Pranckevičius의 작업물을 기반으로 한다.

준비

이 레시피를 작동시키려면 모피의 출력을 원하는 방식으로 보여주는 텍스처가 필요하다.

Chapter 11 > Textures 폴더에 두 가지 예제를 준비해뒀다(Faux Fur와 panda).

이전의 다른 모든 셰이더와 마찬가지로 새로운 표준 표면 셰이더(Fur)와 머티리얼(FurMat)
을 만들고 확인을 위해 구체에 연결해야 한다.

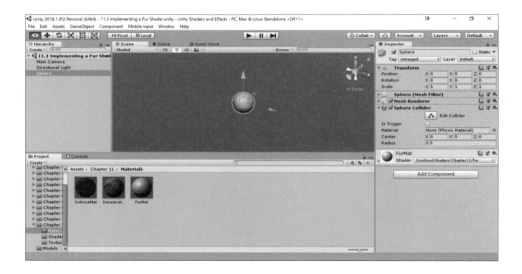

예제 구현

이 레시피에서는 표준 표면 셰이더를 수정하는 것부터 시작한다.

1. 모피 셰이더를 더블 클릭해 연다. 열고 나면, 다음의 굵게 표시된 속성을 추가한다.

```
Properties
{
    _Color ("Color", Color) = (1,1,1,1)
    _MainTex ("Albedo (RGB)", 2D) = "white" {}
    _Glossiness ("Smoothness", Range(0,1)) = 0.5
    _Metallic ("Metallic", Range(0,1)) = 0.0

    _FurLength ("Fur Length", Range (.0002, 1)) = .25
    _Cutoff ("Alpha Cutoff", Range(0,1)) = 0.5 // 두꺼운 정도
    _CutoffEnd ("Alpha Cutoff end", Range(0,1)) = 0.5 // 끝부분의 두께
    _EdgeFade ("Edge Fade", Range(0,1)) = 0.4

    _Gravity ("Gravity Direction", Vector) = (0,0,1,0)
    _GravityStrength ("Gravity Strength", Range(0,1)) = 0.25
}
```

2. 이 셰이더는 같은 패스를 여러 번 반복해야 한다. 외부 파일의 단일 패스에서 모든 필요한 코드를 그룹화하기 위해 'CgInclude를 사용해 모듈러 방식으로 셰이더 월드 만들기' 레시피에서 소개한 테크닉을 사용할 것이다. 다음 코드를 사용해 FurPass.cginc라는 새로운 CgInclude 파일을 만들어보자.

```
#pragma target 3.0

fixed4 _Color;
sampler2D _MainTex;
half _Glossiness;
half _Metallic;

uniform float _FurLength;
uniform float _Cutoff;
uniform float _CutoffEnd;
uniform float _EdgeFade;
```

```
uniform fixed3 _Gravity;
uniform fixed _GravityStrength;

void vert (inout appdata_full v)
{
    fixed3 direction = lerp(v.normal, _Gravity * _GravityStrength + v.normal
* (1-_GravityStrength), FUR_MULTIPLIER);
    v.vertex.xyz += direction * _FurLength * FUR_MULTIPLIER * v.color.a;
    //v.vertex.xyz += v.normal * _FurLength * FUR_MULTIPLIER * v.color.a;
}

struct Input {
    float2 uv_MainTex;
    float3 viewDir;
};

void surf (Input IN, inout SurfaceOutputStandard o) {
    fixed4 c = tex2D (_MainTex, IN.uv_MainTex) * _Color;
    o.Albedo = c.rgb;
    o.Metallic = _Metallic;
    o.Smoothness = _Glossiness;

    //o.Alpha = step(_Cutoff, c.a);
    o.Alpha = step(lerp(_Cutoff,_CutoffEnd,FUR_MULTIPLIER), c.a);

    float alpha = 1 - (FUR_MULTIPLIER * FUR_MULTIPLIER);
    alpha += dot(IN.viewDir, o.Normal) - _EdgeFade;

    o.Alpha *= alpha;
}
```

---

3. 원래 셰이더로 돌아가서 **ENDCG** 섹션 다음에 이 추가 패스를 삽입하자.

```
void surf (Input IN, inout SurfaceOutputStandard o) {
    // Albedo는 색으로 채색된 텍스처에서 온다
    fixed4 c = tex2D (_MainTex, IN.uv_MainTex) * _Color;
    o.Albedo = c.rgb;
```

```
    // Metallic과 smoothness는 슬라이더 변수에서 온다
    o.Metallic = _Metallic;
    o.Smoothness = _Glossiness;
    o.Alpha = c.a;
}
ENDCG


CGPROGRAM
#pragma surface surf Standard fullforwardshadows alpha:blend
vertex:vert
#define FUR_MULTIPLIER 0.05
#include "FurPass.cginc"
ENDCG
```

4. 유니티로 돌아가서 Albedo (RGB) 속성의 FauxFur 텍스처를 할당하자. 셰이더를
   따라 난 작은 점을 보게 될 것이다.

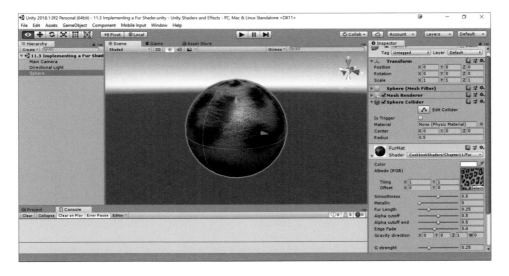

5. 더 많은 패스를 추가하고 점차 FUR_MULTIPLIER를 증가시킨다. 0.05에서 0.95까
   지 20번 패스하면 괜찮은 결과를 얻을 수 있다.

```
        CGPROGRAM
        #pragma surface surf Standard fullforwardshadows alpha:blend
vertex:vert
        #define FUR_MULTIPLIER 0.05
        #include "FurPass.cginc"
        ENDCG

        CGPROGRAM
        #pragma surface surf Standard fullforwardshadows alpha:blend
vertex:vert
        #define FUR_MULTIPLIER 0.1
        #include "FurPass.cginc"
        ENDCG

        CGPROGRAM
        #pragma surface surf Standard fullforwardshadows alpha:blend
vertex:vert
        #define FUR_MULTIPLIER 0.15
        #include "FurPass.cginc"
        ENDCG

        // ... 여기서 0.2 - 0.85

        CGPROGRAM
        #pragma surface surf Standard fullforwardshadows alpha:blend
vertex:vert
        #define FUR_MULTIPLIER 0.90
        #include "FurPass.cginc"
        ENDCG

        CGPROGRAM
        #pragma surface surf Standard fullforwardshadows alpha:blend
vertex:vert
        #define FUR_MULTIPLIER 0.95
        #include "FurPass.cginc"
        ENDCG
    }
    Fallback "Diffuse"
```

```
}
```

6. 셰이더가 컴파일되고 머티리얼에 첨부됐다면 인스펙터에서 모양을 변경할 수
있다.

Fur Length 속성은 모피의 길이를 변경하는 모피 셸fur shell 간의 길이를 결정한다. 좀 더
긴 모피는 사실적으로 보이기 위해 더 많은 패스가 필요할 수도 있다.

Alpha Cutoff와 Alpha Cutoff End는 모피의 밀도와 점차 얇아지는 방식을 제어하는 데
사용된다.

Edge Fade는 모피의 최종 투명도와 모피가 보이는 방식을 결정한다. 부드러운 소재는 높
은 에지 페이드edge fade를 가져야 한다.

마지막으로 Gravity Direction과 Gravity Strength는 중력의 영향을 시뮬레이트하기
위해 모피 셸을 커브curve한다.

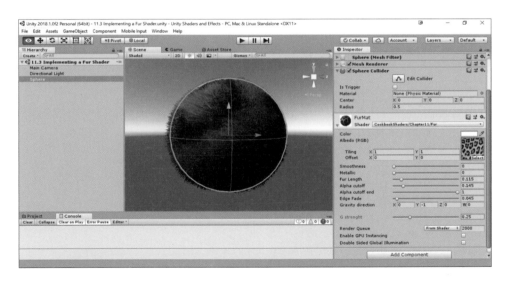

예제 분석

이 레시피에서 제공되는 기술은 렝겔Lengyel의 컨센트릭 모피 셸concentric fur shell 테크닉(혹은 단순히 셸 테크닉)이라고 알려져 있다. 이것은 렌더링될 필요가 있는 지오메트리의 좀 더 큰 복제본을 생성함으로써 작동한다. 올바른 투명성으로 인해 머리카락이 연결된 듯한 환상을 제공한다.

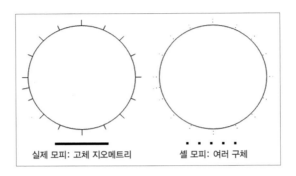

셸 테크닉은 매우 다양하며 구현하기가 비교적 쉽다. 사실적인 모피는 모델의 지오메트리를 돌출시킬 뿐만 아니라 정점을 변경해야 한다. 이것은 테셀레이션 셰이더tessellation shader에서 가능하지만, 이것은 훨씬 고급스러운 내용이며 이 책에서 다루지 않는다.

이 모피 셰이더의 각 패스는 FurPass.cginc에 포함됐다. 정점 함수는 모델의 약간 큰 버전을 만든다. 이 모델은 노멀 압출의 원리를 기반으로 한다. 또한 중력의 영향이 고려되므로 중심에서 멀어질수록 더 강렬해진다.

```
void vert (inout appdata_full v)
{
  fixed3 direction = lerp(v.normal, _Gravity * _GravityStrength + v.normal * (1-_
GravityStrength), FUR_MULTIPLIER);
  v.vertex.xyz += direction * _FurLength * FUR_MULTIPLIER * v.color.a;
}
```

이 예제에서 알파 채널은 모피의 최종 길이를 결정하는 데 사용된다. 이것은 좀 더 정확한 제어를 가능하게 한다.

마지막으로 표면 함수는 알파 채널에서 컨트롤 마스크control mask를 읽는다. 표시할 픽셀과 숨길 픽셀을 구분하기 위해 cutoff 값을 사용한다. 이 값은 Alpha Cutoff 및 Alpha Cutoff End와 맞추기 위해 첫 번째에서 마지막 모피 셀로 변경된다.

```
o.Alpha = step(lerp(_Cutoff,_CutoffEnd,FUR_MULTIPLIER), c.a);

float alpha = 1 - (FUR_MULTIPLIER * FUR_MULTIPLIER);
alpha += dot(IN.viewDir, o.Normal) - _EdgeFade;

o.Alpha *= alpha;
```

또한 모피의 최종 알파 값은 카메라 각도에 따라 달라지며 좀 더 부드러운 모양을 제공한다.

부연 설명

모피 셰이더는 모피를 시뮬레이트하는 데 사용됐다. 그러나 다양한 다른 머티리얼에도 사용할 수 있다. 숲 캐노피, 흐린 구름, 사람의 머리카락, 풀과 같이 여러 레이어로 자연적으로 이뤄진 머티리얼에서 매우 효과적이다.

단지 파라미터만을 조절한 같은 셰이더의 몇 가지 추가적인 예는 이 책의 예제에서 볼 수 있다.

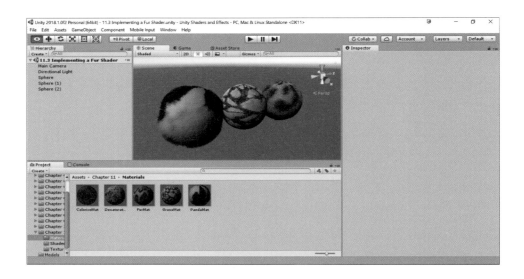

머티리얼의 현실성을 크게 증가시키기 위한 다른 많은 개선안이 있다. 현재 시간을 기준으로 중력 방향을 변경해 매우 간단한 바람 애니메이션을 추가할 수 있다. 올바르게 조정하면 바람 때문에 모피가 움직인다는 인상을 줄 수 있다.

또한 캐릭터가 움직일 때 모피를 움직이게 할 수 있다. 이러한 모든 미세 조정은 모피의 신뢰성에 기여하며, 단지 표면에 그려지는 정적 머티리얼이 아니라는 환상을 제공한다. 불행하게도 이 셰이더는 비용이 따른다. 20번의 패스는 계산하기에 매우 무겁다. 패스의 횟수는 머티리얼이 얼마나 믿음직한지를 결정한다. 완벽하게 동작하는 효과를 얻기 위해 모피 길이와 패스를 조절해야 한다. 이 셰이더의 성능이 미치는 영향을 감안할 때 다른 수의 패스를 가진 여러 머티리얼을 가지는 것이 좋다. 다른 거리에서 그것을 사용할 수 있으며 많은 계산을 절약할 수 있다.

배열로 히트맵 구현하기

셰이더를 마스터하기가 어려운 한 가지 이유는 적절한 문서가 부족하다는 점이다. 대부분의 개발자는 무슨 일이 일어나는지에 대한 깊은 지식 없이 코드를 뒤적거리며 셰이더를 배운다. Cg/HLSL이 많은 가정을 하는데, 그중 일부는 제대로 알려지지 않는다는 사실에 의해 문제가 커진다. 유니티 3D는 C# 스크립트를 통해 SetFloat, SetInt, SetVector 등과 같은 메소드를 사용해 셰이더와 통신할 수 있다. 불행히도 유니티 3D는 SetArray 메소드를 가지고 있지 않으므로 많은 개발자들이 Cg/HLSL이 배열을 지원하지 않는다고 믿는다. 이것은 사실이 아니다. 이 글은 셰이더로 배열을 전달하는 방법을 보여줄 것이다. 단지 GPU는 병렬 계산을 위해 고도로 최적화돼 있으며 셰이더에서 for 루프를 사용하면 성능을 크게 저하시킨다는 점을 기억하자.

이 레시피에서는 다음 스크린샷과 같이 히트맵을 구현한다.

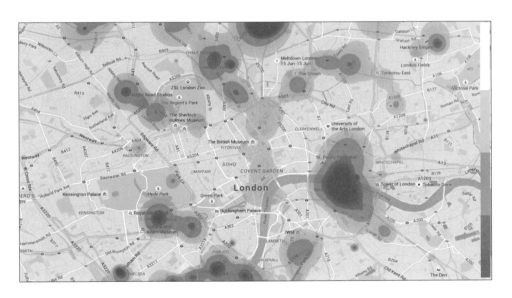

준비

이 레시피의 효과는 점 세트에서 히트맵을 생성한다. 이 히트맵은 앞의 스크린샷과 같이 다른 그림 위에 겹칠 수 있다. 다음 단계가 필요하다.

1. 히트맵으로 사용할 텍스처로 쿼드를 만든다(GameObject > 3D Object > Quad). 이 예제에서는 런던 지도가 사용됐다. 쿼드에 텍스처를 놓으려면 Unlit/Texture 셰이더를 사용해 새로운 머티리얼(Map)을 생성하고 이미지를 Base (RGB) 속성에 할당한다. 생성했다면, 쿼드로 오브젝트를 끌어다 놓자.
2. 또 다른 쿼드를 생성하고 이전 쿼드 위에 둔다. 히트맵은 이 쿼드에 나타날 것이다.
3. 새로운 셰이더(Heatmap)와 머티리얼(HeatmapMat)을 두 번째 쿼드에 첨부한다.

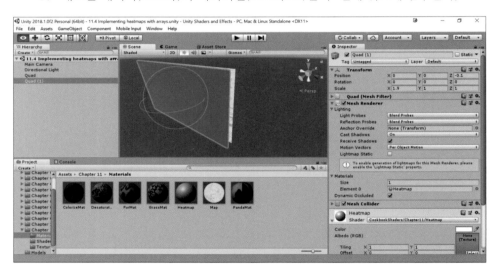

4. 시각화가 용이해지도록 메인 카메라를 선택하고 Projection을 Orthographic으로, Size 속성을 0.5로 변경했다.

예제 구현

이 셰이더는 이전에 생성한 것과 꽤 다르지만, 상대적으로 짧다. 이러한 이유로 전체 코드는 다음 단계에서 제공된다.

1. 이 코드를 새로 생성한 셰이더에 복사한다.

```
shader " Heatmap" {
  Properties {
    _HeatTex ("Texture", 2D) = "white" {}
  }
  Subshader {
    Tags {"Queue"="Transparent"}
    Blend SrcAlpha OneMinusSrcAlpha // 알파 혼합

    Pass {
      CGPROGRAM
      #pragma vertex vert
      #pragma fragment frag

      struct vertInput {
        float4 pos : POSITION;
      };

      struct vertOutput {
        float4 pos : POSITION;
        fixed3 worldPos : TEXCOORD1;
      };

      vertOutput vert(vertInput input) {
        vertOutput o;
        o.pos = mul(UNITY_MATRIX_MVP, input.pos);
        o.worldPos = mul(_Object2World, input.pos).xyz;
        return o;
      }

      uniform int _Points_Length = 0;
      uniform float3 _Points [20];        // (x, y, z) = 위치
```

```
    uniform float2 _Properties [20];    // x = 반경, y = 강도

    sampler2D _HeatTex;

    half4 frag(vertOutput output) : COLOR {
        // 모든 점에 대해 반복한다
        half h = 0;
        for (int i = 0; i < _Points_Length; i ++)
        {
            // 각 점의 기여도를 계산한다
            half di = distance(output.worldPos, _Points[i].xyz);
            half ri = _Properties[i].x;
            half hi = 1 - saturate(di / ri);
            h += hi * _Properties[i].y;
        }
        // 히트 텍스처에 따라 변환한다(0-1)
        h = saturate(h);
        half4 color = tex2D(_HeatTex, fixed2(h, 0.5));
        return color;
    }
    ENDCG
  }
}
Fallback "Diffuse"
}
```

2. 이 스크립트를 머티리얼에 추가한 후에는 히트맵의 램프 텍스처ramp texture를 제공해야 한다. Wrap Mode가 Clamp로 설정되도록 구성하는 것이 중요하다.

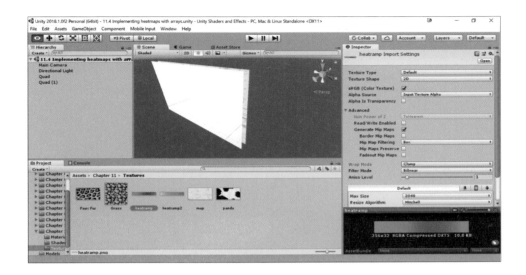

 히트맵을 오버레이로 사용하려는 경우, 램프 텍스처가 알파 채널을 가지고 있고 Alpha Is Tra nsparency 옵션인 채로 텍스처를 가져왔는지 확인하자.

3. 다음 코드를 사용해 HeatmapDrawer라는 새로운 스크립트를 생성하자.

```csharp
using UnityEngine;
public class HeatmapDrawer : MonoBehaviour
{
  public Vector4[] positions;
  public float[] radiuses;
  public float[] intensities;
  public Material material;

  void Start()
  {
    material.SetInt("_Points_Length", positions.Length);

    material.SetVectorArray("_Points", positions);
```

```
Vector4[] properties = new Vector4[positions.Length];

for (int i = 0; i < positions.Length; i++)
{
  properties[i] = new Vector2(radiuses[i], intensities[i]);
}

material.SetVectorArray("_Properties", properties);
  }
}
```

4. 스크립트를 씬의 오브젝트에, 가급적이면 쿼드에 연결하자. 그다음에는 이 효과를 위해 생성된 머티리얼을 스크립트의 Material 슬롯에 드래그하자. 이렇게 하면 스크립트는 머티리얼에 접근하고 초기화할 수 있다.

5. 마지막으로 스크립트의 위치, 반경, 강도 필드를 확장하고 히트맵의 값으로 채운다. 위치는 히트맵의 (월드 좌표) 위치를 나타내며 반지름은 크기를, 강도는 주변 지역에 얼마나 큰 영향을 주는지를 나타낸다.

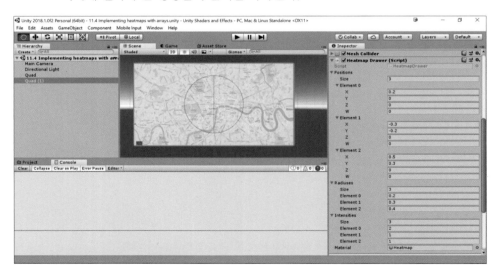

6. 다 잘됐다면 게임을 플레이할 때 다음 스크린샷과 비슷한 것을 보게 된다.

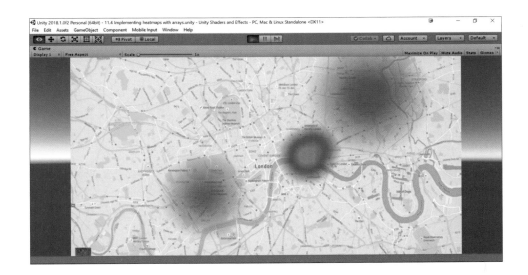

이것을 보지 못한다면, 히트맵이 맵 쿼드 앞에 있고 두 오브젝트가 카메라 앞에 있는지 확인하자.

TIP 포인트 개수가 변경됐다는 경고 메시지가 보인다면, 셰이더로 가서 공백을 추가하는 것으로 스크립트를 수정하고 다시 저장하자.

예제 분석

이 셰이더는 이 책에서 이전에 소개되지 않은 것들에 의존한다. 그 첫 번째는 배열이다. Cg는 다음 구문을 사용해 만들 수 있는 배열을 허용한다.

```
uniform float3 _Points [20];
```

Cg는 크기를 모르는 배열은 지원하지 않는다. 따라서 미리 필요한 공간을 모두 할당해야 한다. 위의 코드 라인은 20개의 요소를 가진 배열을 만든다.

유니티는 SetVectorArray, SetColorArray, SetFloatArray, GetMatrixArray를 비롯한 여러 메소드를 사용해 배열을 설정할 수 있도록 했다.

 SetVectorArray 함수는 현재 Vector4 클래스에서만 작동한다. 그러나 Vector3를 Vector4에 자동으로 할당할 수 있고 유니티는 마지막 요소로 0을 자동으로 넣기 때문에 아무런 문제가 발생하지 않는다. 또한 값을 변경함에 따라 값의 변경을 볼 수 있도록 Update 루프에서 Start 코드를 사용할 수 있지만 계산상으로는 비싸다.

셰이더의 프래그먼트 함수에는 유사한 for 루프가 있다. 이것은 머티리얼의 각 픽셀에 대해 모든 점을 쿼리해 히트맵에 대한 기여도contribution를 찾는다.

```
half h = 0;
for (int i = 0; i < _Points_Length; i ++)
{
  // 각 점의 기여도를 계산한다
  half di = distance(output.worldPos, _Points[i].xyz);

  half ri = _Properties[i].x;
  half hi = 1 - saturate(di / ri);

  h += hi * _Properties[i].y;
}
```

h 변수는 반경과 강도를 고려해 모든 점에서 열을 저장한다. 이것은 램프 텍스처에서 사용할 색상을 찾는 데 사용된다.

셰이더와 배열은 우세한 조합이다. 특히 최대한의 잠재력을 사용하는 극소수의 게임에 대해서는 더욱 그렇다. 그러나 각 픽셀에 대해 셰이더가 모든 점을 반복해야 하므로 병목 현상이 생긴다.

12

셰이더 그래프

12장에서는 다음 내용을 배운다.

- 셰이더 그래프 프로젝트 생성하기
- 간단한 셰이더 그래프 구현하기
- 셰이더 그래프를 통해 인스펙터에 속성 노출하기
- 빛나는 하이라이트 시스템 구현하기

▌ 소개

유니티 2018.1에서 처음 발표된 셰이더 그래프는 코드로 들어가는 대신 노드를 연결해 시각적인 인터페이스를 사용함으로써 셰이더를 만들 수 있게 한다. 이것은 아티스트를 포함한 개발자가 오토데스크 마야와 블렌더 혹은 언리얼 엔진의 머티리얼 에디터 같은 3D 모델링 프로그램에서의 머티리얼 에디터와 비슷한 방식으로 셰이더를 생성할 수 있게 했다. 이 책을 저술하는 시점에서 셰이더 그래프는 특정 종류의 프로젝트에서만 지원되며, 처음부터 셰이더를 작성하는 경우처럼 융통성을 가지지는 않는다.

▌ 셰이더 그래프 프로젝트 생성하기

지금까지 작성한 모든 셰이더와 달리 셰이더 그래프 도구는 경량 렌더 파이프라인Lightweight Render Pipeline을 사용하는 프로젝트가 필요하다. 경량 렌더 파이프라인은 저가형 하드웨어를 위한 것이며, 단일 패스로 그리고 가능한 한 드로우 숫자를 줄이는 데 중점을 둔다. 첫 번째 레시피에서는 셰이더 그래프에 필요한 설정을 사용해 프로젝트를 올바르게 설정했는지 확인할 것이다.

예제 구현

시작하려면 먼저 새 프로젝트를 만들어야 한다.

1. 유니티 허브에서 새 프로젝트를 만들 때 템플릿을 Lightweight RP (Preview)로 설정한다.

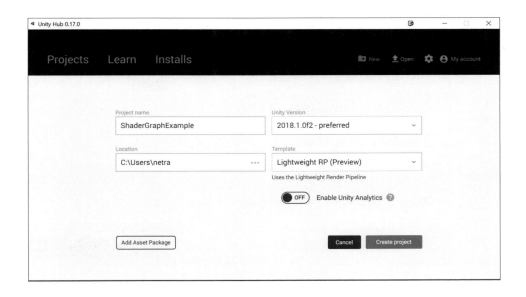

셰이더 그래프는 현재 경량 렌더 파이프라인과만 호환되므로, 그래프가 올바르게 작동하는 것을 보장한다.

 TIP 셰이더 그래프는 유니티 2018.1 이상에서만 사용 가능하다. 이전 버전을 사용한다면 12장을 계속하기 전에 업그레이드하자.

2. 선택했다면 Create project 버튼을 누르자.

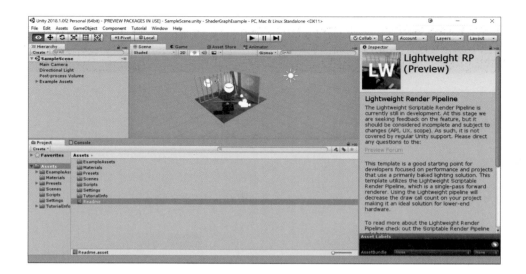

보다시피 이 프로젝트는 이미 여러 에셋을 포함한다.

3. 유니티 에디터를 열었을 때 기본적으로 셰이더 그래프가 포함돼 있지 않으며, 접근하려면 유니티 패키지 매니저^{Unity Package Manager}를 사용해야 한다. 최상단 메뉴에서 Window ➤ Package Manager로 간다. 패키지 매니저는 유니티의 다양한 것을 설치하거나 삭제할 수 있도록 한다. 여기에는 두 버튼이 있다. 하나는 프로젝트에 있는 패키지(In Project)고, 다른 하나는 현재 다운로드 가능한 모든 패키지(All)다.

4. 패키지 매니저 창에서 All 버튼을 누르고 Shader Graph 버튼이 보일 때까지 스크롤을 내린 후에 선택하자. 거기서 Install 1.1.9-preview 버튼을 클릭한 후, 다운로드가 완료되고 콘텐츠를 가져올 때까지 기다리자.

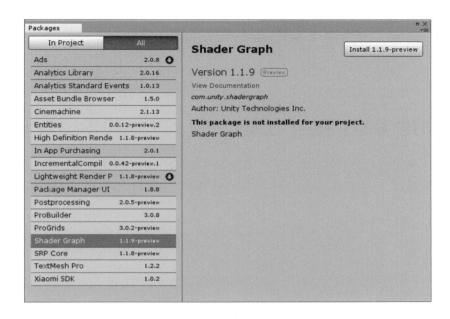

5. 다운로드가 완료되면 Project 탭으로 가서 Create > Shader를 선택하고, 다음의 새로운 옵션을 찾을 수 있는지 확인해보자.

- PBR Graph
- Sub Graph
- Unlit Graph

예제 분석

앞서 언급했듯이 셰이더 그래프는 경량 렌더 파이프라인과만 호환된다. 프로젝트가 이 파이프라인을 사용하는지 확인하는 가장 쉬운 방법은 프로젝트를 생성할 때 템플릿으로 선택하는 것이다.

프로젝트를 생성했다면, 새롭게 추가된 패키지 매니저를 사용해 유니티의 다양한 것을 설치하거나 삭제할 수 있다. 이 경우, 셰이더 그래프 기능을 추가했다.

모든 것이 포함됐다면, 셰이더 그래프는 성공적으로 설치됐으며 12장의 나머지 레시피에 대한 작업을 할 수 있을 것이다.

▮ 간단한 셰이더 그래프 구현하기

셰이더 그래프의 인터페이스에 대해 잘 알고 싶다면 간단한 셰이더를 만들기 위해 텍스처를 샘플링해서 이전에 봤던 것과 유사한 것을 만들자.

준비

'셰이더 그래프 프로젝트 생성하기' 레시피에서 설명한 대로 경량 렌더 파이프라인을 사용한 프로젝트가 생성됐는지 확인하자. 이후에 다음 단계를 완료하자.

1. 아직 만들지 않았다면 File > New Scene으로 가서 새 씬을 만들자.
2. 그다음에는 셰이더를 보여주기 위한 무언가를 가져야 한다. 따라서 Game Object > 3D Object > Sphere로 가서 새 구체를 생성하자.

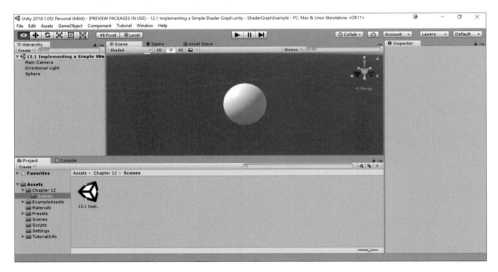

예제 구현

간단한 셰이더 그래프를 작성하는 것부터 시작해본다.

1. 프로젝트 창에서 Create ➤ Shader ➤ PBR Graph로 이동한 후 새 셰이더를 만들고 SimpleGraph라고 이름을 짓자.

2. 그다음에는 Create ➤ Material로 가서 새 머티리얼을 생성하자(SimpleGraphMat이라고 이름을 붙였다). 이어서 머티리얼을 선택해 셰이더에 할당한 후, Inspector 탭에서 상단의 Shader 드롭다운을 선택하고 graphs/SimpleGraph를 선택해야 한다.

>
> **TIP** 언제나 그랬듯이 머티리얼 위로 셰이더를 끌어다 놓아도 된다.

3. 다음으로 씬의 구체 오브젝트로 머티리얼을 끌어다 놓아서 셰이더가 실제로 사용되는 것을 볼 수 있도록 한다.

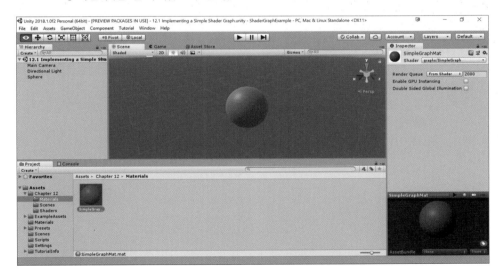

4. 설정이 완료됐으니 그래프 생성을 시작하자. 셰이더를 선택하면 Inspector 탭에 Open Shader Editor라는 버튼이 있다. 이 버튼을 클릭하면 셰이더 그래프 에디터가 자동으로 열린다.

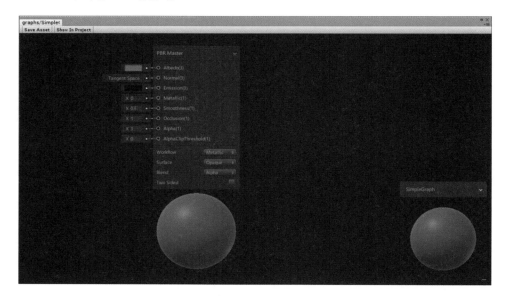

ⓘ 셰이더 그래프 에디터 내에서 이동하는 방법은 다양하다. 마우스 휠로 줌 인/줌 아웃을 할 수 있으며, 마우스 가운데 버튼을 누른 상태로 드래그해서 그래프를 이동할 수도 있다. 또한 Alt + 왼쪽 마우스 버튼을 사용할 수도 있다.

5. 시작하려면 텍스처를 추가하자. PBR 마스터의 왼쪽을 우클릭하고 Create Node 를 선택하자. 여기서 노드 이름을 입력하거나 선택할 수 있는 메뉴가 나타난다. 메뉴를 탐색하려면 Input ≻ Texture ≻ Sample Texture 2D를 선택하자. 또는 tex 를 입력하고 방향키를 사용해 Sample Texture 2D 옵션을 선택한 후 엔터 키를 누를 수도 있다.

노드를 생성하길 원하는 곳으로 마우스를 움직인 후에 스페이스 키를 눌러 새 노드를 생성할
수도 있다.

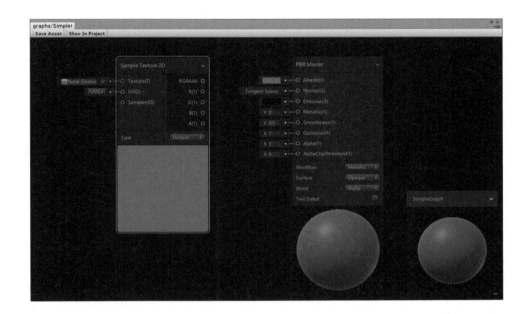

 셰이더 그래프의 노드를 마음껏 클릭하고 드래그해서 보기 쉽게 하자.

6. Sample Texture 2D 노드의 왼쪽에서, 점으로 원을 클릭해 사용할 수 있는 것으로
   텍스처를 할당한다(프로젝트에 포함시킨 Ground_Albedo 속성을 사용했다).

그리고 나서 노드 아래의 이미지에 주어진 텍스처로부터의 데이터를 볼 수 있다.

7. Sample Texture 2D 노드의 오른쪽에 있는 핑크색 원을 클릭하고 PBR Master 노드
   의 입력 Albedo 노드로 드래그하자.

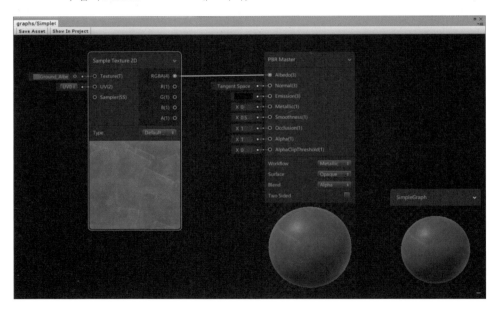

이전에 배운 것처럼 fixed4에 fixed3을 넣을 수 있으며, 그러면 네 번째 파라미터를 무시할 것이다.

 TIP 특정 노드가 하는 것이나 그 속성이 무엇인지에 관심이 생긴다면 우클릭하고 Open Documentation을 선택하자. 노드가 하는 일을 설명하는 창이 열릴 것이다.

8. 상단 메뉴의 **Save Asset** 버튼을 클릭한 후 유니티 에디터로 돌아가자.

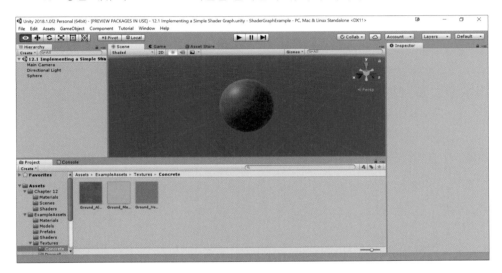

보다시피 셰이더는 셰이더 그래프 에디터로부터의 정보를 포함하도록 업데이트됐다.

예제 분석

셰이더 그래프에서 마주친 첫 번째 노드에 대해 소개한다. Of 노트는 화면의 **PBR** 마스터 섹션이다. 이것은 셰이더에 대한 모든 정보가 들어가는 곳이다. 속성이 과거에 사용한 표준 셰이더와 매우 비슷하다는 것을 깨달았을지도 모르겠다. 또한 이제 같은 방식으로 속성을 수정할 수 있다. 고유한 효과를 만들기 위해 추가적인 노드를 생성하고 연결할 수도 있다.

Sample Texture2D 노드는 Texture 속성을 입력으로 제공할 수 있도록 하며, 오른쪽의 RGBA 출력에서 데이터를 제공한다(노드의 오른쪽에 있는 것은 출력이고, 왼쪽에 있는 것은 입력이다).

Texture 입력의 원의 색은 빨간색이고(T는 텍스처를 뜻함), RGBA 출력은 분홍색이며(4는 fixed4를 뜻함), PBR Master 노드의 Albedo 입력은 노란색이다(3은 fixed3을 뜻함).

▍ 셰이더 그래프를 통해 인스펙터에 속성 노출하기

그래프 에디터를 사용해 그래프를 생성하고 속성을 설정할 수 있는 것은 좋지만, 이전에 만든 셰이더를 사용했던 것과 같은 방식으로 간단한 조정을 통해 같은 셰이더를 사용하는 것이 좋을 때도 있다. 이를 위해 블랙보드 패널을 사용할 수 있다.

준비

이전 레시피에서 SimpleGraph 셰이더를 생성했는지 확인하자. 그러고 나서 다음 단계를 완료하자.

1. Project 탭에서 SimpleGraph 셰이더를 선택하고, Ctrl+D를 눌러 복제하자. 복제한 셰이더의 이름은 ExposeProperty로 하자.
2. 다음으로 새로운 머티리얼(ExposePropertyMat)을 생성하고, 이것을 graphs/Expose Property 섹션에 사용하도록 셰이더를 설정하자.
3. 씬의 구체에 머티리얼을 할당하자.

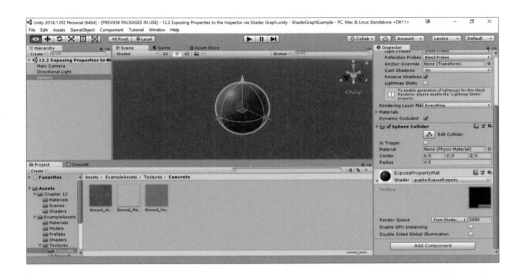

이전 셰이더의 복제본을 사용하기 때문에 프로젝트는 이전 레시피와 비슷한 모양이 돼야 한다.

예제 구현

Inspector 탭에서 셰이더를 살펴보면, 이전 레시피에서 Texture 속성에 Ground_Albedo 이미지를 할당한 것을 볼 수 있다. 이와 같은 속성은 수정하고 싶겠지만, 기본적으로 회색으로 돼서 셰이더 그래프에 들어가지 않으면 수정할 수 없다. 이것을 조정하려면 셰이더 그래프 에디터의 블랙보드를 사용해 속성을 노출할 수 있다.

1. ExposeProperty 셰이더를 더블 클릭해 셰이더 그래프를 연다.

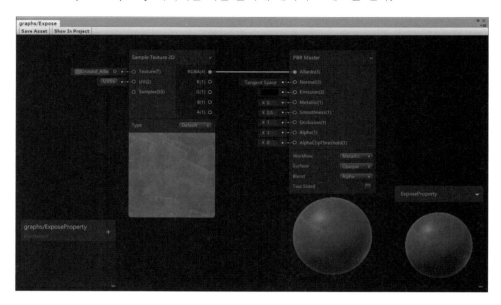

왼쪽 하단의 **graphs/ExposeProperty** 블랙보드 메뉴에 주목하자. 이것은 인스펙터를 통해 수정 가능한 모든 파라미터 목록을 포함한다.

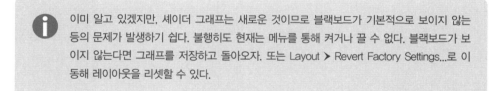

이미 알고 있겠지만, 셰이더 그래프는 새로운 것이므로 블랙보드가 기본적으로 보이지 않는 등의 문제가 발생하기 쉽다. 불행히도 현재는 메뉴를 통해 켜거나 끌 수 없다. 블랙보드가 보이지 않는다면 그래프를 저장하고 돌아오자. 또는 Layout ➤ Revert Factory Settings...로 이동해 레이아웃을 리셋할 수 있다.

2. 블랙보드 패널에서 **+** 아이콘을 클릭하고 Texture를 선택한다.

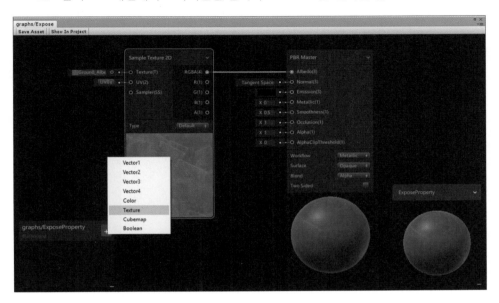

3. 여기서 속성에 이름을 줄 수 있다(TextureProperty라고 명명했다). **Default** 아래에서 이전에 했던 방식으로 텍스처를 할당할 수 있다.

4. 여기서 현재의 셰이더에 속성을 연결하려면 셰이더 그래프에 속성 이름을 가진 버튼을 끌어다 놓는다. 또는 우클릭하고 **Create Node**를 선택한다. 메뉴에서 **Properties ▶ Property: TextureProperty**를 선택할 수도 있다. 그다음에는 Property 노드의 TextureProperty 출력을 Sample Texture 2D 노드의 Texture 입력과 연결한다.

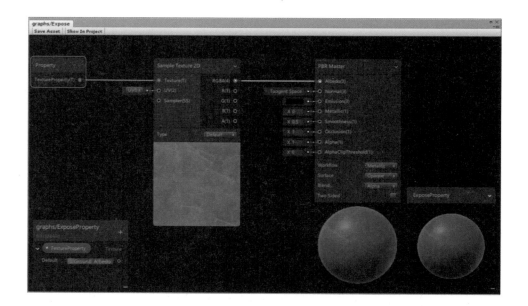

5. 이어서 Save Asset 버튼을 누르고 유니티 에디터로 돌아간다.

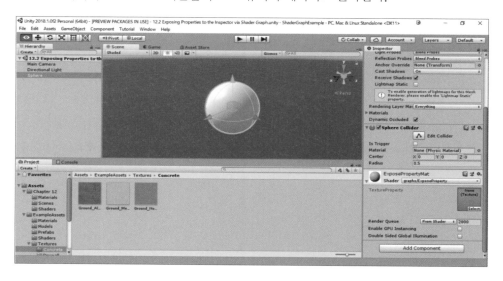

이제 인스펙터를 통해 원하는 대로 TextureProperty를 할당할 수 있으며, 변경을 위해 그래 프로 되돌아갈 필요가 없다.

예제 분석

블랙보드 메뉴를 통해 인스펙터에서 접근 가능한 변수를 만들 수 있다. 이것은 이전의 Properties 블록과 비슷한 방식으로 작동한다. 현재는 다음 타입을 지원한다.

- Vector1
- Vector2
- Vector3
- Vector4
- Color
- Texture
- Cubemap
- Boolean

블랙보드에 추가된 속성은 드래그해 재정렬할 수 있으며, 각 속성은 이름을 더블 클릭해 변경할 수 있다.

 블랙보드에 대한 자세한 내용은 다음 링크를 참고하자.
https://github.com/Unity-Technologies/ShaderGraph/wiki/Blackboard

▍ 빛나는 하이라이트 시스템 구현하기

이제 셰이더를 작성하는 방법에 대한 배경지식을 얻었으니 실제로 사용할 수 있는 셰이더 예제를 살펴보자. 특정 종류의 게임을 플레이할 때, 플레이어가 상호작용할 수 있는 오브젝트로 향하면 오브젝트가 빛난다. 돈노드 엔터테인먼트Dontnod Entertainment의 〈라이프 이즈 스트레인지Life is Strange〉, 풀브라이트 컴퍼니Fullbright Company의 〈곤 홈Gone Home〉, 심지어 잼

시티^{Jam City}의 〈해리포터: 호그와트 미스테리^{Harry Potter: Hogwarts Mystery}〉와 같은 최근 모바일 게임에서처럼 말이다. 이는 셰이더 그래프에서 쉽게 수행할 수 있는 것이며, 셰이더 그래프가 사용되는 예제를 볼 수 있게 해준다.

준비

'셰이더 그래프 프로젝트 생성하기' 레시피에서 설명한 대로 경량 렌더 파이프라인을 사용해 프로젝트를 생성했는지 확인하자. 그다음에는 다음 단계를 완료하자.

1. 아직 만들지 않았다면 File ❯ New Scene으로 가서 새로운 씬을 만들자.
2. 그러고 나서 셰이더를 보여줄 것이 필요하다. Game Object ❯ 3D Object ❯ Sphere로 가서 구체를 생성하자.

예제 구현

간단한 셰이더 그래프 생성부터 시작할 것이다.

1. 프로젝트 창에서 Create Shader PBR Graph로 이동해 새로운 셰이더를 만들고 이름을 GlowGraph로 하자.
2. 이어서 Create ❯ Material로 새 머티리얼을 만든다(이름은 GlowGraphMat으로 했다). 그다음에는 머티리얼을 선택해 셰이더에 할당한 후 Inspector 탭에서 상단의 Shader 드롭다운을 선택하고 graphs/GlowGraph를 선택해야 한다.
3. 그다음에는 씬의 구체 오브젝트로 머티리얼을 끌어다 놓아서 셰이더가 실제로 사용되는 것을 볼 수 있도록 한다.
4. 설정이 완료됐으니 그래프 생성을 시작하자. 셰이더를 선택하면 Inspector 탭에 Open Shader Graph라는 버튼이 있다. 이 버튼을 클릭하면 셰이더 그래프 에디터가 자동으로 열린다.

5. 먼저 Fresnel Effect라는 새로운 노드를 추가할 것이다. PBR 마스터 노드의 왼쪽으로 가서 우클릭하고 Create Node를 선택한다. 그곳에서 Fresnel을 입력하고, 노드를 선택했다면 엔터 키를 누른다.

 Fresnel Effect는 물체에 림 라이팅(rim-lighting)을 제공하는 데 종종 사용된다. 자세한 정보는 다음 링크를 확인하자.

https://github.com/UnityTechnologies/ShaderGraph/wiki/Fresnel-Effect-Node

6. 선택했다면 Fresnel Effect 노드의 Out과 PBR Master 노드의 Emission 속성을 연결한다.

7. 각 노드가 하는 것을 쉽게 알리기 위해서는 Albedo 속성의 왼쪽에 있는 회색을 클릭하고 밝은 분홍색과 같은 다른 색상으로 변경하자.

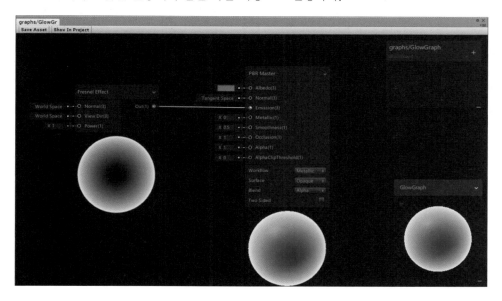

Emission 속성으로 Albedo 색상을 사용하므로 색상 위에 Fresnel 효과가 적용되는 방식에 유의하자.

8. 오브젝트의 가장자리가 빛나길 원하므로 Fresnel Effect 노드의 Power 속성을 4로 변경한다. 현재 오브젝트 주변의 빛은 흰색이지만 색을 곱해 다른 색으로 만들 수 있다.

9. 블랙보드로 가서 + 아이콘을 누른 후 Color를 선택해서 새 색상을 만들자. 만들었다면, 이름을 지어주고(HoverColor) Default 색상을 설정하자.

10. 생성했다면, 이전 레시피에서 배운 것과 같은 방식으로 Fresnel Effect 노드 아래에 속성을 끌어다 놓는다.

11. 이제 한데 곱해야 한다. Math > Basic > Multiply를 선택해 노드 사이에 새 노드를 만든다. Fresnel Effect 노드의 Out을 Multiply 노드의 A와 연결하자. 그다음에는 HoverColor 속성을 Multiply 노드의 B와 연결하자. 그리고 나서 Multiply 노드의 Out을 Emission 속성과 연결하자.

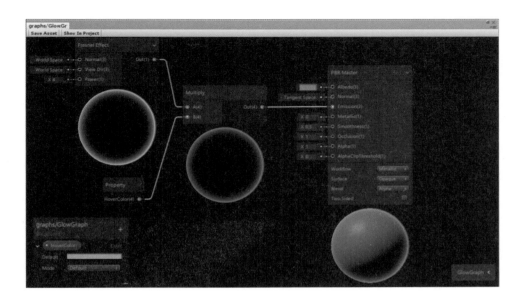

12. 그래프를 저장하고 유니티 에디터로 돌아가자. 효과가 의도한 대로 실제로 작동한다는 것을 알아야 한다.

13. Project 탭에서 생성한 GlowGraph 셰이더를 선택하자. Inspector 탭에는 셰이더에서 사용하는 속성의 정보가 포함돼 있다.

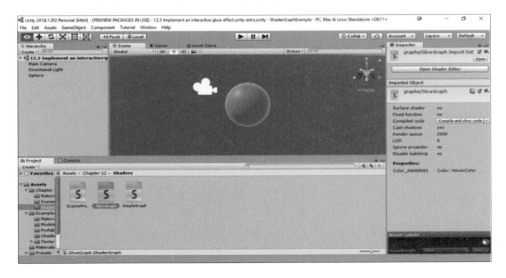

셰이더 그래프에서는 HoverColor라는 이름을 사용하지만, 코드 전체에서는 Color_AA4680
61이라고 언급된다. 코드에서 이 부분을 참조하려면 뒤의 이름을 대신 사용해야 한다.

14. HighlightOnHover라는 새로운 C# 스크립트를 만들자. 더블 클릭해서 열고 다음 코드를 사용하자.

```csharp
using UnityEngine;

public class HighlightOnHover : MonoBehaviour
{
  public Color highlightColor = Color.red;

  private Material material;

  // 초기화에 사용
  void Start()
  {
    material = GetComponent<MeshRenderer>().material;

    // 빛남(glow) 끄기
    OnMouseExit();
  }
  void OnMouseOver()
  {
    material.SetColor("Color_AA468061", highlightColor);
  }
  void OnMouseExit()
  {
    material.SetColor("Color_AA468061", Color.black);
  }
}
```

15. 스크립트를 저장하고 유니티 에디터로 돌아가자. 여기서 구체에 컴포넌트를 할당하고 게임을 시작하자.

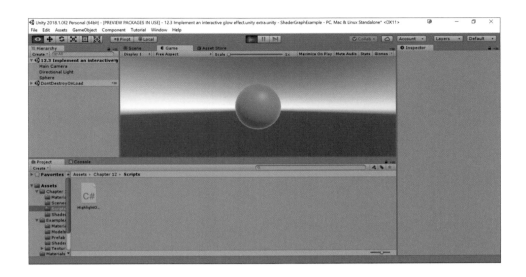

이제 마우스로 오브젝트를 강조할 때 호버 효과[hover effect]가 보이지만, 강조하지 않으면 꺼질 것이다.

예제 분석

Emission 속성은 오브젝트가 받는 빛의 반사다. Emission이 흰색이면 해당 색으로 완전히 켜질 것이고, 검은색이면 없는 것처럼 행동할 것이다. 기본적으로는 검은색을 사용한다. 그러나 오브젝트에 마우스를 올리면 OnMouseOver 함수가 실행돼서 언급한 색상을 사용하게 된다.

 셰이더 그래프라는 주제를 더 많이 다루고 싶지만 지면상의 제약이 따른다. 셰이더 그래프를 더 깊이 탐험하고 싶은 이들을 위해, 앤디 터치(Andy Touch)는 멋진 연구 자료로 활용될 만한 셰이더 그래프의 예제 모음을 제공한다. 다음 링크에서 확인하자.

https://github.com/UnityTechnologies/ShaderGraph_ExampleLibrary

찾아보기

유니티 셰이더와 이펙트 제작 3/e

셰이더와 포스트 프로세싱 효과 생성을 위한 70가지 레시피

발 행 | 2019년 6월 20일

지은이 | 존 도란 · 앨런 주코니
옮긴이 | 구 진 수

펴낸이 | 권 성 준
편집장 | 황 영 주
편 집 | 조 유 나
디자인 | 박 주 란

에이콘출판주식회사
서울특별시 양천구 국회대로 287 (목동)
전화 02-2653-7600, 팩스 02-2653-0433
www.acornpub.co.kr / editor@acornpub.co.kr

한국어판 © 에이콘출판주식회사, 2019, Printed in Korea.
ISBN 979-11-6175-313-3
http://www.acornpub.co.kr/book/unity-shaders-effects-3e

이 도서의 국립중앙도서관 출판시도서목록(CIP)은 서지정보유통지원시스템 홈페이지(http://seoji.nl.go.kr)와
국가자료공동목록시스템(http://www.nl.go.kr/kolisnet)에서 이용하실 수 있습니다.(CIP제어번호: CIP2019023014)

책값은 뒤표지에 있습니다.